在语文的世界做一位智慧的教育者

语文 的
生命意蕴

王崧舟诗意语文教学

王崧舟

—

著

—

WANGSONGZHOU WORKS

长江出版传媒　长江文艺出版社

图书在版编目（ＣＩＰ）数据

语文的生命意蕴：王崧舟诗意语文教学 / 王崧舟著
. -- 武汉 ：长江文艺出版社， 2016.9 (2019.11重印)
　（大教育书系）
　ISBN 978-7-5354-9097-1

　Ⅰ. ①语… Ⅱ. ①王… Ⅲ. ①小学语文课－教学研究
Ⅳ. ①G623.202

　中国版本图书馆 CIP 数据核字(2016)第 205354 号

责任编辑：施柳柳　　　　　　　　责任校对：陈　琪

封面设计：壹　诺　　　　　　　　责任印制：左　怡　邱　莉

出版：　长江出版传媒　｜　长江文艺出版社

地址：武汉市雄楚大街 268 号　　　　邮编：430070

发行：长江文艺出版社

电话：027—87679360

http://www.cjlap.com

印刷：荆州市翔羚印刷有限公司

开本：720 毫米×1000 毫米　　　1/16　　印张：17.625

版次：2016 年 9 月第 1 版　　　　2019 年 11 月第 5 次印刷

字数：228 千字

定价：36.00 元

目 录

第一辑 语文，用来印心

我不想羞羞答答地遮掩自己的这份感动和内心深处的某种东西，我渴望与学生一起分享这份心灵的湿润和颤栗。于是，我和学生一起穿行在流泪的文字中间，用生命的手掬起一捧捧盈盈的心灵泪花。我们营造着一种情的场、一种感动自己也感动别人的场、一种沐浴在真实的人性光辉中的场。

第二辑 诗意问津

我们怀着对生命的敬畏和尊崇，以热切而理性的思索努力追寻着语文教育的本真：培养真正的人，培养具有"人的精神"的人，培养具有和谐的、多方面精神生活的人。这是诗意语文的最高境界，也是我的语文教育之梦。

第三辑　天下至文出童心

　　我以为，诗意语文的要义，不在于读了多少诗、写了多少诗，在于擦亮孩子的诗的眼睛，在于唤醒孩子的诗的精灵。诗在孩子们的读写之中，更在孩子们的读写之外。

第四辑　追求语用学习的意蕴

　　如果，运用语言文字只是为了掌握字词句段篇，却不能丰盈一个人内在的言语生命；如果，运用语言文字只是为了提高听说读写书，而不是更真诚、更自由地去表达和创造自己的思想之美、体验之美、心灵之美，那么，运用语言文字对孩子而言又有何用？

第五辑 从灵魂返乡到文化知音

经典有着巨大的种子能量。读经典，就是要把文化的种子播撒在学生的精神土壤上，静待花开。终有一天，受过经典熏习的孩子们都会在人生成长的某个节点上"归来笑拈梅花嗅"的，因为，那里才是中国人的精神家园。

第六辑 精神结邻

年轻的时候，我们会有很长时间的学习和模仿，学习那些各个领域里的"高僧"，但最终，千万不要让榜样和偶像把自己淹没了，因为说到底，你才是那个"高僧"。

序

仿佛是一种遥远的追问：从什么时候起，我们的语文放逐甚至幽闭了生命的光芒？

想想看，面对"遗民泪尽胡尘里，南望王师又一年"的苦苦期盼，我们可曾心酸？置身于"好像有谁在无声地指挥，老人、青年、小孩，都不约而同地站直了身体，摘下帽子，眼睁睁地望着灵车，哭泣着，顾不得擦去腮边的泪水"的送别场景，我们可曾泪光婆娑？回望着"大火连烧三天，烟云笼罩整个北京城。我国这一园林艺术的瑰宝、建筑艺术的精华，就这样被化为灰烬"的民族耻辱，我们可曾痛心？可曾切齿？灵魂可曾滴血？

我听过的课数不胜数，其中不乏"真性情"的课。但是，更多的情况并非如此。我们的语文课，正在泛滥着以客观超然的姿态，不动声色地从事所谓的"零度教学"。我们的语文教师似乎只在冷眼旁观"别人的世界"，讲着"别人的故事"。

一次，听一位老师执教《我的战友邱少云》。教学进入到课文的第6自然段：

"我的心绷得紧紧的，这怎么忍受得了呢？我担心这个年轻的战士会突然跳起来，或者突然叫起来。我不敢朝他那儿看，不忍眼巴巴地看着我的战友被活活烧死。但是我忍不住不看，我盼望出现什么奇迹——火突然间熄灭。我的心像刀绞一般，泪水迷糊了我的眼睛。"

我知道，这篇文章是邱少云的生前战友李元兴写的。尽管时光已经飞度了半个多世纪，但文字爆发出来的人性的颤栗至今读来依然让我刻骨铭心。惨烈悲壮的潜伏场景，第一人称的描述视角，内心情感的真实流泻，相信在一种自然而然的阅读中，我们的泪水当会和作者一样迷糊了自己的眼睛。

然而，面对这样一段感人的文字，我们还是不无遗憾地看到了这样的课堂场景：

老师平静地向学生们交待着："同学们，自由读一读这段话，看看你能读懂作者的哪些心情，读懂一处是一处。"

学生们平静地在文字中挑拣着那些描写作者心情文字的鸡零狗碎，随后就是惯例性的全班交流：

第一个孩子说："我从这句话当中体会到了'我'当时非常紧张的心情。他说'我的心绷得紧紧的'，这说明当时'我'的心情非常紧张。""噢，紧张。"老师就板书"紧张"二字。

第二个孩子说："我从这句话体会到了'我'当时很担心的心情。他说'这怎么忍受得了呢？我担心这个年轻的战士会突然跳起来，或者突然叫起来'。""噢，你体会到了担心。"老师就板书"担心"二字。

第三个孩子说："我体会到了痛苦的心情。因为这段话最后这样说'我的心像刀绞一般，泪水迷糊了我的眼睛'，我想，刀在绞'我'的心，它肯定非常痛。""哎，是的，痛苦。"老师就板书"痛苦"二字。

看看没举手的人了，老师就启发学生："同学们啊，你们把剩下的那几句话再读读看，你们还体会到了'我'的一种怎样的心情啊？"学生们就读"我不敢朝他那儿看，不忍眼巴巴地看着我的战友被活活烧死。但是我忍不住不看，我盼望出现什么奇迹——火突然间熄灭。"读完就有学生议论开了：

一个说："我体会到了！我体会到了作者不忍的心情。""不忍？不对！后面他不是忍住了吗？"老师的否定让这个孩子的情绪低落了好一阵子。

一个说："那就是忍住了。""忍住了？那前面他不是说不忍吗？要动动脑筋啊！"又一个孩子在老师的否定声中难过得低下了头。

　　一个说："我体会到了盼望的心情。""盼望？盼望的心情好像不是很确切。"老师迟疑了一下，终于放弃了板书"盼望"的冲动。

　　时间不允许这么继续扯淡了，老师心里说，她着急呀！"不讨论了，还是让我来告诉你们吧。同学们，这种心情叫作矛盾的心情。"说完，板书。于是，黑板上就有了这样的文字和符号：

　　紧张 → 担心 → 矛盾 → 痛苦

　　面对经历了上述痛苦后才分娩出来的这个板书，老师的底气可就足了："同学们请看，'我'的心情是怎么变化的呢？先是紧张，然后呢？是担心，接着呢？是矛盾，最后呢？是痛苦。是啊，你们看，'我'的心情变化写得多么有条理呀！我们写文章的时候，就是要学习作者的这种写法，要有条不紊地把事情把心理变化的过程写清楚，懂了吗？"学生齐声高喊："懂啦！"

　　麻木的"有条理"！冷漠的"写清楚"！铁石心肠般的"懂了吗"和"懂啦"！

　　我始终主张，语文教学不同于其他学科，仅仅培养学生的语言逻辑能力是远远不够的。语文说到底不是一个推理过程，而是一个形象感知、情意感悟的过程，模式化、公式化的"阅读理解"只会使学生沦为考试的机器、文字的工具。

　　而情感是什么呢？情感是风，情感是雨，情感是一团火，情感是一片云，情感是剪不断理还乱，情感是才下眉头却上心头，情感是问君能有几多愁恰似一江春水向东流。情感不是玩具，怎么经得起你这样地拆卸和折腾？是不是老师无数次的备课阅读稀释了那一份原初的感动，抑或是作为一个成年人的成熟和理性蒸发了这种最本真的灵魂之泪呢？

　　刘勰说："夫缀文者情动而辞发，观文者披文以入情。"鲁迅说："创作原本根植于爱。"苏霍姆林斯基说："没有一条富有诗意的感情和审美的清泉，就不可能有学生全面的能力发展。"而我断言：感情只能用感情去触摸，感情只能被感情所融化。文章不是无情物，学生不是没有感情的生命，用这样理性的方式来教这样富有感情色彩的语言文字，无异于缘木求鱼、南辕北辙。

课后，那位老师依然习惯地用平静的口气和神情请我提出改进的意见和建议。我直言不讳地说道："人有性格，文章也有性格。看来，你的性格不太适合上这类性格的文章。"

她有点惊讶，我不管，继续我的直言："你的课，没有情！没有情，语言只是一种苍白的符号，教学呢，就是一种冷漠的训练。面对这样一篇至情至性的文字，老师，你怎能无动于衷呢？有多少童年可以再来，有多少生命可以重复。每一堂课都是学生生命中的唯一，向前走去，就永无回头的可能。这一堂堂课串起了他们生命中幸福的童年。那么，是什么让学生感到幸福？我想，是'情'吧！"

那位老师终于褪去了惯常的"平静"而变得尴尬和不安起来。我突然意识到，我的直言可能伤害了她。也许，作为一种理性的开放的观摩研究，用自己的课堂实践说话可能是一种更贴近一线教师、也更具说服力的探讨方式。

于是，第二天，在准备并不充分、把握并不太大的情况下，我也执教了《我的战友邱少云》。对于课文的第6自然段，因了不一样的观念和追求，就有了我不一样的课堂演绎：

　　师：同学们，一开始作者称他为"年轻"的战士，可是后来，作者又称他是个"伟大"的战士。为什么会有这样的变化？这种变化，难道仅仅是这两个词语的变化吗？请大家放下课本，听老师读一段课文，用心听，用心感受。

　　生：（放下课本，看老师读课文）

　　师：（富有感染力地朗读）"我的心绷得紧紧的，这怎么忍受得了呢？我担心这个年轻的战士会突然跳起来，或者突然叫起来。我不敢朝他那儿看，不忍眼巴巴地看着我的战友被活活烧死。但是我忍不住

不看，我盼望出现什么奇迹——火突然间熄灭。我的心像刀绞一般，泪水迷糊了我的眼睛。"（全场静默片刻）

师：同学们，当你听老师读完这段话的时候，你的心情是什么？

生1：我感到很难受。

生2：我感到非常恐惧。

师：我理解你的恐惧，谁能忍心看着自己的战友被活活烧死呢？

生3：我很难过，也充满了仇恨！

生4：我的心也绷得紧紧的，我好害怕！

师：难受，紧张，害怕，恐惧，甚至仇恨。同学们，这到底是一段怎样的文字呀？它为什么让我们产生如此沉重、如此复杂的感情？来，像老师这样，再读读这段课文，把揪心的文字一个一个地画下来！

生：（自由读这段话，画出揪心的文字）

师：同学们，到底是作者的哪些语言像长了手一样紧紧地揪住了你的心？

生1：我觉得是这句话："我的心像刀绞一般，泪水迷糊了我的眼睛"。这句话说作者的心像刀绞一般，这说明作者的心里是十分痛苦的。这句话也烘托了邱少云当时已经被烈火包围了，痛得难以忍受。"泪水迷糊了我的眼睛"这句话表现了"我"与邱少云之间深厚的友谊，所以这句话揪住了我的心。

师：你已经读到作者的心里去了，体会得非常好。

生2：我觉得是这句话："但是我忍不住不看，我盼望出现什么奇迹——火突然间熄灭。"这句话给我留下了非常深刻的印象，我看出作者既希望邱少云能够活下来，也希望他不要被敌人发现，可见战友之间的友情是多么深厚。

师：可是，这样的奇迹出现了吗？没有啊！所以，我们怎能不揪心呀？

生3：我还想补充一点，我还体会出此时作者非常难过非常伤心。

生4：我觉得这句话也揪住了我的心："我的心绷得紧紧的，这怎么忍受得了呢？"我从这句话里面体会到作者当时内心非常焦急，他想知道邱少云到底有多痛苦。

师：他为什么焦急？

生4：因为他和邱少云之间有深厚的友情。

生5：我给他补充一点，我从这句话中体会到，从作者的焦急也可以看出，邱少云十分痛苦。如果他被烈火烧得不痛苦，那"我"也不可能非常焦急。

师：是的，烈火烧在邱少云身上，就像烧在自己心上一样啊！"我"的心像刀绞一般。（板书：刀绞）同学们，你们知道什么叫"绞"吗？

对于"刀绞"一词的处理，完全是随机的、即兴的、动态生成的。事后想来，这信手拈来的一笔竟然成了将全课推向高潮的一个支点。这份敏感来自哪里？来自一种状态，一种"被感动也感动于"的状态。面对纷繁的世界，面对短暂的生命，感动是对存在的膜拜。我们无法追随世界走向遥远，但在感动的那一刻，我们却拥有了一切。倘若我们的语文照亮了学生的生命，也必将照亮自己的生命。

生1：我觉得"绞"的意思是用力地拧东西。

生2：是用力地割东西。

生3：我觉得"绞"就是用一个东西和另一个东西互相切割。

师：你们看到过搅拌机吗？

生：看到过。

师：用刀子刺进去以后，还要像搅拌机一样来回地搅。这种痛苦，才是像刀绞一样啊。谁来读读这段让我们的心像刀绞一般的话？

生：（朗读）"我的心绷得紧紧的，这怎么忍受得了呢？我担心这个年轻的战士会突然跳起来，或者突然叫起来。我不敢朝他那儿看，不忍眼巴巴地看着我的战友被活活烧死。但是我忍不住不看，我盼望出现什么奇迹——火突然间熄灭。我的心像刀绞一般，泪水迷糊了我的眼睛。"

师：但是，老师想问一下，真的有刀在绞"我"的心吗？

生：（齐答）没有。

师：没有刀！根本就没有刀在绞"我"的心。那么，是什么像刀一样在绞"我"的心呢？

生1：是"我"眼睁睁地看着"我"的战友被烈火活活地烧死却无能为力。

师：看到与自己朝夕相处的战友被烈火煎熬着、焚烧着，自己想救又救不了，这种感觉就像刀一样在绞"我"的心啊！

生2：我觉得应该是邱少云的痛苦好像刀在绞"我"的心。

师：邱少云的痛苦就好像是"我"自己的痛苦一样，是不是？火烧在邱少云身上就好像烧在"我"自己的身上一样，这种感觉就像刀一样在绞"我"的心啊！

生3：还有就是，"我"担心邱少云会跳起来或者叫起来，如果真是这样的话，那后果将会不堪设想。

师：这种对后果的担心，对问题严重性的焦虑，就像刀一样在绞着"我"的心。此时此刻，我们的心和作者的心和邱少云的心是那样紧密地连在了一起。我们担心着，我们痛苦着，我们的心都被邱少云的生命安危、被这次战斗的最后成败揪在了一起。我的心绷得紧紧的——

生：（齐读）"这怎么忍受得了呢？我担心这个年轻的战士会突然跳起来，或者突然叫起来。我不敢朝他那儿看，不忍眼巴巴地看着我的战友被活活烧死。但是我忍不住不看，我盼望出现什么奇迹——火突然间熄灭。我的心像刀绞一般，泪水迷糊了我的眼睛。"

面对这段流泪的文字，我欣慰于自己的感动和泪水。正如彭程在《流泪的阅读》中所说的那样："它让我获得一种对于自身的确证，使我知道，内心深处的某种东西并没有死去。"我不想羞羞答答地遮掩自己的这份感动和内心深处的某种东西，我渴望与学生一起分享这份心灵的湿润和颤栗。于是，我和学生一起穿行在流泪的文字中间，用生命的手掬起一捧捧盈盈的心灵泪花。我们营造着一种情的场、一种感动自己也感动别人的场、一种沐浴在真实的人性光辉中的场。

西哲雅斯贝尔斯说过："教育活动关注的是，人的潜力如何最大限度地调动起来并加以实现，以及人的内部灵性与可能性如何充分生成，质言之，教育是人的灵魂的教育，而非理智知识和认识的堆积。"

那么，"人的灵魂的教育"具体到语文而言，正如潘新和先生主张："语文教育，不应只指向人的生理需要和社会需要，而应指向人的生命本体的人性、人心、人格的养育、顺应人的言语本性、张扬人的言语天性，指向表现、创造、发展的言语人生、诗意人生。"

这主张，正是我十多年来对于诗意语文的终极思考。

这主张，正是我将近几年陆续写成的相关文章集结成书的内在逻辑，也是我将书名定为《语文的生命意蕴》的唯一理由。

的确，语文的要义，绝不仅仅在于教给学生某种语文知识和技能，这当然需要。但是，如果将知识和技能当成目的，将人置于边缘，无视"人即目的"这一终极的价值关怀，那么，语文最终的结果只会导致人的异化，即便学生练就了巧舌如簧的口才、妙笔生花的文才，他们依然还是会觉得生活无趣、生命无感、生存无根。那么，这样的语文又有什么意义？

语文，就是要通过一篇篇凝聚着作家灵感、激情和思想——代表人类创造的精神财富的文学作品，潜移默化地影响学生的情感、情趣和情操，影响学生对世界的感受、思考及表达方式，并最终积淀成为学生精神世界中最深沉最基本的东西——价值观和人生观。我以为，这是言语生命的灵魂，也是语文教育的灵魂。

　　泰戈尔有诗云：上帝通过创造发现他自己。

　　我则坚信：生命通过语文发现他自己。

　　是为序。

第一辑

语文，用来印心

好课的三重境界

我喜欢用"境界"体悟学问、事业乃至人生。

王国维在《人间词话》中说道：

"古今之成大事业、大学问者，必经过三种之境界：'昨夜西风凋碧树，独上高楼，望尽天涯路'，此第一境也；'衣带渐宽终不悔，为伊消得人憔悴'，此第二境也；'众里寻他千百度，蓦然回首，那人却在灯火阑珊处'，此第三境也。"

这里所讲的境界，既是一种精神层级，也是一种心灵格局。

冯友兰则把人生境界分为四个品位：自然境界，功利境界，道德境界，天地境界。不同境界的人，世界和人生对于他们的意义是不一样的。

冯友兰所说的最高境界乃是天地境界，此一境界也就是禅宗所谓的"万古长空，一朝风月"的境界，"万古"与"一朝"融为一体，消解了"我"与"非我"的分别界限，确证了人对有限时空的超越，进入了"天人合一""万物一体"的境界。

我以为，一堂好的语文课，同样存在不同的境界：人在课中、课在人中，这是第一重境界；人如其课、课如其人，这是第二重境界；人即是课、课即是人，这是第三重境界。境界越高，课的痕迹越淡，终至无痕。因此，好课的最高境界乃是无课。

第一重境界，关键是一个"在"字。我"在不在"课上，这很重要。有人会觉得奇怪，我在上语文课，我怎么可能不在现场呢？我觉得，此处的"在"大概涉及三个层次，第一层次叫"身在"，持"奇怪论"者，大多是"身在论"者，因此，对奇怪也就不足为怪了；第二层次是"意在"，指教师能全身心地投入课中，一心一意、专心致志，这一层次已经触及我所讲的境界了；第三层次是"思在"，笛卡尔有言"我思故我在"，课能上出自己的思考、上出自己的思想，这才是哲学意味上的一种"人的存在"。有些老师是在上课，身在、意也在，但他上的不是经由自己独立思考、独立批判、独立创造的课，而是人云亦云的课、照本宣科的课、囫囵吞枣的课，这就是"身"在场而"思"缺席的课。严格地说，第一重境界，应该是"思在"之课。这重境界的实现，关键在于坚持和尊重自己的独立思考。上经过自己思考的课，才能进入佳境。

第二重境界，关键是一个"如"字。"如"者，不仅谓"好像"之意，更谓"适合"之意。课的风格，就像你的性格、你的人格。也因为课的风格与人的风格在深层次上具有同构之故，才称得上真正意义的"适合"。对待"课"，既有"事业"的态度，也有"科学"的态度，更有"审美"的态度。"如"的境界，已是自觉地将课作为一种艺术加以追求了。艺术的成熟，常常以"风格"的形成为重要标志。形成课的风格，我以为在很大程度上取决于对自我、对主体的一种深刻尊重和理解。人越是高扬主体性，越是彰显自己的人格特征和魅力，课的风格也就越鲜明、越自然、越具魅力。从这个意义上讲，最好的风格就是"本色"。本色的课拒绝机械模仿、拒绝东施效颦、拒绝削足适履。人格的率真一定折射为课的洒脱，人格的庄重一定表现为课的严谨。实现这重境界，关键在于上最适合于自己的语文课。

第三重境界，关键是一个"即"字。"即"者，"当下"也、"实现"也。你的人生，存在于课的每一个当下；课的每一个当下，成就了你的人生。语文人生、人生语文。糟糕的、浮躁的、粗野的、暴戾的语文课成就了你糟糕的、浮躁的、粗野的、暴戾的人生；反之，诗意的、宁静的、优雅的、温婉的语文课成就了你诗意的、宁静的、优雅的、温婉的人生。这实在是职业生命的不二法门。自然，此处所言为佳境，当是语文课的一种积极的当下的实现。我在上课，但我同时又是在享受上课。我在课堂上彻底敞开，全然进入课堂中的每一个当下，和学生情情相融、心心相印，我彻底打开自己的生命，让生命中的每一个细胞、每一寸肌肤去感受、去触摸、去体认课堂中的每一个当下，我会在不经意间邂逅生命的高峰体验，我会在课堂上率性而为，和学生一起欢笑、一起流泪、一起沉思、一起震撼。于是，我就是课、课就是我，我和学生一起全然进入一种人课合一的境界。这种境界是什么？这种境界就是诗意，就是自由，就是深深的幸福感。要实现这重境界，关键是要保持清明的觉知，全然活在语文课的每一个当下。

进入"即"的境界，也就是夫子所谓的"从心所欲不逾矩"了。"课"的所有规范、所有准则，因为嵌入了自己的生命和灵魂，成为自由和率性的道场。这样的课，就是诗意的课。

其实，好课的境界，就是人生的境界。课的诗意境界，也就是人生的诗意境界。叶朗说："诗意的人生就是跳出'自我'，跳出主客二分的限隔，用审美的眼光和审美的心胸看待世界，照亮万物一体的生活世界，体验它的无限意味和情趣，从而享受'现在'，回到人的精神家园。"

想起了常建的诗："山光悦鸟性，潭影空人心。万籁此俱寂，惟闻钟磬音。"

一切读写，只为重新发现自己

阅读，不过是以文本为镜，照见一个新的自己。你敞亮，文本才会对你敞亮；你敏感，文字才会对你敏感。

有人读到"田园"二字，想到的只是"种田的地方"。有人就不同，他能依着"田园"二字，想到：青青的禾苗，泥土的气息，小虫的啾啾声，小溪蜿蜒地流淌着。还想到：丰收在望的喜悦，炊烟袅袅的诗意，麦苗返青的生机，忙趁东风放纸鸢的情趣。甚至想到陶渊明的"采菊东篱下，悠然见南山。"想到辛弃疾的"大儿锄豆溪东，中儿正织鸡笼。最喜小儿亡赖，溪头卧剥莲蓬。"想到宗白华的"啊，诗从何处来？从细雨下，点碎落花声，从微风里，飘来流水音，从蓝空天末，摇摇欲坠的孤星。"这时的"田园"二字，于他不再是两个躺在纸面上的无声无息的符号，在他的心目中，"田园"二字有了色彩，有了韵律，有了气息，有了跳动的脉搏和呼吸的节奏。

是的，他读到的只是"田园"二字，而他读出的，则是他对"田园"的高度敏感，以及在高度敏感中被照亮的全部的阅读积累、生活体验、丰富联想和想象，乃至对美的生命的凝视与渴望。读到这儿，敏感的你一定已经发现，原来，不会阅读的人，只带着一只眼睛；而一个真正的阅读者，他一定会带上两只眼睛，一只看到文字的表面，另一只则看到文字背后的东西。难道不是这样吗？阅读，重要的是"另一只眼睛"——心灵的眼睛。

让我们保持敞亮和敏感，睁大心灵的眼睛，你将发现，随着文本的敞开，随着一行行或熟悉或陌生的文字映入你的眼帘，一个繁花似锦的言语世界将在你的心中升起。《荷花》中的："白荷花在这些大圆盘之间冒出来。"你掂量这个"冒"字，你仿佛感受到了一种争先恐后、一种亭亭玉立、一种挣脱拘禁后的自由、一种蕴蓄能量后的喷薄。白荷花们是那样的充满活力，那样的招人爱怜。她们骄傲地展示着自己的身段、自己的容颜、自己的精神和气质。读着"冒"、嚼着"冒"，你自己也仿佛成了一朵出淤泥而不染、濯清涟而不妖的白莲。

此时的阅读，于你不再是一种枯燥的眼球运动。你仿佛成了一条鱼，一条感觉细腻、心灵自由的鱼，你投身在语言文字的水中，你的每一个感觉的鳞片都已敞开，语言之水的每一次细微的波动都让你惊讶，让你警觉，让你的内心为之汹涌澎湃、激荡起伏。一句话，你在阅读，如鱼得水。

我们当然没有理由拒绝这样的阅读，难道不是吗？

不光阅读，写作也是。

真正的写作，乃是用自己的文字重新发现自己。生命本无意义，匆匆而来、匆匆而去，如晴天一鹤，无远弗届，却了无痕迹。是写作，赋予了生命以无限的意义。

生命在本质上或许就是一种写作，是写作，确证了人之为人的存在。《文学的理由》说道："回顾我的写作经历，可以说，文学就其根本乃是人对自身价值的确认，书写其时便已得到肯定。文学首先诞生于作者自我满足的需要，有无社会效应则是作品完成之后的事，再说，这效应如何也不取决于作者的意愿。"是的，在写作中我们保持着生命的敞亮，以文字的触角抵达生命的最深处，倾听自己，发现自己活着的意义。

生命如诗般的远行化为写作，写作让生命留下诗意的足迹。生的神奇，死的旷远，还有老和病中的明亮的忧伤，写作总是从感动自己开始的。

写作，是对生命隐退的抗拒。"江畔何人初见月，江月何年初照人？人生代代无穷已，江月年年望相似。"写作，就是你生命中的那轮"江月"，她照亮了自己生命中最黑暗的深渊。

写作，是对精神惰性的叛逆。在浑浑噩噩间，在百无聊赖间，在麻木不仁间，写作让沉睡的自己重新昂首挺立。我写故我在。

写作，是对灵魂之光的吟咏。正是在静静地写作间，灵魂有了蓦然回首的那份惊喜：原来，生活中蕴蓄着如此丰厚的诗意；原来，生活并不缺少诗意，缺少的只是发现诗意的眼睛。

和写作相对的，是"不写作"。反观不写什么，也许能让我们更加坚定写什么的信念。

不写什么呢？

不写一切陈词滥调。那些发了霉的精神毒草，只会玷污了诗意的纯洁和高贵。

不写一切无病呻吟。为赋新词强说愁，除了诉说浅薄和无聊，还能传递什么？

不写一切未经思考、未经体验、未经省察的生命状态。写作不是机械地实录，而是对生活和生命的再发现、再提炼，是一种充满灵性的精神加工和创作。

写自己的感动，写自己的困顿，写自己的震撼，写自己的遗憾，写自己稍纵即逝的灵感，写自己衣带渐宽的信念，写自己决意远航的豪迈，写自己小心翼翼的细腻，写一切来自灵魂深处的惊雷。我们写作，因而成为我们自己。

是的，正是写作，听从灵魂召唤的写作，让我们，让现代人徜徉在诗意的路上而确证着生命的幸福与浪漫。

生命是不可逆的，因而写作也是不可逆的。一切写作，都是唯一的一次。每个文字可以复现，但由每个文字连缀而成的精神史永远不可能复现。

生命是有机的、整体的，任何从生命体中拆卸的某个部分都不再具有生命体征，因而写作是有机的、整体的，写作不是拼凑、不是移植，而是一种生命的整体流淌。

生命总是对生命自身永无止境的超越。生命有限、有涯，而生命的超越则是无限、无涯的。因而写作是永无止境的，她与生命同在，她超越了生命而与无限、无涯的生命性同在。

写作可以疗伤，写作可以自赎，写作抵抗着生命的虚无，写作规避着精神的自暴自弃，写作让人沉静、让人温婉、让人理性也让人更有人性。

写作在确证自己的同时，让生命成为不朽！

我们有理由拒绝这样的写作吗？

教育理想的守望

上"百度"搜索"高效课堂"，找到相关结果约为445万个，同时还找到相关搜索如下：高效课堂论文、高效课堂心得体会、什么是高效课堂、高效课堂总结、如何打造高效课堂、高效课堂反思、高效课堂教学模式、如何构建高效课堂、高效课堂教学、高效课堂22条；上"当当网"搜索"高效课堂"，共搜到127个商品，当然，这些商品专指图书，譬如《高效课堂八讲》《解密高效课堂》《高效课堂九大"教学范式"》《高效课堂22条》《发现高效课堂密码》《高效课堂的101个细节》《打造高效课堂》《高效课堂导学案设计》等等。

原来，高效课堂的实践与研究早已滚滚如长江之水、浩瀚如茫茫大海了。

平心而论，关于高效课堂，我们能思能做的，网上都有；我们未思未做的，网上也有。当然，有人会说，网上的毕竟是人家的，在我们尚未付诸实践、转化为教学生产力之前，一切为零。那么，是否可以说，将网上的高效课堂的种种搬进自己的课堂，就一定意味着高效呢？譬如传奇一般的"洋思模式"，又譬如颠覆与狂欢共舞的"杜郎口模式"，还有新近刚刚升起的乡村教育明星"抚松模式"，学了又如何呢？高效奇迹还会再一次发生吗？

李政涛老师指出："当今教师培训的最大误区在于，只是一味迎合教师对技术和方法的趣味，而忽视了如何改造技术和方法背后的'价值观'和'价值取向'，结果往往是'越认真、越忙碌，离真理就越远'。"

这话确实可以做一个简单的套用：对于高效课堂，如果只是一味迎合教师对技术和方法的趣味，而忽视了如何改造技术和方法背后的"价值观"

和"价值取向",结果往往是"越认真、越忙碌,离真理就越远"。不过,我们也不能将话完全说死,或许,越认真、越忙碌,离高分就越近呢。只是"高分"与"真理",你究竟想要哪一个?

华东师范大学张华教授介绍过一堂从美国带来的小学数学课。他曾批过我的《一夜的工作》,也曾赞过我的《枫桥夜泊》,奇怪的是,他却未对我的80分钟只上了一首古诗的"低效现象"提出过任何质疑。单就这一点,我似乎可以引他为高效课堂的知音。

录像显示,那堂数学课的教学内容为"两位数减两位数",教学过程大体如下:教师板书"90-25=",请学生自己寻找答案。台下的学生有的举手,有的不举手;举手的,也是姿态万千,站的,坐的,高扬左手的,歪举右手的;不举手的,各有坐姿,盯着黑板看题目的有之,望着举手同学发呆的有之,双手放脑后苦思冥想的有之……一位身材较胖的中年女教师双手抱胸,看上去,她还在耐心等待。

首先上台的是一位女生,她在黑板上写了几个数字,划掉,又竖着写了几个数字,再划掉。有点尴尬,她不会做。

第二位上台的还是女生,黄皮肤,长辫子,是亚裔的吧,她想了想,写了两个算式:90-20=70,70-5=65,答案正确。

老师并没有就此叫停,还是继续请学生。黑板前出现了一个美国男孩,他先画了9个并列的矩形,然后用斜线划去第一、第二个矩形,接着又用短横线把第九个矩形一分为二,用斜线划去下半个矩形,然后在第三至第八个矩形下依次写上10、20……60,在最后一个矩形的上半部分写上65,小男孩得意地给65画了一个圈,才把答案抄到了算式上。

张华教授给了这个小男孩三个镜头,镜头里的美国女教师显得有些兴奋。

……

看得出,那位美国女教师很乐意"浪费时间",她将时间浪费在新知的学习过程上,浪费在让学生暴露自己的错误上,浪费在充分展示学生的个性化思考上,但不知她的教案或者学案的目标到底是如何确定的?

这样的课堂,似乎无技巧和方法可言,看到这样的课堂,习惯了大容量、高密度、快节奏的中国教师，不知会做何感想？

我从张华教授的镜头语言中却分明感受到，理想的课堂也许就是那样的。其实，在这里我本该使用"高效"一词的，因为我们思维的兴奋点只在乎"高效"不"高效"，然而，无论如何，我知道在中国当代教育语境下，这堂课是不能冠以"高效"二字的，不是它当不起，而是"高效"二字很可能遮蔽甚至亵渎这堂课。

可以断言，这样的课堂并不能立竿见影地给老师带来什么高分，却给了学生以最好的礼物：生长。"教育即生长"（杜威语），除了生长，教育别无所求。那么，生长的最佳环境是什么？这堂课同样给出了答案：自由。"教育就是心灵的解放"（克里希那穆提语），心灵的解放即为自由。

台湾作家游乾桂讲过这样一件事情：他的一位好友留学美国，在当地执教十一年，后来返台，在大学又执教了十二年。那位好友告诉游乾桂，美国当地的小朋友，九点，甚至十点才上课，约莫一点半就放学回家了，十八岁之前全部在玩，玩得很专注。一旦进入大学，入了实验室，马上收心，犹如老僧入定一般，投入研发，一点不喊苦。回台多年，他很是感伤，因为他发觉，台湾的孩子十八岁之前全在苦读，那么，十八岁之后呢？散了，再无兴头和心力好好读书、从事研究了。

台湾如此，大陆呢？依我看，有过之而无不及。

游乾桂的好友所讲的，跟"高效"有关吗？我们的教育在自诩"三高"（高效率、高效能、高效益）的奋斗目标，但是，换来的最终结果又是什么呢？难道，"十年树木、百年树人"的古训真的已经作古了？

身为小学语文特级教师的我，一直享受着教书、读书和写书的喜悦，屈指算来，前前后后、不多不少也已经出了 7 部学术专著，在正规刊物上发表的论文也不下 150 篇。这一切，显然是自己爱写作的一种结果。说到自己爱写作，我不得不感谢自己的小学语文老师——胡晓东先生。我读五年级时，写过一篇关于清明祭扫革命烈士墓的作文。老先生在讲评全班作文的时候，特意在黑板上大大地板书了两个成语——"死伤枕藉""视死如归"。然后，用他一贯的高腔上普话（上虞普通话的简写）对着全班学生说，这两个成语出自王崧舟的作文，两个成语像一个人的两只眼睛，他的作文炯炯有神。我听着胡老师的话，脸蛋通红、小眼放光、胸口扑通扑通地直跳。打这以后，但凡遇到作文，我就一个劲儿地找成语往里塞。时间一长，我的文章不但用词华贵，文气也变得清通许多。至今想来，这是我小学生活中收到的最美的礼物之一。

怀特海说过，所谓教育，就是当你把学校教给你的东西统统忘记以后，剩下的那些。是的，剩下的那些，是融入了生命、化作了精神的人之素养，是人格的基因。

突然警悟，原来，高效课堂其实该是理想课堂。

没错，忘却了"人的生长"的高效课堂，注定走不远、飞不高。只是一味地盯着高效课堂的模式和技术、却不会抬头仰望"人的星空"的教学改革，注定将跟真的教育南辕北辙。

300 多年前，夸美纽斯在《大教学论》中写道：找到一种教学方法，使教师因此少教，但是学生可以多学；使学校因此可以少些喧嚣、厌恶和无益的劳苦，独具闲暇、快乐及坚实的进步。

高效课堂，也许正是对这种理想教学的寻找。

现实生活中，即便网络资源早已泛滥成海，我也宁愿相信，绝不会有一种现成的、静态的高效课堂模式等着你来享用。高效课堂，与其说是一种课堂形态，毋宁说是一种教学理想，它对一位真正的教学行者是一种彼岸的召唤，而对于那些功利主义至上的教书匠们，则是又一个美丽的谎言。

对于高效课堂，我们从来不缺技术，我们唯一所缺的只是对于教育理想的一种守望。想起了汪峰演唱的那首《飞得更高》，也许，极具张力的嘶鸣和辽阔无垠的震撼，才能传神地表达出我对高效课堂的那份憧憬和敬畏——

> 生命就像一条大河
> 时而宁静时而疯狂
> 现实就像一把枷锁
> 把我捆住无法挣脱
> 这谜样的生活锋利如刀

一次次将我重伤
我知道我要的那种幸福
就在那片更高的天空
我要飞得更高飞得更高
狂风一样舞蹈挣脱怀抱
我要飞得更高飞得更高
翅膀卷起风暴心生呼啸
飞得更高
一直在飞一直在找
可我发现无法找到
若真想要是一次解放
要先剪碎这诱惑的网
我要的一种生命更灿烂
我要的一片天空更蔚蓝
我知道我要的那种幸福
就在那片更高的天空
我要飞得更高飞得更高
狂风一样舞蹈挣脱怀抱
我要飞得更高飞得更高
翅膀卷起风暴心生呼啸
飞得更高飞得更高

教学机智是怎样炼成的

对于教学机智，我们需要进行三个维度的考量。

第一个维度是时间，对教学机智而言，时间往往是最为吝啬、最为严苛的一个条件；第二个维度是情境，情境的不确定性、多因素性是对教学机智的一种巨大挑战；第三个维度是决策，因为机智意味着对多种问题解决方案的即时抉择。这三个维度，其实是融为一体的。情境是时间中的情境，瞬息万变；决策是时间中的决策，当机立断；时间是情境中的时间，稍纵即逝；决策是情境中的决策，随机应变。

这就是教学机智的挑战所在，更是魅力所在。

在任何一个真实的课堂情境中，一旦碰到问题，你不可能和孩子商量，而是瞬间就知道该怎么做。瞬间意味着什么？瞬间意味着不假思索，意味着本能反应。因此充满教学机智的教师，一定具有在复杂而微妙的教学情境中，迅捷、沉稳、恰当地采取教学行动的能力。这种能力的背后，是教学智慧，是课堂艺术，是人生积淀，乃至教师的整体人格。

"要想做到机智，并没有什么规则可循。要想将机智变成一套技术或技巧，以便在需要机智的情境中连贯地可以预测地行动，这是不可能的。"加拿大著名学者范梅南如是说。确实，当你试图把机智当成一套技术教给别人时，那已经不是机智了。然而，我想就范梅南的话补充一句：机智没办法教，但是导致机智发生的条件和要素，却是可以分析的，可以准备的，而且是有章法的，甚至可以说是有套路的。

一、现场决策：障碍的发现与沟通

机智的产生，一定是基于现场，没有现场就无所谓机智。因为是在现场，机智的爆发，往往是课程推进出现了一些障碍，所以我们可以循着这些障碍去思考，在障碍还没有爆发之前，我可以做些什么？

（一）我是否对文本已经心领神会

不是了解，不是知道，甚至不是简单的全面把握，而是心领神会。

小学语文教材有一首古诗《登鹳雀楼》，把这首诗教给一年级的孩子前，你先问自己，王之涣写的这首千古佳构，你是否已经对它心领神会？可能所有老师都想当然地以为，我怎么可能不懂呢？我抛几个学生提出来问题。有学生提出"依山尽"的时候是红日呀，怎么会是白日？太阳当空照的时候才是白日，早上升起或傍晚落下的太阳当然是红色的。这个"麻烦"说明你还没有读懂"白日"这个意象。"麻烦"还未结束，学生继续提问，"依山尽"是指太阳下山，天已经黑下来了，你怎么可以欲穷千里目？鹳雀楼在山西永济市的黄河边，黄河的入海口在山东东营，"黄河入海流"，王之涣怎么看得到？学生们继续提问。儿童以他的天真和烂漫，向我们提出了诸多问题，我们扪心自问，这首诗真的读懂了吗？

面对文本，如果不能做到心领神会，机智一定不可能光顾你。对文本的心领神会是第一个前提。否则，现场决策的障碍就不是来自学生，而是来自你自己和文本对话的障碍。

（二）我是否愿意宽容学生的"错误"

机智不可预期，但是态度可以准备。我认为机智生长的最肥沃的土壤，就是老师对学生的宽容。平时你说孩子做什么你都可以宽容，但是一临场，孩子出现这个问题，冒出那个问题，你就心烦意乱，火冒三丈，甚至怒向胆边生，这绝不可取！面对孩子的错误，请保持身体柔软，如果你确实打算宽容学生，身体不能是绷紧的，每一个细胞不能都填满戾气，这种状态无法产生宽容。

浙江著名特级教师盛新凤老师跟我讲过这样一件事，她执教《卢沟桥的狮子》，每次都很出彩。这篇课文有一段话写得非常精彩，文章这样写：

这些狮子真有意思。它们有大有小。大的有几十厘米高，小的只有几厘米，甚至连鼻子眼睛都看不清。它们的形状各不相同：有的蹲坐在石柱上，好像朝着远方长吼；有的低着头，好像专心听桥下的流水声；有的小狮子偎依在母狮子的怀里，好像正在熟睡；有的小狮子藏在大狮子的身后，好像在做有趣的游戏；还有的小狮子大概太淘气了，被大狮子用爪子按在地上……

这段话非常有章法。"它们的形状各不相同"这叫总起。"有的怎么样，有的怎么样，有的怎么样"这叫分述。我们再看分述这段，"有的蹲在石柱上，好像朝着远方长吼；有的低着头，好像专心听桥下的流水声；有的小狮子偎依在母狮子的怀里，好像正在熟睡……""好像"之前写见闻，"好像"之后写联想，每一句的写法都是先写见闻，后写联想。它的生动之处在于既有见闻又有联想。盛老师跟孩子们说，这段话写得非常生动，你自己可以选择你最喜欢的一句话，好好地美美地读。同学们的积极性很高。全班交流的时候，一个孩子说："老师，我什么都没读，我喜欢省略号。"换一个老师，早为这个"错误"气炸肺腑——省略号有什么好喜欢的，你喜欢给我看看？盛老师问："你跟大家说说你为什么喜欢省略号？""这个省略号里面，我看到了许许多多的小狮子。我看到两个小狮子在打架，一个小狮子把另一个小狮子打赢了。"盛老师夸这孩子说得有道理，"省略号里还有很多很多的小狮子，他已经看出来了，你们继续看看，你们还能看出别的小狮子来吗？"孩子们七嘴八舌，你一言我一语，课堂氛围一下子就热闹起来。盛老师以她常年的修为宽容了这个孩子，顺着这个孩子的逻辑，不是课堂认知的逻辑，而是这个孩子的心灵逻辑，顺着这个孩子的心灵逻辑，重新找到课程逻辑。

后现代课程观有个非常重要的理念，课程路径是不确定的，试图预设路径并掌控路径的行走，是不人道的，也是不可能的。因为你面对的是生命，用佛学的观点来说，生命的本质就是无常，就是缘起性空。所谓"此有故彼有，此无故彼无，此生故彼生，此灭故彼灭。"无常是什么？用现代物理学原理来说，无常就是不确定。生命的不确定，一定会导致课堂的不确定，这个时候尤其需要老师的教学机智。机智不可能在紧张乃至恐惧中产生，机智需要宽容而宁静的心态。

（三）我是否打算不过多地控制学生

宽容意味着原谅孩子的错误，原谅孩子的捣蛋，原谅孩子的幼稚。控制则是从成人的角度，讲组织、作引导。对天性自由的儿童而言，组织与引导都可算是一种控制。控制是否必要？当然必要。没有控制怎么可能有教学发生？没有控制可能意味着课堂连基本的纪律和秩序都难以维持。然而你如何保证正常的互动和交流呢？关键在于度。

小学语文教材中的《晏子使楚》，选自著名翻译家、语言学家林汉达先生的《东周列国故事新编》，我们熟知的《上下五千年》的作者也是林先生。林先生的《东周列国故事新编》绝对不是文言文的简单翻译，他用纯正的现代普通话加上北京方言进行新的创作，表述非常规范，又非常鲜活。《晏子使楚》讲了三个故事。据史书上记载，晏子非常矮，只有六尺，大概相当于现在1.5米，但非常聪明，是齐国宰相。当他出访楚国时，楚国正门不开，旁边开个边门。晏子就非常机智地对接待人员说："你让我进的是狗洞，我今天访问的是一个狗国吗？如果你们今天打算让我访问狗国，那我就从狗洞里面进去。"楚王听了赶紧打开城门，这是第一个小故事。第二个小故事，楚王讽刺他，难道你们齐国没有人了吗？晏子回答，齐国多的是人，但我们齐国访问别国有一个规矩，上等人访问上等国，中等人访问中等国，下等人访问下等国。我最没用，所以到这来了。这是第二个故事。接下来就是第三个故事。这是我们大家耳熟能详的"南橘北枳"。几名士兵押着一个盗贼，特意从大殿门口通过，说是齐国过来的小偷。晏子说淮南的橘子很甜，到了淮北就变成了又苦又涩的枳。齐国人在齐国安居乐业，我怎么知道到了楚国就变成小偷了呢？晏子以他的智慧和勇气，出色地完成了这次出访任务，为齐国赢得了尊严。

成人眼中，如果让孩子们来判断谁是英雄，毫无疑问是晏子，对吧？但偏偏不是。你以为孩子会这样想，你想当然地把孩子的思路往这个方向拽，其实这是控制。一位老师在这堂课的最后一个环节让学生来讨论晏子和楚王谁对谁错。大多数孩子站在晏子这边，但就有孩子站起来，说楚王非常不错。咱们来看看这个孩子认为楚王不错的理由是什么？第一，楚王虽然被晏子嘲笑反击，丢了面子，但并没有翻脸，没有把晏子杀了，甚至没有把晏子抓起来做人质，说明他有气度；第二，楚王最后对晏子还是很尊重的，说明他能知错就改；第三，楚王要侮辱晏子，是为了维护自己国家的尊严，他也爱国；第四，楚王故意安排囚犯来嘲笑齐国，说明他很聪明，很有谋略。所以我说楚王也不错，你们不要把楚王说得一无是处。孩子提出理由来，老师你是"控制"还是放弃"控制"？我不公布结果，我只把这个案例抛出来，交给老师们一起思考。课堂上出现这样突如其来的状况，你无法预设，你必须机智应对。其实，孩子的观点正是独立思考的表现，控制或放弃都不恰当，可以在两者之间找一条中间道路，不过度控制，允许争议存在。

（四）我是否提前经历了学习过程

请注意"提前"这个词。你上课之前要像学生一样学习一遍，探寻学生可能需要攀登的台阶，察看学生可能将要面对的荆棘和陷阱，体验学生可能体验到的酸甜苦辣。有了这样一次学习经历，你随后的教学机智就有了直接而鲜活的经验积累。

有一次，我在兰州听一位年轻老师上大赛课。课文是郑振铎的《别了，我爱的中国》，文章当中有一段话："船慢慢地向前驶着，沿途停着好几只灰色的白色的军舰。不，那不是悬挂着我们的国旗的，那是帝国主义的军舰。"语感好的老师一定会把朗读的焦点放在"不"上。他连叫了几个学生读，都没有找到感觉，怎么办？老师显然有预设：当作者在心里说"不"时，同学们你要想想，他眼前仿佛出现了什么？他心里仿佛想到了什么？这个地方老师为学生创设了一个空白，这个空白是要让学生通过自己的经验、认知和想象来填补的。一旦这个空白填补了，那么"不"之后的停顿，学生也就明白了其中的道理和滋味。这个设计非常巧妙，可是却没有学生响应。正在尴尬之际，一个孩子举手了："老师，当您读到这个'不'字的时候，想到了什么呢？"台下一片哗然，我们都以为这下老师完蛋了。谁知，精彩的大幕才刚刚拉开，老师先是一愣，却马上接话："想知道老师读到这儿是怎么想的吗？"课堂一片安静。

"我想到了，想到了英法联军火烧圆明园的那场大火，还有那至今仍然默默地矗立在北京西郊的圆明园的断垣残壁；我想到了，想到了中日甲午战争中，那支全军覆没的北洋舰队；我想到了，想到了八国联军攻陷了天津、北京，他们烧杀抢掠、无恶不作……大好河山支离破碎，平民百姓流离失所……"

这就是老师现场说的话。学生被感动了，也完全明白了"不"之后停顿的意味。可是，听课的老师开始骚动了。大家怎么也不敢相信，一位青年教师的现场发挥能如此精彩、如此完美。其实，这样的精彩一点都不意外。为什么？因为这位老师提前经历了这次学习，提前体验了这次学习可能遭遇的荆棘，也因此提前准备了披荆斩棘的一套方法，刚才听到的这段话，就是这套方法的一个部分。

（五）我是否完全明确了自己的教学意图

有老师会说，课是我自己备的，目标是我自己定的，重难点是我自己安排的，整个流程是我自己操作的，我怎么可能不明白自己的教学意图呢？不一定啊。你以为当你把教学目标清清楚楚地写在备课本上的时候，你就明确了自己的教学意图？你以为当你对课文重点设计了一套指向性非常明确的问题，确定了问题的合理解答依据，你就明确了自己的教学意图？你以为，你安排了针对学习目标的一整套练习和作业，并准备了与之配套的标准答案，你就明确了自己的教学意图？不一定！真的不一定！

江苏的徐善俊老师有个教学特色，他喜欢利用课文的语境和情景，来创造一些可以训练学生语言表达、口语交际的语言环境。徐老师上《赤壁之战》时，最后一环节设计成这样：曹操和孙权双方各自回去，一方开庆功会，一方开检讨会，各自会说些什么？这个情境创设得非常好：第一，结合了课文特定的语境，没有脱离课文内容；第二，通过这样一次言语交际，可以深化对课文主旨和内涵的理解；第三，借由这样的交际载体，顺理成章地训练学生的口语表达能力，可谓一举多得。结果，一个孩子却这样说："老师，曹操我太了解了，曹操刚愎自用，生性多疑，宁可我负人，不可人负我。因此，他是不会开检讨会的。"就孩子的这番话，生生地把这么好的一个环节给卡了。你说咋办？我想了三个方案。

第一种方案："也行。那曹操一方的检讨会就不开了，但是周瑜这一方的庆功会总得开吧？"

第二种方案："那可不一定，曹操也是人，是人都会变的呀！这回他吃了那么大的败仗，怎么也得检讨检讨，会还得继续开，不但要开，而且要狠狠地开。"

第三种方案："你说得对！咱们就不让曹操开检讨会了。但是，你说曹操回去以后，会不会独自一人反省自己呢？咱们现在就把他的心里话掏出来。"

你们猜一猜，徐先生可能会选择第几种方案？第二种方案基本被否定掉了。这不是过度控制学生吗？你说他不会开，我说他会开。当控制发生的时候，宽容已经不在了，真正的教学机智也难以发生了。第一种方案可不可以？可以是可以，但至少功效已经失去了一半。其实，徐老师选择的就是第三种方案。那堂课的高潮就是在那个时候开始的。徐老师之所以这么做，就是因为他有自己非常明确的教学意图。他的教学意图不在于非得让曹操开一次检讨会，而是借由现场鲜活的课堂语境，让孩子接受一次言语交际的体验和实践，并从失败的角度引导学生深入思考赤壁之战的人物性格和命运。

所以我说，现场决策其实是基于师生对话过程中障碍的发现与沟通。而这个障碍的发现和沟通，很显然是和我们事先所做的各种准备密不可分的。虽然，机智本身是学不来的，是没有办法训练的。但是，机智发生之前所需要的条件，我们是可以准备的。

二、随机应对：对话的生成与融合

对话遭遇障碍，我们该知道如何应对。我认为应对就是对话的生成和融合。大家要注意的是，我这里讲的对话，既有自然语言对话，也有非语言对话。非语言的对话既有显性的肢体语言对话，也有隐性的心理语言对话。所以这个对话是立体的、综合的。并不是我们开口说话才叫作对话，其实老师从讲台前走到孩子的旁边，这个过程就是一次对话；老师摸一下孩子的后脑勺就是一次对话；老师用眼神专注地看着一个孩子，就是一次对话；老师把原来专注的目光突然移开的过程，也是一次对话。当然我这里讲的主要是自然语言的对话。

（一）倾听—认同：基于真诚倾听的开放性对话

我认为真正的教学机智，它的出发点在于倾听。很多障碍的产生，是因为老师没有经历，不懂倾听。老师心里装的可能是教案，可能是现场冒出来的问题本身，但是对问题是如何产生的，他没有看见。我这里所讲的倾听也是广义的，包括观察，触觉，不仅仅是听闻。我认为开放性对话，与接受性的、理解性的倾听密不可分。开放性的对话就是要鼓励孩子表达出自己的想法，谈论他们所关心的任何事情，并让他们知道他们的观念与感情，得到老师充分的认可和尊重。

有一次，我上古希腊神话《普罗米修斯》。普罗米修斯把天火送给人间之后，宇宙之神、众神领袖宙斯决定严厉地惩罚他。所有惩罚当中，最惨烈、最痛苦、最不"神"道的就是"派了一只凶恶的鹫鹰，每天站在普罗米修斯双膝上，用它尖利的嘴巴，啄食他的肝脏，白天肝脏被吃光了，可是一到晚上肝脏又长了出来。这样普罗米修斯所承受的痛苦永远没有尽头"。面对这样的痛苦，普罗米修斯依然没有认错，依然没有把火种交还给宙斯。他有一句话："为人类造福有什么错，我可以承受一切痛苦，但是我决不会放弃火种。"课堂教学进入到这个场景，我向学生抛出了一个问题：看到普罗米修斯经受着如此巨大的痛苦，作为人类的我们，接受了他的火种，接受了他的爱，你难道就忍心看到普罗米修斯忍受如此巨大的痛苦吗？请你们拿起笔来，把那些给普罗米修斯带去巨大痛苦的词语一个一个抠出来。学生开始动笔，有的把"凶恶"删掉，有的把"尖锐"删掉，有的把"啄食"删掉，有的把"没有尽头"删掉。其实这个删的过程，就是深入品味关键词语的过程。这些词不能删，但删了以后孩子们才强烈地感受到，普罗米修斯遭受的痛苦是不可想象的。所以，当孩子们把这些关键词一个一个抠掉的时候，我话锋一转，问道：当你们把这些词抠掉的时候，你想想谁不会答应？我的意图是宙斯，因为这个命令是宙斯下的，这个天条是宙斯要求执行的。结果呢，有个孩子说："我觉得普罗米修斯不会答应。"台下一片哗然。很显然，孩子的理解超出了我的预期和意图。在这个时候，你能够足够地宽容孩子的"错误"吗？长期的课堂经验让我逐渐明白一个道理：孩子的理解一定有孩子自己的逻辑，当孩子的理解超乎我们的预期时，你首先应该倾听的是导致孩子这样理解的逻辑。只有让孩子充分暴露他的思考逻辑，你才能真正看清问题所在。

于是，我问那个孩子："普罗米修斯不答应，为什么？"孩子说："老师，普罗米修斯当然不答应，他要想减轻自己的痛苦，只有一个条件，就是放弃火种，向宙斯认错。但是普罗米修斯就是为了人类，哪怕他经受如此巨大的痛苦，他也不会放弃。所以说，他宁可让自己痛一万年，三万年……他也不可能同意宙斯来减轻他的痛苦。"原来孩子的逻辑是这样的。多么清晰的思考，多么深入的解读。如果我们不能开放自己的心态，不能进一步倾听孩子的思考逻辑，那么这个环节可能就会走向思考的控制、思维的僵化。

（二）诊断—归因：基于问题诊断的分析性对话

我认为对话是为了发现问题，而不是掩盖、粉饰问题，或者简单地将问题看作"问题"，进而做出消极负面的评价。问题的发现要依据真实的学情和学生的认知情况，千万不能先入为主，更不能简单套用成人的思维方式和习惯。也就是说这个归因要充满同情的理解，理解的同情，更多地站在儿童的角度去分析。

小语界有一个大师级的人物——支玉恒先生。他的课堂，教学机智随处可见。有一次，我听他上《西门豹》。有一个场景我印象特别深刻。西门豹治邺，主要惩罚的是几个罪大恶极的主犯，其中一个是巫婆。西门豹做得很有策略，一下子震慑了那些为虎作伥的官绅们，同时也教育了现场的百姓。可是有个小女孩举手了，她几乎是抽泣着说："老师，西门豹做得太过分了，这个巫婆已经是个老奶奶了，你教育她几句也就算了，为什么要把她投到河里活活淹死呢？"

面对孩子的质疑，支老师没有当场加以否定。他说，你可以保留自己的意见，但老师给你一个建议，你暂时不参加我们的讨论，你留出时间来，用心地仔细地读一读课文的前半部分，如果有必要，你可以在要紧的地方划一划，做一些标记。等到你又有话想说的时候，你再举手，可以吗？那个孩子认同了。

教学继续进行，这个孩子开始一个人细读前面的课文。我们这些听课的老师当然关注着这个小女孩，看后面她会有什么反应，她会不会举手，举手以后她又会说些什么，说了之后老师还会怎么应对。总之，有太多的期待需要随后的印证。过了大概五分钟的时间，小女孩举手了。支老师让小女孩发言，孩子说："老师，刚才我错了。我仔细地读了课文的前半部分，才发现这个巫婆真是罪大恶极。"接着，孩子开始列举巫婆的罪行："'老大爷说……都是河伯娶媳妇给闹的。河伯是漳河的神，每年要娶一个年轻漂亮的姑娘……'这话是巫婆说的，说明巫婆是元凶。'办喜事只花二三十万，多下来的就跟巫婆分了。'说明巫婆得了许多昧心钱。'哪家有年轻的女孩子，巫婆就带着人到哪家去选。''有钱的……没钱的只好眼睁睁……'所以，巫婆真是罪大恶极，十恶不赦，我认为西门豹的处罚是对的。"这个环节的成功，完全基于支老师对孩子的正确归因。第一，老师清楚地知道，这个孩子心地特别善良；第二，也是更重要的，孩子没有充分读懂文章前半部分的信息，导致她对巫婆的罪行停留在模糊、片面的认知上。归因一旦正确，对话的深入就有了良好的逻辑支点。

(三) 期待—激励：基于积极期待的激励性对话

从某种意义上讲，对话就是一种新的召唤、新的期待。心理学上所谓的期待效应、皮格马利翁效应、罗森塔尔效应，所揭示的就是期待的激励效应。关于对话，我们要有这样一种信念，即：坚信每个孩子都想学好，每个孩子都能学好，这是从信念而不是从效果的角度去讲。

小语界另一位大师级的人物于永正先生上过《新型玻璃》一课，这是一篇说明性文章。第一课时快结束的时候，老师抛出一个问题："课文向我们介绍了哪几种新型玻璃？"一个女孩举手说："课文一共介绍了五种新型玻璃。第一种是'夹丝网防盗玻璃'，第二种是'夹丝玻璃'，第三种是'变色玻璃'，第四种是'吸热玻璃'，第五种是'吃音玻璃'。"于老师说："很正确很清晰，你对课文已经很熟悉了，于老师想给你提出更高的要求。你能不能把刚才的话说得再简洁一些？"小女孩面有难色，想坐下去。于老师说："你先别坐下去，请你沉着冷静地想一想，我看你有这个能力。""我看你有这个能力"这句话很重要。小女孩重新回归站立姿势，很认真地想了一会，然后头抬起来，说："课文一共介绍了五种新型玻璃，它们分别是：'夹丝网防盗玻璃''夹丝玻璃''变色玻璃''吸热玻璃''吃音玻璃'。"于永正先生竖起大拇指："说得妙，妙就妙在'分别是'三个字上。有了它，你可以少说整整十五个字，下面只说名称就行了。所以我说你有这个能力！如果刚才你坐下了，不就失去了一次展示自己才华的机会吗？孩子，这样的机会可不多啊。"

什么是期待？这就是期待。什么是激励？这就是激励。

（四）同情—融合：基于善解人意的同情性对话

同情与其说是教师设身处地地生活在孩子的世界中，不如说孩子已经生活在我们的内心世界中。善解人意有两个不同层次：一是在道的层面上，总是从"善"的角度去理解孩子，相信孩子的天性是善的，孟子说"人之初，性本善"，王阳明说"人皆有良知"。二是在术的层面上，能够开放、宽容、有效地与学生对话。

教《跨越海峡的生命桥》时，一位学生对台湾青年冒着生命危险抽取骨髓表示不理解，提出："假如我是他，就会等地震过后，再来医院抽取骨髓，否则万一医院被震塌了，那不自己也没命了，还怎么救人啊？"

老师听了孩子的想法，说："这位同学，你不希望这位台湾青年死，是吗？"孩子点点头。

"我理解你的心情，在这么危险的环境下，谁不希望自己能躲到安全的环境中去呢？但是，我们也知道，这位青年是十万人里才找到的唯一的与小钱骨髓匹配的人，他是点燃小钱生命之火的唯一希望！虽然余震还在不断地发生，但想到远在杭州而生命之花即将凋零的小钱，想到海峡两岸的人们正整装待发，我相信，一定还会有另一种声音在对他说……"

慢慢地，班上有学生举起手来：

"我听到有个声音这样说，你可不能躲啊！你一躲，时间就会延误，杭州青年小钱就可能失去他年轻而宝贵的生命！只要能救治小钱，再危险我们也得挺住啊！"

"慈济医院的李博士在等着你，护送队的司机们在等着你，杭州的小钱在等着你，在这千钧一发的时刻，你怎能临阵脱逃呢？你是好样的，你一定能够坚持住！"

其实，这次对话的成功，不是教师智慧的成功，而是教师道德和良知的成功。只有悟到儿童的善是天生的，并把它当成一种教育信念，所谓的智慧才肯造访。"孩子，你不希望这位台湾青年死，是吗？"其实那一刻，教师并不能确切知道儿童的真实想法，但他却可以借由自己的光拨开儿童心性中的那层迷雾，让他内在的良知自动显现，并且不断地巩固和保护这种良知。

"我相信，一定还会有另外一种声音对他说。"这个时候，良知和良知之间是一种互相照亮。"教育就是一棵树摇动另一棵树，就是一朵云推动另一朵云。"教育就是用我的光来照亮你的光，最后让你自己发光，这是慈悲，这也是智慧，所以佛法说"悲智双运"，我觉得太有道理了。我们玩的不是谋略，不是技巧，我们最终要做的是提升自身人格境界和生命境界，我们要让我们的精神更纯粹。作为老师，一定要坚定地相信，人皆有良知，儿童一定有良知，当这个成为你内在信念的时候，智慧会自然显现。

主体间性之下，面对基于课程所展开的主体间对话，追寻所谓教学机智，重要的不是求得一个答案，而是在整个对话过程中，让师生通过对话，学习对话，学会对话，拓展自己的精神视域，开发自己的生命智慧，提升自己的心灵境界。

幸福的真相

西哲伊壁鸠鲁这样告诫世人："我们必须思考幸福究竟从何而生，因为，只要有了幸福，我们就有了一切。倘若没有，我们就会竭尽全力，以求拥有它。"

一个婴儿刚出生就夭折了。一个老人寿终正寝了。一个中年人暴亡了。他们的灵魂在去天国的途中相遇，彼此诉说着各自的不幸。

婴儿对老人说："上帝太不公平，你活了这么久，我却等于没活过。我失去了整整一辈子。"

老人回答："你几乎不算得到了生命，所以也就谈不上失去。谁受生命的赐予最多，死时失去的也最多。长寿非福啊！"

中年人叫了起来："有谁比我更惨？你们一个无所谓活不活，一个已经活够数，我却死在正当年。生命曾经赐予的和将要赐予的，我都失去了。"

他们正谈论着，不觉到了天国门前。这时，一个声音在头顶响起："众生啊，那已经逝去的和未曾到来的，都不属于你们，你们有什么可以失去的呢？"

三个灵魂齐声喊道："主啊，难道我们中间没有一个是最不幸的吗？"

上帝答道："最不幸的何止一个？你们都认为自己失去的最多。谁受这个念头的折磨，谁就是最不幸的人。"

好吧，我们必须思考幸福从何而生。那么，上帝的回答是否已经为我们开启了一扇幸福之门呢？

幸福在哪里？幸福其实只在一念之间。这"一念"，正是林清玄在《幸福的开关》一文中所讲的"我们的幸福与否，正是由自我的价值观来决定的"。价值定幸福，价值转幸福，幸福就在价值观这一念的开关之间。

有老师曾经沮丧地告诉我，为了转化一个后进班，整整一个学年，他呕心沥血、废寝忘食，几乎放弃了所有的双休日，甚至连自己的婚期都推迟了一年多。可是，到头来还是"涛声依旧"、收效甚微。这样的日子，还有什么幸福感可言？

对于这位好老师的沮丧，我同情地理解他，也理解地同情他。无论如何，当他的那"一念"完全专注于转化结果的时候，过程中曾经出现的各种感人细节和美好场景，都将注定要被那"一念"给无情地遮蔽和放逐。于是，工作就毫无幸福可言。更要命的是，当那"一念"完全期许于某种理想的班级状态时，甚微的"收效"经由他内心的价值判断后早已被弃若敝屣，殊不知这甚微的"收效"恰恰可能蕴含着职业的莫大幸福和尊严。面对一样的工作际遇，倘若谁不受这个念头的折磨，谁就有可能获得深深的职业幸福。

难怪让·吉奥诺一针见血地指出："人类无论在什么样的状况下，再贫瘠，再悲惨，都会遇到幸福的问题，而自我是得到幸福的唯一因素。"其实，更确切一点说，"深藏于自我的那一念"才是得到幸福的唯一因素。

然而，正如世界是相对的一样，教师职业同样充满相对。有阳光就有阴影，有幸福就有痛苦。因此，这一念无论你怎么转，还是无法摆脱这种幸福的悖论。那么，我们能不能消解这一念、消解这一预设的价值观呢？由"一念"之判别转向"无念"之直观，这是生命的修炼，也是幸福感的进一步增值。正所谓"不迎不拒，不取不舍，如实观照，明心见性"。

同样是上课，缺乏生命修炼的教师，为上课而上课，教师的心只是在等待，等待学生的回答，等待结果的到来，等待结果与"标准答案"的契合。教师是活在下一刻的，是活在等待之中的，过程本身所具有的种种意义和价值全部让位给了结果，老师在苦苦等待中，变得紧张、烦恼、焦躁、甚至痛苦，幸福被等待无情地排挤了。

当我们以直观面对上课的每一个当下，我们是在上课，但同时又是在享受上课。我们在课堂上彻底放松，全然进入课的每一个当下，和学生情情相融、心心相印，让生命中的每一个细胞、每一寸肌肤去感受、去体认课的每一个当下，和学生一起欢笑、一起流泪、一起沉思、一起震撼。于是，我就是课、课就是我，我和学生一起全然进入一种人课合一的境界。这种境界，不正是深深的幸福所在吗？

以直观面对职业，职业也因此以幸福来回馈我们。彻底敞开，全然进入，活在当下，享受过程，率性而为，高峰体验。这无念的直观、直观的无念，正是我们体认职业幸福的最高智慧！

卓格多杰在《觉悟之旅》中如是说道："我能杀死多少坏人呢？他们无穷无尽，就像这宇宙空间一般。只要我消灭了仇恨的想法，所有的敌人都同时因此而被消灭。"我们是否也可以这样说，只要我们消灭了"我要幸福"的执念，所有的痛苦也都将因此而被消灭呢？

做自己的明灯

很喜欢 S. H. E 的歌《Super Star》，爱它的旋律，也爱它的歌词：

> 笑就歌颂，一皱眉头就心痛
> 我没空理会我，只感受你的感受
> 你要往哪走，把我灵魂也带走
> 它为你着了魔，留着有什么用
> 你是电，你是光，你是唯一的神话
> 我只爱你，you are my super star
> 你主宰，我崇拜，没有更好的办法
> 只能爱你，you are my super star

我知道，喜欢这首歌的人不在少数，喜欢的理由也因人而异。有人说，喜欢就是喜欢，不需要理由。我恭喜这样的人！那一刻，他是全然进入了这首歌、这个生命当下的实然和真相；那一刻，他的生命只是喜欢、全是喜欢、就是喜欢；那一刻，就是爱、就是美、就是深深的幸福与自在。

我已然忘了自己是否也曾经拥有那一刻，而我现在喜欢，则是因了歌词的启示。

也许，不顾一切，飞蛾扑火，迷失自己随它而去，确能带给你巨大的亢奋、激情和生命的活力。但是，电光石火之后，神话破灭，留给自己的又是什么呢？

一切烦恼、一切痛苦、一切恐惧、一切嫉妒、一切怨恨、一切迷惘……一切你不想要的情绪和感觉皆因为"你想要"。

你要，你求；你向外要，你向外求；你依赖于外在的要，你依赖于外在的求。正如歌中所唱："你是电，你是光，你是唯一的神话，我只爱你。"

于是乎，"你"在这里成了一个巨大的象征、一个无所不包的指代：

"你"是一堂公开课的热烈反响；

"你"是一位后进生的美丽转身；

"你"是一篇论文换取的一张烫金的证书，或者就是论文本身所书写的烫金的思想；

"你"是成为教研组长、教导主任、校长之后的深深的满足和优越；

"你"是几度家访、几番苦口婆心之后终于打动家长的得意劲儿；

"你"是一传十、十传百的口碑；

"你"是教坛新秀、特级教师、劳动模范；

"你"是学科成绩名列前茅；

"你"是专业能力出类拔萃；

"你"是教师博客赢来的无数人气和关注；

"你"是对阅读的迷恋和沉醉；

"你"是被一场又一场学术报告所成就的思想者、智者、大师；

"你"是散发着油墨清香的你的学术专著；

"你"是身怀教育理想的几位同好的同声相应、同气相求；

"你"是教师这个稳定职业的稳定收入；

"你"是心甘情愿对每位学生负责的神圣与崇高；

"你"是为转变落后班级的寻寻觅觅、衣带渐宽；

"你"是和孩子待久了的"被孩子"，一样的童心、一样的童趣、一样的童言无忌；

"你"是成为孩子的电、孩子的光、孩子的唯一的神话；

……

你发现，这样的象征和指代在你的生活中是开放的、无限的，一切皆有可能。但是，你可能不曾发现，这样的象征和指代都是你之外的，你唯一没有发现的就是你自己。

难道不是吗？你不高兴，你在孩子的童趣中求得了高兴，于是你向着他们求；你不快乐，你在后进生的美丽转身中求得了快乐，于是你向着他们求；你不自信，你在一堂公开课的热烈反响中求得了自信，于是你向着他们求；你不踏实，你在这个职业的稳定收入中求得了踏实，于是你向着他们求；你不满足，你在对阅读的迷恋和沉醉中求得了满足，于是你向着他们求；你不优越，你在成为一名校长后求得了优越，于是你向着他们求。

你孤独，你向着他们求；你无聊，你向着他们求；你痛苦，你向着他们求；你恐惧，你向着他们求；你彷徨，你向着他们求；你怨恨，你向着他们求。

求！求！求！一切都在外求，一切都缘来缘去，一切都离你越来越远。于是，你很快发现，在短暂的满足之后，随之而来的却是更大的空虚、更深的恐惧。

你不以为然吗？不要着急，生活终有一天会对你当头棒喝：凡是外在的，都不是你能掌控的；凡是你不能掌控的，都不是你的。

而你唯一可以掌控的，只有"你"。

你才是你的！这是废话，这是真理。

你千求万求，最终却把自己给求没了，自己丢了。

自己丢了，你求了能给谁呢？

你难道没有听到自己对自己的呼唤吗？

回来吧，自己！回来吧，与自己合一！回来吧，对自己负责！回来吧，好好地爱自己！

回来了，你终于醒悟：你求，是因为你缺、你匮乏。你缺什么呢？你缺这缺那、你缺钱、你缺权、你缺知名度、你缺崇高感、你缺可以献身一辈子的事业、你缺执子之手与子偕老的爱情。问问自己，真诚地、纯粹地问问自己，你到底缺什么？

不要去问别人，门外没有别人。问你自己，问自己的心，问自己的灵魂，问自己深埋在骨子里的那个自己。

其实，你什么都不缺，你唯一缺失的是"爱"。

没有了爱，你才空虚、寂寞、焦虑、痛苦、恐惧、怨恨、冷漠，你才丧失了生命的全部活力和生机。

你问，爱在哪里？

爱哪里都没去，爱只在你心里。爱从来就没有离开过你，你从来就没有缺失过爱。但是，当你的心向外驰骋、向外索求、向外攀缘的时候，你错认了爱，你分裂了爱，你已将爱抛在了九霄云外。

修炼爱，修炼爱自己，修炼探求自己的内心，倾听自己内在的天籁之音。当有人告诉你那就是爱的时候，你不要信以为真，那不是爱。爱是不能告诉、不能复制、不能灌输的，爱要自己行动、自己体验、自己觉知。

修炼吧！爱是纯粹的看，爱是清明的觉知，爱是完整的意识，爱是全然敞开、全然投入，爱是活在当下，爱是与当下的实然合一，爱是如如不动又生生不息，爱是永恒，爱是悲悯，爱是最高的善，爱是无言的大美，爱是般若，爱是真理，爱是一。

修炼吧！爱自己，就是接纳自己的一切。幸福，就全然接纳幸福；痛苦，就彻底沉入痛苦。

当你说自己很幸福的时候，你其实并未全然接纳自己的幸福。因为，你知道你幸福，那么，在你的意识中，就会有一个观察幸福的你和被幸福的你，于是，你的意识是分裂的、冲突的，你就无法全然接纳幸福。这不是爱。

当你说自己很痛苦的时候，你其实并未彻底沉入自己的痛苦。因为，你知道你痛苦，那么，在你的意识中，依然存有两个你，一个是作为观察者的你，一个是作为体验者的你，两个你互相对立，心灵之战从未停歇。这不是爱。

幸福，就与幸福合一；痛苦，就与痛苦合一。这是爱！

修炼吧！每天，给自己一点独处和冥想的时间。爱自己就从这时开始，不要判断，不要努力，不要对立，你只是看自己，静静地看自己，全然地看自己，升起你意识的全部敏感和警觉看自己，舍此，没有更好的办法。

想哭，就让自己哭，不要回避、不要抗拒。因为，回避就是分裂，抗拒就是冲突，分裂和冲突就不是爱。你可以临风而立，可以傍水而坐，可以面朝大海，可以眺望远山，在自然的环抱中让自己尽情流泪，你就是流泪，除了流泪，没有那个观察的你，没有那个塞满了记忆和意象的你，你与流泪合而为一。然后，在泪干的时候，不要忘了祝福自己。在觉知自己又在依赖一些东西的时候，告诉自己："不依赖任何东西，外在的或内在的。别依赖任何东西，这不表示连邮差也不要依赖，而是指内心不依赖。"（克里希那穆提语）你只有不再依赖的时候，才会看清某一道情绪的根源是什么，也许这会很痛苦，然而痛苦唤醒了你的觉知、你的电、你的光、你的唯一的神话。

慢慢地，你照亮自己的痛苦，照亮自己的悲伤，照亮自己的焦虑和郁闷，照亮自己的百无聊赖和冷酷无情；慢慢地，你知道了原来在学习爱自己、接纳自己的同时，也在学习如何爱别人、接纳别人；慢慢地，你发现原来你并不只是你自己，你的黑暗是人类的黑暗、世界的黑暗、宇宙的黑暗，你的光明也是人类的光明、世界的光明、宇宙的光明，因为万物一体、世界同心。爱自己，就是爱人类；爱自己，就是爱世界。

修炼吧！爱是完整，爱是全然，爱是最高的智慧和悲悯。爱一旦觉醒：

"你"依然可以是一堂公开课的热烈反响；

"你"依然可以是一位后进生的美丽转身；

"你"依然可以是一篇论文换取的一张烫金的证书，或者就是论文本身所书写的烫金的思想；

"你"依然可以是成为教研组长、教导主任、校长之后的深深的满足和优越；

"你"依然可以是几度家访、几番苦口婆心之后终于打动家长的得意劲儿；

"你"依然可以是一传十、十传百的口碑；

"你"依然可以是教坛新秀、特级教师、劳动模范；

"你"依然可以是学科成绩名列前茅；

"你"依然可以是专业能力出类拔萃；

"你"依然可以是教师博客赢来的无数人气和关注；

"你"依然可以是对阅读的迷恋和沉醉；

"你"依然可以是被一场又一场学术报告所成就的思想者、智者、大师；

"你"依然可以是散发着油墨清香的你的学术专著；

"你"依然可以是身怀教育理想的几位同好的同声相应、同气相求；

"你"依然可以是教师这个稳定职业的稳定收入；

"你"依然可以是心甘情愿对每位学生负责的神圣与崇高；

"你"依然可以是为转变落后班级的寻寻觅觅、衣带渐宽；

"你"依然可以是和孩子待久了的"被孩子"，一样的童心、一样的童趣、一样的童言无忌；

"你"依然可以是成为孩子的电、孩子的光、孩子的唯一的神话；

……

这一切的"你"，只有成为自己明灯的那一刻，才会显现出生命的全部荣耀和光明。

没有一盏灯能够彻底照亮你，只有你自己才能做自己的明灯。

请歌唱自己，歌唱自己深埋在骨子里的那个"你"吧！

笑就歌颂，一皱眉头就心痛

我没空理会我，只感受你的感受

你要往哪走，把我灵魂也带走

它为你着了魔，留着有什么用

你是电，你是光，你是唯一的神话

我只爱你，you are my super star

你主宰，我崇拜，没有更好的办法

只能爱你，you are my super star

第二辑

诗 意 问 津

诗意·语文·梦想

我有一个梦：让语文教育成为生命的诗意存在。

功利化的语文教育，已经愈来愈远离诗意。在诗意被放逐的课堂里，令人惊异感奋的语言却化为僵直的图解，盈天地之美的诗意却被平面削切，母语的温润与魅力正在跟我们的孩子渐行渐远。

在人类社会的转折关头，总有些先哲会喊出惊世骇俗的声音。面对现代文明的症结，尼采做过这样痛苦的诊断："我漫步在人中间，如同漫步在人的碎片和断肢中间！……我的目光从今天望到过去，发现比比皆是：碎片、断肢和可怕的偶然——可是没有人。"

没有人！没有人的完整性，没有完整的人！在这个技术主宰一切的时代，教育，包括我们的语文教育，封闭了通向人的灵魂的大门，生命的诗意被无情地锁定在功利主义的黑洞之中。

呼唤语文的诗意，正是对"没有人"的教育困顿的挣脱和救赎。

教室里正在上《丑小鸭》。课近尾声，全班同学用投入的朗读抒发着丑小鸭成为白天鹅的那份陶醉和幸福。这时，一个孩子站了起来："老师，我觉得丑小鸭没什么可高兴的！她本来就是从天鹅蛋里孵出来的，那她长大了自然就是一只天鹅嘛。"是呀！鸭蛋怎能孵出天鹅？课堂空气顿时凝固了。漫长而又短暂的等待，静默。老师沉吟着，继而微笑相对："是呀，丑小鸭是天鹅蛋孵出来的，她没有理由不成为天鹅呀！"孩子们有随声附和的，有会心一笑的，有托腮沉思的。这时，老师又若有所思地轻轻问道："但是，假如丑小鸭在成长中没有离开鸭妈妈，没有越过篱笆，没有对大鸟飞天的向往，那么，孩子们，你们想一想，丑小鸭能成为一只真正的天鹅吗？"一石激起千层浪，随着孩子们的自由讨论，课堂进入了一个新的高潮。是的，丑小鸭的成长，无关乎外形的健硕、羽毛的光洁、模样的俊朗。那是一种自信的气质、飞天的胸怀、贵族般的精神气象。

真正的天鹅?! 多么机智的应对，多么诗意的点化! 是的，丑小鸭的全部意义和价值在于她的成长过程逻辑地蕴含了"成为一只真正的天鹅"。而这，既是童话本身的诗意，也是语文教育的诗意——"让人成为真正的人!"

苏霍姆林斯基的教育充满诗意，他的诗意之源正来自于这样的教育梦想："培养真正的人!" 他说："你作为一个人生了下来，但要成为一个大写的人。真正的人要有一种精神——人的精神，这种人的精神会在信念与情感、意志与追求之中，会在对待他人和自己本人的态度上，会在分明的爱与憎，在善于看到理想并为之奋斗方面表现出来。"

我们怀着对生命的敬畏和尊崇，以热切而理性的思索努力追寻着语文教育的本真：培养真正的人，培养具有"人的精神"的人，培养具有和谐的、多方面精神生活的人。

这是诗意语文的最高境界，也是我的语文教育之梦。

诗意即本色

在本色语文强势袭来的时候，我选择了静观。我告诉自己，没有人能够伤害诗意语文，"万物静观皆自得，四时佳兴与人同"。

不过两年光景，本色与诗意在各自的课程语境中开始消长。本色语文的话题渐趋温和，背后则是一种理性的沉淀。而诗意语文的实践和探索，也开始迈向言语表现的腹地，有了亲吻言语大地的课程姿态。于是，诗意和本色，便有了一种从容的面对和安静的晤谈。

晤谈，如一壶明前的龙井，茶香慢溢，若有若无。

境界："境界"一直是我钟爱的一个语词，它的灵性、空性和无限禅意，自打遇见它的那一刻始，便渐渐地烙印在我生命的底色。对"境界"，更多的是一种直观的觉知，如水在口，冷暖自知。偶有玩索，便有了这样的感悟：境界是一个三维的存在，它有"边界"义、"境遇"义和"层次"义。"边界"眺望其广度，"境遇"打探其深度，"层次"丈量其高度。

探讨本色语文的境界，当是边界、境遇和层次三个维度的统一。就境界的广度看，本色语文的边界就是语文的边界，或可断言：本色语文就是语文。就境界的深度看，本色语文的境遇，是就它所处的外部环境、课程语境而言的，新课程文化才是它的底色，本色语文是新课程语境下的语文。就境界的高度看，本色语文的层次，既是最基础的，也是最高端的。说本色语文是最基础的，是因为本色语文是对语文教学的底线要求，是一种大众化的、普适性的框定和廓清；说本色语文是最高端的，是就语文教学的个性、格局和气象而言的，本色语文是绚烂至极归于平淡的语文，是炉火纯青、大象无形的语文。

本色："本色"就是本来面貌、原来颜色。本色语文，就是让语文回到原初的、本来的状态上去。一言以蔽之，本色语文就是回到"语文"那儿去。杨在隋先生指出：语文课就是引导学生学习语文的课，是学生学习理解和运用祖国语言文字的课，是学生听、说、读、写的综合实践课。一句话，语文课就是"语文"课，本色语文就是本色的"语文"。

既然本色语文就是语文，那么在"语文"这一中心词之前冠以"本色"二字，意义何在？意欲何为？大家知道，任何概念的提出，都不可能是凌空出世的。它们总是基于某种特定的历史文化语境，这一特定语境才是概念们真正意欲言说的地方。在"语文"之前冠以本色，意在强调、凸现语文的本质属性，意在唤醒语文教师对语文的原初状态、本来面貌的观照和审视。为何要有这种强调、凸现和唤醒？正是因为在课程实施过程中或多或少、或深或浅、或明或暗地存在着非语文、伪语文，甚至去语文的迹象和症候。有人谓之的"虚""闹""杂""碎""偏"等语文教学现象，正是对这种症候的切脉结果。本色语文是对非语文、伪语文、去语文的一种新的颠覆和解构。

倪文锦以《秋天的怀念》为例，针对一些教师讲这一课都在架空文本语言谈母爱的伟大，提出了自己的看法和教学思路：文本当然有写母爱，但不全是。第一，要读懂文题。秋天的怀念，这是谁的怀念？是儿女的怀念，是史铁生与妹妹对母亲的怀念，所以文本抒写的是母子情，这是双向的感情，而非单一的母爱。第二，为什么要写怀念是秋天的，而不是冬天的或其他季节的？因为文本所写的故事都发生在秋天，母亲也是在秋天去世的。第三，儿子是如何表达怀念之情的？从"我却一直都不知道，她的病已经到了那步田地"，到"我没想到她已经病成这样"，再到"看着三轮车远去，也绝没有想到那竟是诀别"，这逐层深入的三个"没想到"，表达了儿子内心无限的追悔、愧疚之意和无比的悲痛之情。而且，作者的这种感情也经历了从开始的"没想到"到后来才"想到"，对母亲的话从"不懂"（"我活着有什么劲！"）到"懂"（我懂得母亲没有说完的话，妹妹也懂。我俩在一块儿，要好好儿活……）的过程。这种情感的转变、发展过程，正是源于母亲心中只有儿女，而唯独没有自己的那种朴素、无私、执着、体贴入微的母爱。这样的母爱在文本中是具体的，是有迹可循的，需要教师带领学生通过读写听说的言语实践活动，一起去发现、去思考、去体验、去品味：当脾气暴怒无常的儿子砸、摔东西时，"母亲就悄悄地躲出去，在我看不见的地方偷偷地注意着我的动静。当一切恢复沉寂，她又悄悄地进来，眼圈红红地看着我"；面对喊着"我活着有什么劲"的自暴自弃的儿子，母亲扑过来抓住"我"的手，忍住哭声说"咱娘儿俩在一块儿，好好儿活，好好儿活……"当儿子独自坐在屋里，看着窗外的树叶在秋风中"唰唰啦啦"地飘落，母亲进来了，挡在窗前……还有儿子答应赏菊后母亲喜出望外的神情，言语中不说关于"跑"和"踩"一类敏感的字眼儿，以及昏迷前的最后一句话是"我那个生病的儿子，还有那个未成年的女儿……"

这样的解读，无疑是本色的。对母爱的领悟，是在沉入文本语词，是在深耕关键语言的过程中自然完成的。

中道：当然，思维方式也在很大程度上影响着我们对本色语文的阐释，进而影响和引领着我们的语文教学实践。对本色语文的解读，仍有必要摒弃那种机械的二元对立的思维模式。诸如：一说人文性就排斥工具性，一说学生主体就抛弃教师主体，一说情感熏陶就屏蔽基础训练。其实，这些问题的暴露和流行，在很大程度上都源于我们看问题时的思维方式。对于本色语文的解读，我们需要的是那种执其两端而用中的辩证思维、中道哲学。本色语文是针对非语文、伪语文甚至去语文的现象提出来的，它有其侧重的立面，即言语工具性的澄明和坚守。正是这一立面在新课程实施进程中被有意无意地淡化、削弱甚至放逐了，这才是本色语文的时代意义和历史语境价值。但是，这并非表明本色语文要与言语的人文性、情感性决裂。说到底，本色语文是言语工具性和人文性的有机统一和融合。只有统一，才是本色的终极含义；只有融合，才是本色的真正澄明。语文课程改革之所以出现钟摆现象，在很大程度上，与我们习惯的二元对立思维模式是密不可分的。

语文这一概念自诞生之日起，就是一个与时俱进、动态成长的意义集合。倡导本色的语文，不是一种简单的回归，更不是一种历史的复辟。事实上，并不存在一个语文的本来面貌、原初模样。语文本身就在不断成长中，就像老年不能回到青年、青年不能回到童年、童年不能回到呱呱落地的婴儿一样。就时代语境看，本色语文就是言语的工具性和言语的人文性相统一的语文，就是将这两者统一得更和谐、更自然、更纯粹的语文。那种机械的、刻板的、支离破碎的、从语言形式到语言形式的所谓语文，相信并非本色语文的真正指涉。从这个意义上说，本色语文是语文之河在大浪淘沙中引入时代活水后变得更丰盈、更开阔、更平静的语文。

诗意：看清本色，也就看清了诗意。诗意语文同样不是某种语文，不是另一种语文，它不应表述为"一种怎样的语文"这一格式。诗意语文就是语文，语文是它赖以存在的唯一家园。诗意语文是让语文（本色语文）更怎样的语文。这里需要特别强调的是，诗意不是一种外在于语文的东西，诗意是语文本有的，是语文的固有属性，是语文的内在精神。本色语文焉能消解诗意？从这个角度看，诗意语文就是本色的语文。当然，曲解诗意，将诗意作为一种标签硬贴在语文之身，既非诗意语文的本色，亦非本色语文的诗意。真正的本色语文，诗意是其自然的丛林；真正的诗意语文，本色是其最高的巅峰。

钱穆先生在赏析王维的"雨中山果落，灯下草虫鸣"时，这样说：这一联中重要字面在"落"字和"鸣"字。在这两字中透露出天地自然界的生命气息来。大概是秋天吧，所以山中果子都熟了。给雨一打，禁不起在那里噗噗地掉下。草虫在秋天正是得时，都在那里叫。这声音和景物都跑进到这屋里人的视听感觉中。那坐在屋里的这个人，他这时顿然感到此生命，而同时又感到此凄凉。生命表现在山果草虫身上，凄凉则是在夜静的雨声中。我们请问当时作这诗的人，他碰到那种境界，他心上感觉到些什么呢？我们如此一想，就懂得"不著一字，尽得风流"这八个字的含义了。正因他所感觉的没讲出来，这是一种意境。而妙在他不讲，他只把这一外境放在前边给你看，好让读者自己去领略。若使接着在下面再发挥了一段哲学理论，或是人生观，或是什么杂感之类，那么这首诗就减了价值，诗味淡了，诗格也低了。

无疑的，钱穆先生对这两句诗的解读是本色的，他所依托的完完全全是王维的诗句本身，他由诗中的一"落"一"鸣"，感受到了天地自然界的生命气息，并进而联想和体悟到了一种只可意会不可言传的凄凉之美。但同时，这样的本色解读又是最具诗意的。我们读钱穆先生的赏析，仿佛那说的不是王维的诗，而是他自己的诗；我们随着先生的娓娓道来，仿佛自己也成了诗中的人物，感到了静夜雨声中的生命的气息，还有那份无以名状的凄凉。由本色抵达诗意，让诗意融为本色，这也许就是本色与诗意的秘妙所在吧。

本色语文和诗意语文的关系，是一张剪不断、理还乱的织网。简言之，本色语文是对诗意语文的一种规约，诗意语文则是对本色语文的一种超逸。本色语文对语文课程、语文教学、语文课堂的种种诉求和向度，指涉到语文的本质、目的、内容、方法、路径等，也引导着语文的个性、姿态、风格、面貌、气象等。这些涵盖面广泛的诉求和向度，对诗意语文而言，无疑是一种善意的规约。诗意语文的个性、主张、旨趣只有在本色语文的规约下，只有置身于本色语文的背景下才有其存在的意义和价值。

诗意语文在让语文变得更美的同时，在更为重视言语感受和言语想象的同时，在更加彰显语文的情感熏陶、人文关怀的同时，尤其需要小心翼翼地避免课堂教学的虚高、矫情、唯美和伪圣。这种避免，就是对本色语文的回归和沉入。但我们又必须清醒地意识到，本色语文不是某种语文，它就是语文本身，它不是一种模式、一种风格、一种流派，它的边界和语文完全重叠。本色语文绝非语文霸权，相反，本色语文和林林总总的语文教学风格、教学流派只能是一种"一"和"多"的关系，本色语文是"一"，诗意语文则是对这个"一"的超逸，是"多"中的一粒沙子、一朵野花。泰山不拒细壤，故能成其高；江河不择细流，故能就其深。诗意语文对本色语文的超逸，在成就自身的同时，也必将极大地丰富和充盈本色语文的意蕴和胸襟。

一直喜欢周杰伦的歌，也一直喜欢方文山的词和他的素颜韵脚诗。突然有一种冲动，在心境遭遇澄明的那一瞬间，何不将此番对本色语文和诗意语文的思量化作一首诗：

将感悟洗净

舀一勺诗意煮茶

语词袅袅

温热陈年的话

何处飘来

清香的密码

课程流转　生命蹉跎

宛如佛拈花

一壶微笑

沸腾起言说的芽

品过

才知晓语文的味道是回家

在不朽的文字中发现诗意

语文的诗意在哪里？在文本，在文本之美，在文本的秘妙中。文本之美是诗意语文的基点和出发点。诗意不是外加的，诗意是文本本有的、内蕴的。语文教学指向言语之美，实在是诗意语文课程论和教学论的第一法则。

诗意，在精致的构思技巧上。《与象共舞》一课，紧扣课题逐一展开。教学指向的是文本的"双关"写法，其实，双关在这里更多的是作者的一种创作思路。就全文的构思看，与象共舞既有"和大象一起跳舞"的表层意思，更有"和大象和谐相处、亲密无间"的深层意蕴，而且，这深层意蕴才是文本的主旨所在。所以，作者真正着墨"和大象一起跳舞"的文字比例并不大，相反，在近五分之四的篇幅中所写的内容均与大象跳舞无关。但是，在领悟了"与象共舞"的深层意蕴后，我们不得不为作者精致、精巧的构思而拍案叫绝。原来，文本的一字一句无不在写"与象共舞"，那种人象合一的天地奇观、天作之合。双关构思，正是文本最深刻的诗意所在。

诗意，在不朽的精神母题上。《诗经·采薇》一课，抓住"杨柳依依"这一经典意象，一唱三叹、层层递升，力图进入我们民族性格中最凄美、最柔软、最精微的精神寄托。显然，《采薇》一诗，"杨柳依依"这一意象的创造、传承，并最终化为"送别"这一精神母题，无疑是其最大的文本秘妙。是的，自《采薇》始，这"杨柳依依"的动态意象以及意象所蕴含的那种送别的忧伤和盼归的期待，成了我们民族一代又一代约定俗成的心理记忆和诗性寄托。

诗意，在深邃的哲理境界上。《游山西村》一课，毫无悬念却别出心裁地演绎出"山重水复疑无路，柳暗花明又一村"的哲思意蕴和人生境界。

说毫无悬念，是因为这两句诗的象征性哲理早已家喻户晓，因此，将文本秘妙锁定于此，是意料之中的事。说别出心裁，是对哲理意蕴的感悟过程，这种感悟是充满诗性的，在置身意境中感悟、在知人论世中感悟、在联系类比中感悟、在切记体察中感悟，诗意融化了高深、坚硬的哲理。

诗意，在出乎意料的章法上。《刷子李》一课，经过二度设计、二度演绎后，学习目标的指向变得非常明晰。舍弃了"侧面烘托"，舍弃了"细节描写"，全课紧紧围绕"一波三折"的叙事技巧，抓住"果然、轰然、悠然、居然、竟然、忽然、恍然"等表现心理变化轨迹的词语线索，巧妙而自然地揭示了"一波三折讲故事，文似看山不喜平"这一文本的核心秘妙。

诗意，在细致入微的线索上。《唯一的听众》一课，在充分感受到"不教而教"的教育智慧的同时，也集中挖掘了"我"的心理变化过程这一言语表达之美。纵观全文，"我"的心理变化成为一条贯穿始终的线索："十分沮丧"—"充满神圣感"—"又沮丧起来"—"充满歉意"—"羞愧起来，同时有了几分兴奋"—"洋溢着一种从未有过的感觉"，这样一个心理变化过程，写得曲曲折折、委婉细腻。不难发现，"我"的心理变化主要是受到老人的默默鼓励与呵护，以至于后来，"在各种文艺晚会上，我有机会面对成百上千的观众演奏小提琴曲。那时，我总是不由得想起那位'耳聋'的老人，那清晨里我唯一的听众……"唯一的听众成了"我"终身的老师、心灵的导师。

诗意，在鲜明的语言节奏上。《冬阳·童年·骆驼队》一课，通篇洋溢着的是一种"慢"的节奏、"慢"的情调、"慢"的话语风格和生命回忆。于是，"慢"成了文本的美之所在。这"慢"，既是一种降低速度的缓慢，也是一种放宽心理的舒慢，更是一种细细回味的闲慢。表现在话语节奏上，就有了"那样丑的脸，那样长的牙，那样安静的态度"的复沓句式和"夏天过去，秋天过去，冬天又来了，骆驼队又来了，童年却一去不还了"的回环语势。

诗意，在匠心独具的表达手法上。《夜莺的歌声》一课，环境描写是其重要的文本特点，我们在这里能发现并确认着环境描写的种种作用和意义。譬如，"大道两旁"的描写交代事情发生的地点和背景，增加真实性；譬如，"树林深处"的描写渲染着紧张、危险的故事气氛，引人入胜；譬如，"林中空地"的描写推动着故事情节的发展，期待高潮；譬如，"围墙旁边"的描写反映了人物的性格和品质，余音绕梁。这些，不正是文本诗意之所在吗？

文本诗意，往往就是那些"人人心中有，个个笔下无"的言语存在，它可能是某种言语表现形式，也可能是动人的情感、独特的思想、深刻的哲理、重要的信息，或者形式与内容两者兼得，但所有的这一切都只能存身于"不朽的文字"。

难怪有人这样充满诗意地阐释语文——

"盈盈一水间，脉脉不得语"，是语文。

"咽不下玉粒金莼噎满喉，照不见菱花镜里形容瘦"，是语文。

"路漫漫其修远兮，吾将上下而求索"，是语文。

"天尽头，何处有香丘"，是语文。

"身既死兮魂以灵，子魂魄兮为鬼雄"，是语文。

"至今思项羽，不肯过江东"，是语文。

"可怜身上衣正单，心忧炭贱愿天寒"，是语文。

"安得广厦千万间，大庇天下寒士俱欢颜，风雨不动安如山"，是语文。

"这北国的秋，却特别地来得清，来得静，来得悲凉"，是语文。

"我是你河岸上破旧的老水车，……"，是语文。

……

其实，这里的语文，不正是诗意的代名词吗？或许还可以这样认为，这些名句佳构所要传递的不正是语文的诗意吗？

原来，这些诗性的光辉，这些温暖的关怀，这些浪漫的情怀，这些崇高的灵魂，这些说不尽也道不完的语文的诗意，就这样静静地栖身在不朽的文字中。

只要文字存在，诗意便不会消失。

细读指向文本诗意

文本诗意如何开掘？我觉得基本的、有效的方法就是文本细读。在我看来，文本细读是方法，文本诗意是目的。让文本细读指向文本诗意，在文本细读中开掘文本诗意，使文本细读成为文本诗意的实现过程，这是诗意语文走向实践的重要策略。

一、直面文本，体验原初的诗意

直面文本，是最重要也是最基本的细读方法。不少老师平时备课的程序是很奇怪的，他首先不是看教材，而是看教参。看教参是怎么分析教材，怎么确定目标，提供了哪些教学建议，安排了哪些课堂练习，甚至还会去查有哪些教师上过这课，有哪些现成的教案、教学设计。然后，才跟教材"见上一面"，而且是匆匆的。我们提出"直面文本"，就是要绕过教参、绕过各种背景资料，在第一时间、第一空间与文本本身直接晤面。这种晤面，应该秉持"有朋自远方来，不亦乐乎"的心态，它是从容不迫的，而非心气浮躁的；它是闲庭信步的，而非走马观花的。它充满期待、充满欣赏、充满随时随地的惊奇和喜悦。有了这样一种心态，你才会潜下心来，专心致志、全神贯注地去直面文本，从而建立起属于自己的、独特而纯净的诗意体验。

举个例子，课文《一个小村庄的故事》的第一段这样写道：

> 山谷中，早先有过一个美丽的小村庄。山上的森林郁郁葱葱，村前河水清澈见底，天空湛蓝深远，空气清新甜润。

　　一次，听一位老师教这段课文，过程大致是这样的：先让学生自己读读这段话，说说留下印象最深的是什么。然后，出示一组填空题："森林（　　　）；河水（　　　）；天空（　　　）；空气（　　　）。"要求学生用上文中的词汇完成练习。填完后，教师说：读着这几组词语，你会有什么感觉？还让学生展开想象：假如你就在这个美丽的小村庄，你还能看到什么？还能听到什么？学生说"我在小河里摸鱼""我听到了鸟叫声"等等，感觉就像是一个世外桃源。老师最后让学生把这种感受带进去，美美地读一读这段文字。学生有了体验、有了情境的想象和情感的投入，自然也就读出了味道。评课时，大家对这一段的教学"众口一词、赞不绝口"。

　　后来，我提了一个问题：不知大家注意到没有，这段话中有一个不怎么起眼的词儿——"早先有过"。如果按照刚才的教法，这个词儿是可以抠掉的。因为，整个教学过程似乎都是一种"现在进行时"。你看，森林还在、河水还在、天空还在、空气还在，当然，是指湛蓝深远的天空、清新甜润的空气。事实呢？整个语境是落在"过去时态"的，一切都是记忆、一切都是历史、一切都已烟消云散了。显然，当我们直面文本、直面言说的时候，"早先有过"这个词是无论如何也绕不过去的。为什么文本一开头就要借助"早先有过"这个词，迫不及待地将这个美丽的小村庄拽回到历史的黑洞中呢？其实，通读整个文本，你就不难发现，全文的情感基调是高度明确、高度统一的，这种基调借用鲁迅先生的话来说，就是"哀其不幸，怒其不醒"。所以，整个文本的叙述自始至终是沉重的，甚至是压抑的，读下去你几乎看不到"亮色"，是那种窒息的感觉。于是，我们不禁要问，文本意欲何为？我的解读是，这正是作者的良苦用心、用心良苦。在一种高度沉重、高度压抑的情感和氛围中，促人警醒，催人反思。这种看似残酷的言说，正是作者的大悲悯、大情怀。这是文本最为原初、也是最为深刻的诗意所在。而这种诗意，从文章的第一段话，不，是第一句话开始，就已初露端倪了。

　　我曾经再三表白，诗意不是外加的，不是硬生生贴上去的标签，诗意一定源自文本内在的结构、内在的底蕴。这就需要我们以一种从容的心态、散步的姿态去直面文本，去发现和体认文本带给你的诗意，而不是教参或者别的什么人强加给你的所谓的诗意。体认到这种来自文本本身的、鲜活的、原初的诗意后，你就会对这一段的教学做出这样的调整：在学生感受到森林、河水、天空、空气的状态之后，不做过多的渲染和强调，追问：这样的森林、河水、天空、空气还在吗？不在了，没有了。那么，文中的哪个词儿向你传递着这样的信息呢？于是，曾经被遮蔽的"早先有过"在追问中浮出水面、引人注目。"早先有过"意味着什么呢？意味着：第一，这个美丽的小村庄以前确实存在过；第二，现在呢，这个世外桃源已经消失了、不见了。于是，状态的对比产生一种巨大的情感落差，我把这种落差称之为"情感的张力"。那么，在这种强烈的情感张力的驱动下，学生就能进一步做出这样的思考：这美丽的小村庄为什么会消失？是谁毁灭了这个小村庄？这一思考，必将贯穿教学的全过程，也必将抵达文本最终的意图所在。

你看，只有直面文本，教师才能真正获得"双重发现"，即在发现文本诗意的同时，进而发现自己内心的诗意。直面文本，是一种"素面朝天"的细读，一种最本色、最本真、最本位的细读。在这种细读中发现的诗意，内在于文字，也内在于生命，即便肤浅，也弥足珍贵。

二、字斟句酌，品味精微的诗意

南帆先生有本书，题目叫《沉入词语》。我觉得这个题目取得非常传神！什么叫字斟句酌？借用这本书的题目做个参照，就是"沉入词语"。其实，"沉入词语"这四个字本身就值得我们字斟句酌。比如说"词语"，为什么说沉入"词语"？没说沉入"句子"、沉入"段落"，也没说沉入"篇章"，一定有某种精微的感觉须得有"沉入词语"来表述才算熨帖。那么，这种精微的感觉是什么呢？大家知道，语言的最小的意义单位是"语素"，比"语素"稍大一点的就是"词"了，习惯的叫法是"词语"。但是，"语素"的概念为普通大众所陌生，在我看来，这里的"词语"当是"语素"的一个通俗化的代名词，那么，"沉入词语"就是告诉我们要抓住语言最小的意义单位，要细读。显然，这里的"细"首先是指"细小""细致""细微"。试想，你连词语都不管不顾，还奢谈什么细读呢？而更妙、更传神的，在我看来当是"沉入"这个词语。"沉入"意味着什么？意味着在作者眼中，语言、词语就是"水"。我们不是经常说要"浸润"、要"涵泳"、要"滋养"、要"积淀"吗？没有水，离开了水，拿什么浸润？靠什么滋养呢？你看，语言跟"水"这个意象的联系是多么密切，这是第一。第二，同样是把语言当作"水"，"沉入"跟"涵泳""浸润"又不一样。浸入膝盖深的水中，不能算"沉入"吧？涵泳在齐腰深的水中，也不能算"沉入"吧？水没过头顶、整个身体都浸入水中，那才叫"沉入"。而且，你体会体会，沉入一定是一个慢慢浸入的过程，不慌不忙、不急不躁，就这样缓缓地、款款地让感觉的"身体"整个地没入语言的"水"中。

那么，如何沉入词语来品味那些非常精微的文本诗意呢？举个例子，有篇课文叫《七颗钻石》，是大文豪列夫·托尔斯泰的作品。文章的结尾有这样一段文字：

> 这时小姑娘再也忍不住，正想凑上水罐去喝的时候，突然从门外走进来一个过路人，要讨水喝。小姑娘咽了一口唾沫，把水罐递给了这个过路人。这时突然从水罐里跳出了七颗很大的钻石，接着从里面涌出了一股巨大的清澈而新鲜的水流。

教材为这段文字特意配了一幅插图：左边是小姑娘，右边是一个圣诞老人模样儿的老头，手里捧着水罐，水罐里涌出一股直升的水流。我在细读文本时，发现课文的插图有问题。问题出在哪里呢？就在这个圣诞老人模样儿的老头身上。

在我看来，列夫·托尔斯泰的这个作品，是一个关于"爱的境界"的寓言。细读文本，我们就不难发现，"水罐"与"爱"之间有着密不可分的联系。"水罐"的前后变化一共是四次：

第一次，无水的木罐变成有水的木罐；

第二次，有水的木罐变成有水的银罐；

第三次，有水的银罐变成有水的金罐；

第四次，有水的金罐跳出七颗钻石、涌出一股水流。

显然，由"木罐"而"银罐"、由"银罐"而"金罐"、由"金罐"而"钻石罐"，水罐在不断地升值。那么，这种不断升值的背后又是什么呢？或者又意味着什么呢？其实，这一切都跟小姑娘的"爱"息息相关。水罐的不断升值，乃是因为"爱的境界"在不断提升。

你看，第一次，无水的木罐变成有水的木罐。那是因为小姑娘为了生病的母亲去找水，一直找到累晕在草地上。这是爱，但这是最低境界的"爱"，因为她爱的只是她自己的母亲而已。第二次，有水的木罐变成有水的银罐。这时，你会发现，水罐的升值，是跟小姑娘"爱的境界"的提升密不可分的。她看到一条狗渴得不行了，就用手沾了点水给狗喝。要知道，这是她母亲的救命之水。爱，施与狗了，境界为之一振。第三次，银罐变成了金罐。本来这水是用来拯救病重的母亲的，但是，当小姑娘把水交给母亲时，奄奄一息的母亲没有喝，反而把水罐推给了女儿。推给女儿的不仅是水，更是生的希望。那么，留给母亲自己的是什么呢？死亡。于是，爱的境界在生与死的考量中再次提升。

现在我们看看第四次，金罐里跳出七颗钻石、涌出一股巨大的水流，这正是需要我们特别留意、特别眷注的地方。故事至此，方才显露出爱的最高境界——博爱！因为，母女俩的爱，尽管有"生死"这一重大因素的楔入，但境界还是停留在血缘关系上，说到底只是血缘之爱。而真正超越这血缘之爱的，是"过路人"的出现。我不知道俄文的"过路人"该怎么拼，我也不知道托尔斯泰的原文究竟有没有出现"过路人"这个俄语单词。但是，我要说，"过路人"这个词语翻译得实在是太好了、太精准了。"过路人"意味着什么？第一，意味着他（或她）跟小姑娘没有任何血缘关系，非亲非故、无牵无挂；第二，意味着他（或她）的身份存在着无限的可能，可能是个老头，也可能是个小孩；可能是个男的，也可能是个女的；可能是个商人，也可能是个农夫；可能是个肢体健全的正常人，也可能是个瘸子或是个哑巴……总之，"过路人"是一个抽象的具象存在，他（或她）超越了一切血缘关系，代表的就是人人、就是全人类。意识到这一点，你就不难发现，小姑娘爱的境界已经上升为"博爱""大爱"了。所以，在《七颗钻石》这个语境中，"过路人"这个语词绝对不能确指、不能坐实。插图中，一个圣诞老人的形象，彻底解构了小姑娘的"博爱境界"。因为，无论出现何种老人模样，一旦出现，就成为个体，就丧失了"所有人"的巨大内涵。

在我看来，这是文本中蕴含着的极其精微的诗意，对这种诗意的解读，差之毫厘，往往会谬以千里。细读文本，能不慎乎？

三、互文参照，彰显深层的诗意

互文参照，就是拿两个以上的文本互为印证、互相阐释，用谭学纯先生的话来说，就是要"穿行在多重话语之间"。面对多重话语，你要潜下心来，进行各种方式的比较，什么横向的比较，纵向的比较，类比等等，在比较的过程中去参究、印证不同文本所拥有的不同色彩、不同质感、不同情调，从而彰显文本各自深层的诗意。

举个例子，比如说这两首古诗：

秋夜将晓出篱门迎凉有感

[宋] 陆 游

三万里河东入海，

五千仞岳上摩天。

遗民泪尽胡尘里，

南望王师又一年。

题临安邸

[宋] 林 升

山外青山楼外楼，

西湖歌舞几时休？

暖风熏得游人醉，

直把杭州作汴州。

　　这两首诗，你把它们搁在一块儿细读，让两首诗互相成为各自的背景、各自的阐释，那么，跟你一首一首、互不搭界地细读，对于诗意的开掘和把握是有深度和力度上的区别的。比如，《题临安邸》写了一种人，"游人"。何谓"游人"？请注意，"游人"非"游客"，此处的"游人"特指南宋小朝廷的那些达官贵人。《秋夜将晓出篱门迎凉有感》也写了一种人，"遗民"。何谓"遗民"？显然是指被南宋王朝遗留、遗忘乃至遗弃在中原一带的北宋子民。这是两种人，一种人的状态用诗中的字眼来说就是"醉"，这个"醉"不是我们常讲的"沉醉""陶醉"。面对这个"醉"字，你会看到腐朽的、没落的达官贵人们的种种丑态。比如烂醉如泥、纸醉金迷、醉生梦死。另一种人的状态，也用诗中的字眼来说就是"泪"，泪湿衣衫、血泪斑斑、欲哭无泪。两种人，两种生活，两个世界。这种比照，是红与黑的比照、血与火的映照、战争与和平的参照。

　　但这只是一种表象的、表面的互文关系，深层的互文又在哪里呢？细读之，你一定明白，两种人有着明显的因果联系。第一，游人与遗民本是一国之人，如今，国破山河在，城春草木深。第二，游人本该救遗民于水深火热之中，但是，游人已醉，北定空望。第三，遗民无时无刻不在企盼游人的到来，可怜，泪尽胡尘，永无尽头。于是，两首诗的因果互文，得以充分彰显。

　　然而，文本的深层诗意似乎并未到此为止。你看，"遗民泪尽胡尘里，南望王师又一年。"一年过去了，遗民们翘首企盼王师来收复故土。但是，没有。五年过去了，十年过去了，五十年过去了，黑发人都熬成白发人了，王师还是没有来。就这样，一年又一年，一代又一代，王师没有来。王师在哪里？这是遗民的呼唤，也是诗人的呼唤！你再看，"山外青山楼外楼，西湖歌舞几时休？"问问那个无道昏君，西湖歌舞几时休？问问那些奸臣小人，西湖歌舞几时休？问问那帮无能王师，西湖歌舞几时休？替白发苍苍的老人们问一问，西湖歌舞几时休？替骨瘦如柴的孩子们问一问，西湖歌舞几时休？一个"望"，望出的是诗人的忧国忧民；那么，一个"问"，问出的难道不是诗人的忧国忧民吗？为黎民而忧、为社稷而忧、先天下之忧而忧，这正是文本的深层诗意所在。

在这里，互文参照更多的是在一个共时空的横向线索上展开，当然，互文的展开方式肯定不止于此。它还可以是跨时空的纵向展开，超时空的联想展开等等。我觉得，互文关系的建立，并非在于要比出一个谁高谁低、孰优孰劣。事实上，文本总是以各自的个性和特色跻身于文字的丛林，它们的存在，本身就是一种意义和价值。互文的深层意蕴在于，各自为镜，从而各自成为更具个性的各自。这是文本的生态，亦是文本的深层诗意。

四、擦亮语言，揣摩形式的诗意

张志公先生曾经指出，语文教学要走一个来回，从语言文字出发，到思想情感；再从思想情感出发，重新回归语言文字。细读中的擦亮语言，就是"从语言出发，再回到语言"。出发点是语言，归宿还是语言。中间是什么？中间是语言所承载的形象、情感和思想。有人说，诗到语言为止，从某种意义上讲，细读也要到语言为止。歌德说过："内容人人看得见，含义只有有心人得之，形式对于大多数人是一个秘密。"此处所谓的形式，即是指语言形式。所以，你要把语言擦亮，你用语言的眼光去看文本，你就能见人所未见，发人所未发。因为，语言形式对于大多数人来说，确实是个浑然不觉的存在，一个巨大的秘密。

举个例子，《威尼斯的小艇》（浙教版）有这样一段描写：

威尼斯的小艇有七八米长，又窄又深，有点像独木船；船头和船艄向上翘起，像弯弯的新月；行动起来，轻快，灵活，仿佛一条蛇。

对于这段文字，我们通常会去关注什么呢？应该是威尼斯小艇的特点吧？我们不妨一句一句地看。第一句，写了小艇的什么特点呢？稍加概括，也就是四个字，现成的——"又窄又深"，对吧？接着看第二句，写的也是特点，什么特点呢？向上翘起？似乎不够准确。船头船艄翘起？与第一个特点的概括相比，似乎不够规整。干脆，就叫——"两头翘起"吧。好了，该第三句了，一看，词儿也是现成的——"轻快，灵活"。于是，大功告成，万事大吉。终于将威尼斯小艇的特点提纲挈领、一网打尽了。细读，到此为止吗？那么，文本的诗意呢？语言本身的诗意呢？这样的细读，还有什么诗意可言吗？

这种细读，是架空了语言形式的细读，是只要语言内容不要语言形式的细读，是只留语言内容的筋、不管语言内容的魂的细读。从根本上讲，这不属于语文的细读。因为，语文的细读，在这里尚未发生。那么，语文的细读，从何时开始呢？从思想情感向着语言文字回归的时候开始。

细读必须把语言擦亮！擦亮语言，就是擦亮诗意！其实，这段文字的语言是非常有特点的。第一，这三句话在表达方式上有一个共同特征，就是用了"像"字句。第一句不能说是比喻句，"小艇"和"独木船"是同类的，本体和喻体是同质的，而后两句都属于典型的比喻句。但是，如果我们稍微宽泛一点说，作者其实都是在用比喻的方式来介绍威尼斯的小艇，因为实地看过威尼斯小艇的人毕竟只是少数中的少数，找一些多数人熟悉的事物来衬托和比照小艇，要比那种费力不讨好的直接描绘来得既经济又有效。第二，同样是"像"字句，它在表达的方式上也有着细微变化："有点像""像""仿佛"，你读读看，这样的语言节奏和情味就不板滞，富有变化。而这种语言节奏的鲜明变化，是与威尼斯小艇本身在行动上的富有变化暗合在一起的。我们说，有意味的语言形式本身就是一种内容，一种弦外之音、言外之意。

第三，我们把目光聚焦到第三句。你看，这句话在语言长短和标点使用上就煞费苦心、独具匠心。"轻快，灵活"两个词语很短，中间用逗号隔开，为什么这样写？意味、情味、韵味，尽在其中！你要换一种写法，把"轻快灵活"合在一起，省掉那个逗号，读起来什么感觉？快是快了，但，那是一种直来直去的快，不灵动、不自在，因而也不轻盈，是不是？再换一种写法，"行动起来，既轻快又灵活，仿佛一条蛇"，读读看，结果却是既不轻快，也不灵活。为什么？因为借由两个独立、简短的词语所构成的某种富有诗意的跳跃式的节奏，被这一拖泥带水的写法给抹平了。

这样一个细读的过程，正是不断擦亮语言的过程，也是不断激荡诗意的过程。宗白华说过："文学是如何地经过艺术家的匠心而完成，借着如何微妙的形式而表现出来，这不是'常人'所注意，也不是'常人'所能了解的。"我想说，在这一点上，语文教师是不应该成为"常人"的。否则，语文本身就失去了安身立命的所在。

五、还原比较，感悟潜在的诗意

细读，是需要你升起特别的敏感和警觉来的。当你细读文本时，不仅要将目光集聚到现实文本、显性文本和此在文本上，也应该借由还原和比较，深入到与之对应的潜藏文本、隐性文本和彼在文本上。事实上，每个字眼的后面，都包含着很多东西。你要把它们从文本的地层下面拽出来，把它们还原成一个画面、一段场景、一个故事。于是，文本的诗意也因此变得更加丰满和浓烈。

举个例子，《一夜的工作》中有一段写总理办公陈设的文字：

> 这是高大的宫殿式的房子，室内陈设极其简单，一个不大的写字台，两张小转椅，一盏台灯，如此而已。

读这段文字，我想，"极其简单"四个字是一定会被我们高度关注的。以"极其简单"为抓手，我们一定会继续留意"一个不大的写字台，两张小转椅，一盏台灯，如此而已。"是吧？因为，这两者之间似乎形成了一种"论点"和"论据"的逻辑关系。但是，问题也恰恰出在这里！当我们撇开某种特定的环境、特定的条件、特定的背景之后，这些所谓的论据是不一定具备佐证的力量的。因为，倘若这是一位普通公务员的办公室，这是一座外观相对简陋的房子时，在"简单"之前冠以"极其"，那是要冒矫情和伪圣的风险的。

实际上，这段文字的秘妙，恰恰在于第一句"这是高大的宫殿式的房子"与后五句所形成的某种强烈而鲜明的对比上。正是高大的房子、宫殿式的房子，与"一个不大的写字台，两张小转椅，一盏台灯"之间产生了某种难以调和的反差。而这种反差，足以让人震撼、让人感叹！

我们看，"宫殿式"这个词意味着什么呢？这所房子曾经是一座宫殿。那么，这所房子曾经是谁的宫殿呢？皇上？太后？亲王？重臣？查一查文献，你就知道，这里曾经是晚清载沣的官邸，载沣是宣统一朝的摄政王。这里也曾经是窃国大盗袁世凯的官邸，袁做过八十三天的皇帝。那么，我们就可以凭借自己的史料积淀和生活阅历，对这所宫殿进行想象、进行还原了。抬头，富丽堂皇的水晶吊顶；低头，松软厚实的羊毛地毯。一壁厢，名人字画价值连城；一壁厢，古玩器皿应有尽有。家具，是清一色的高档红木；物件，是稀世罕见的金玉贡品。总之，你能想象得到的，它有；你想象不到的，它也有！这么一座宫殿，从里到外、从上到下，可谓极尽奢华之能事。这就是一种还原。

有了这样一种铺排和渲染之后，笔锋一转，宫殿成了"宫殿式"，这就意味着房子已经徒具宫殿的形式了。而更为深刻的是，房子的主人已经换了！不是载沣，不是袁世凯，是谁？周恩来，中华人民共和国第一任政务院总理兼外交部部长。那么，你怀着某种期待，走进这所房子，你会惊诧，你会感慨。为什么？因为，这里根本没有水晶吊灯，根本没有羊毛地毯，根本没有名人字画，根本没有古玩器皿，这里似乎什么都没有。这里只有：一个不大的写字台，两张小转椅，一盏台灯。什么感觉？"极其简单"！不是十分简单，不是非常简单，不是相当简单，而是"极其简单"，一种不可思议的简单，一种归于极致的简单。

那么，陈设是极其简单，但在极其简单的陈设的背后，我们却看到了一种极其不简单的精神、人格、品质。所以，通过这样一个场景的还原，把这两个场景搁在一起对比，那就形成了一个巨大的反差。这种反差就是一种言说的张力，一种感染力、穿透力、震撼力。所以，这段文字的秘妙在于整体内部的这种巨大的对比和落差。而这，需要我们在细读时具备足够的敏感和丰富的想象，否则，那潜在的、震撼人心的诗意，就只能永远委屈地保持它那孤独的缄默。

六、寻找缝隙，挖掘蕴藉的诗意

缝隙就是破绽，就是矛盾。这个破绽和矛盾不是作者的笔误，而是作者的有意为之。有些文本，我们粗粗一读是看不到破绽的，能看出破绽、找到缝隙，说明你的目光已经非常犀利、非常尖锐了，这是相当了不起的细读。而文本的诗意，则往往藏在被你发现的缝隙之间。

比如，李白的《黄鹤楼送孟浩然之广陵》这首诗：

> 故人西辞黄鹤楼，
> 烟花三月下扬州。
> 孤帆远影碧空尽，
> 唯见长江天际流。

这首送别诗有它自己特殊的情味。它不同于王勃的《送杜少府之任蜀川》那种少年刚肠的离别，也不同于王维的《送元二使安西》那种深情怅惘的离别。这首诗，可以说是表现一种充满诗意的离别。其所以如此，是因为这是两位风流潇洒的诗人间的离别，还因为这次离别跟一个繁华的时代、繁华的季节、繁华的地区相联系，在愉快的分别中还带着诗人李白的向往和憧憬，于是，离别成了另一种诗意的宣泄。

这种离别的诗意，更是被诗中的某个破绽和缝隙给抒写得淋漓尽致。这首诗有缝隙？缝隙何在？这首诗我们少说也读过不下五十遍了，怎么从来就没有意识到它的缝隙、破绽？实际上，这首诗确有缝隙，这是作者有意为之的。我们看这一句，"孤帆远影碧空尽"，这个"孤帆"的"孤"就是一个破绽，一个缝隙。大家知道，古时候人们出行的主要方式就是两种，陆地上是马车，水上面是航船。在唐朝，长江是非常重要的黄金水道，从黄鹤楼出发，不知会有多少人坐船沿长江东下到扬州。那么，你完全能够想象得到，长江上面会有多少航船在来往穿行，会有多少帆影在碧空的映衬下飘扬而过。"过尽千帆皆不是，斜晖脉脉水悠悠"正是对类似江景的一种毫无破绽的抒写。

但是，你看李白怎么写？"孤帆"。长江上有那么多的航船、那么多的帆影，难道是他的视线出了什么问题？但是，细读诗歌，我们不难发现，作者的视线没有任何问题。第一，黄鹤楼，说明他是登楼眺望、视野极为开阔；第二，碧空尽，说明天气出奇的好，能见度高得很；第三，天际流，说明他目力所及是非常辽远的。那么，"孤帆"这一意象的创生，不是缝隙、不是破绽，又是什么？于是，我们就要进一步追问，明明是"千帆"，为什么在诗人的眼中却成了"孤帆"？我想，答案只有一种可能，那就是在情感逻辑的驱使下，在诗性智慧的烛照下，眼前的"千帆"聚焦为心中的"孤帆"。套用一句流行歌词，叫作"我的眼中只有你"。因为，只有在那片帆影下，有我情同手足的兄弟在，有我肝胆相照的朋友在，有我"风流天下闻"的夫子在。除了那片帆影，其他的一切与我的生命毫不相干，我焉会注视、焉能望尽？帆影已经消逝了，然而李白还在翘首凝望，这才注意到一江春水，在浩浩荡荡地流向远方的水天交接之处。于是，唯见长江天际流，不仅成了眼前之景，更成了诗人的心中之情。李白的一往情深，李白的一片憧憬，不正体现在这富有诗意的神驰目送之中吗？诗人的心潮起伏，不正像浩浩东去的一江春水吗？

没有对"孤帆"这一缝隙的发现，那么，孤帆就成了实有之景，文本的诗意因此必将大打折扣、大为逊色。其实，寻找缝隙就是在无疑处生疑，在生疑处解疑。文本的诗意非但没有在疑问处、破绽处褪去，相反，随着对缝隙的深入骨髓般地细读，诗意更是如夏花一般绚烂绽放。

当然，对文本诗意的开掘是一个无限开放的过程。细读有法，但无定法。运用之妙，存乎一心。

诗意的"水"，语文的"池"

夏丏尊先生在为《爱的教育》所作的序言中发过这样一番感慨：

> 学校教育到了现在，真空虚极了。单从外形的制度上、方法上，走马灯似的变更迎合，而于教育的生命的某物，从未闻有人培养顾及。好像掘池，有人说四方形好，有人又说圆形好，朝三暮四地改个不休，而于池的所以为池的要素的水，反无人注意。教育上的水是什么？就是情，就是爱。教育没有了情爱，就成了无水的池，任你四方形也罢，圆形也罢，总逃不了一个空虚。

这话，无论于教育的真谛还是语文课程的本质而言，都有着振聋发聩般的启示。

显然，夏公的这番感慨，用意是落在教育之"水"的。但从辩证的角度看，池与水的关系，是一个相对独立又相互依存的关系。池若无水，那就不叫池了，是坑，是洼，甚至就是一个陷阱。水呢，也离不开池的，否则，水便没了栖身之地。两者是一而二、二而一的关系。

语文之水，诚如夏公所言，是情。所以刘勰于《文心雕龙》中才有如此明朗、整饬的阐释："夫缀文者情动而辞发，观文者披文以入情。"语文的情，正是它"生命的某物"所在，语文放逐了情，就成了无水的池，任你四方形也罢，圆形也罢，总逃不了一个空虚。语文的情，既不是心理学上所肢解的那个"知情意行"的情，也不是日常所谓"七情六欲"的情，它是糅合、沉淀了人的思想、性格、审美旨趣、文化阅历等的具有生命全息性的情，是人的感情、心情、真情、至情，是人的情感、情愫、情志、情操，是文本之情、学生之情和教师之情的融合与统一。

我执教何其芳先生的《一夜的工作》，在课的尾声，学生们哭了，许多听课老师流泪了，以至于我连说三遍"下课"，学生竟没有反应，仍沉浸在对总理的崇敬、失去总理的悲痛及对总理的怀念中。一篇内容本身并不怎么感人的文章，怎么会有如此感人的力量？我的教学过程是这样展开的：

> 师：我们看到的只是一个夜晚，凭什么说总理每个夜晚都是这样工作的？
>
> 生：因为他是总理。
>
> 师：好朴素的感情。
>
> 生：凭书上"一小碟花生米"，说明总理经常是这样工作的。
>
> 师：对，凭总理这样的工作习惯。
>
> 师：让我们一起走进总理的最后一段时间（动情地讲述总理的医疗、工作情况及最后说的一句话）。孩子，你想说什么？
>
> 生：总理生命垂危时还想着国家大事。
>
> 生：我们敬佩您，您想着的是人民。
>
> 生：总理，您真忠于职守，您虽然死了……
>
> 师：孩子，请不要说"死"，"死"不属于我们的总理。
>
> 师：（深情地介绍联合国降半旗悼念周总理及当时联合国秘书长说的一段话）20多年后，诗人宋小明写下了《你是这样的人》，一起读。
>
> 生：（齐读）
>
> 师：孩子们，还用问吗？还用想吗？总理啊，你就是这样的人，永远是这样的人！在中国人民的心中，你就是这样的人！那一年，作曲家三宝为宋小明的这首诗谱写了一段极其感人的旋律。人们唱着《你就是这样的人》，感念我们敬爱的总理，赞美中国有这样一位伟大的总理——周恩来！
>
> 生：（全体起立，观看多媒体播放周总理一生事迹的片断，画面配有戴玉强原唱的歌曲《你是这样的人》）

在这一教学片段中，我由追问"每个夜晚都是这样工作的"开始，讲述总理最后的那段时光，介绍联合国降半旗悼念总理，复现宋小明的诗《你是这样的人》，播放电影《周恩来》的视频剪辑，一次又一次地将文本语境扩充到文本背后的社会语境、文化语境，从而不露痕迹又深入骨髓地激活学生的感情，激发学生对总理的爱和缅怀，激荡学生内心深处的庄严和神圣之情。

在课堂现场，我的讲述和引导抑扬顿挫、起伏有致，因为我自己也被总理的伟大人格深深打动着，教师的情无形地感染着学生的情。请学生齐读《你是这样的人》，请学生肃静观看电影《周恩来》，这是用诗歌的意境、电影的情境感动学生。

这样的教学，怎能不使人动情、动容！

语文之池，无疑就是"文"，就是文本的话语形式。我们常说，生活的外延有多宽，语文的外延就有多宽。这话，从大语文、泛语文的角度考察，自有它的合理性和积极意义，但其消极影响在语文界也是毋庸置疑的。它导致了课程边界的模糊和消解，于是，语文成了一门无所不包、无处不在的学科。事实上，作为一门课程、一门学科，它是一定有门槛、有边界的。所以是"池水"，正是由"池"这个边界所规定着的。语文的边界到哪里为止？到话语形式为止。没有话语形式的情，还只是一团血肉模糊的东西。是话语形式让这团血肉模糊的东西逐渐清晰化、条理化、语词化，逐渐走向棱角分明、骨骼清奇。

文，附着了情的文，让情尘埃落定、栖身回家的文，才是语文这门学科有别于其他学科的、安身立命的边界和底线。

在《慈母情深》一课的教学中，我设计了一处颇为精心的"话语形式"训练：

> 背直起来了，我的母亲。转过身来了，我的母亲。褐色的口罩上方，一对眼神疲惫的眼睛吃惊地望着我，我的母亲……

这是一个非常独特的语言现象。那么，它的独特性表现在哪里呢？

独特之一，"我的母亲"连续出现了三次，其实，按照通常的写法，"我的母亲"只要出现一次就够了。

独特之二，"我的母亲"是后置的，也就是说，它是放在后面说出来的。通常，"我的母亲"作为主语的修饰限定成分，应该放在前面说出来。

所以，按照常理，这段话可以写成这个样子：

> 我的母亲背直起来了，转过身来了，褐色的口罩上方，一对眼神疲惫的眼睛吃惊地望着我。

显然，这是两种不同的句法。粗略一读，句子的意思并无多大区别。但是，一比较、一细读，我们就不难发现，句子的情味和意蕴却有天壤之别：

首先，原句写出了一种缓慢的节奏感。这种写法仿佛电影中的慢镜头，母亲的每一个动作、每一个神情，都深深地印在儿子的眼中，乃至心中。

其次，原句写出了一种艰辛的形象感。事实上，也的确如此，母亲因为长久伏案劳作，要一下子直起背、转过身，是很艰难、很酸疼的。她也只能慢慢直起背、转过身，这就从另一个侧面烘托出母亲挣钱的辛劳和不易。

再有，原句写出了一种惊讶的情味感。作为儿子的我，第一次在工厂真真切切地看到了母亲，看到了如此憔悴、如此疲惫的母亲，我简直不敢相信自己的眼睛。这是我的母亲吗？这是我记忆中的母亲吗？三次"我的母亲"，有惊讶，有疑惑，有心酸，有慨叹，包含了作者复杂而丰富的情感体验。

应该说，三次"我的母亲"的迭现，是本课语文味的点睛之笔。情感性语言，不讲道理，却讲情理，它总是按照情感本身的逻辑来行文布局、遣词造句的。情感来自意境，意境来自形象。因此，还原形象、创设意境、激活情感，就自然而然地成了感悟和理解三次"我的母亲"这一情感性语言的三大策略，一唱三叹，余音绕梁。

　　总之，文之无情，即如池之无水，那就逃不了一个空虚；情之无文，又似水之无池，那就没了栖身之地，到头来还是一个空虚。前一个空虚，是灵魂的空虚；而后一个空虚，则是空虚的灵魂。情文相依、文情相生，才是语文的充实；充实的语文，才是美的语文、诗意的语文。

牧养学生的诗意生命

由福建教育出版社出版的《民国学生这样写作文》一书，翻印自中华民国十一年上海中央编译局出版的《全国高小国文成绩新文库（甲编）》。该书收录同时期高小作文414篇，并按理论、说经、论史、论事、杂说、辨释、答述、感言、赠言、书后、书翰、传状、杂记、戏拟、通启、哀祭、赞颂、箴铭、诗词分成19类。

从全书内容看，读来最切近学生生活、最让人称羡感慨的，当属杂记类作文。想一窥民国小学生的日常生活，这类杂记定会让人不虚此读。倘徉在这类文章中，气象为之一新、精神为之一爽，那种久违了的童年意趣会重新在心中荡漾。

很难想象，当代学生还有如此性情："壬子秋，余辟地构庐，凡野草、杂花、小木、青藤之碍吾事者，皆剪之，而不忍伐竹。乃筑室于竹间，名其庐曰问竹。"为何不忍伐竹？作者自叙："余王父性好竹，得一竿，便欣然自得。历年久，其枝修然，其节苍然，猗猗菁菁，环吾庐者皆竹也。"这番古典的性情，不仅溢于庐外，更萦于室内，"置书其中，樽一觞一琴一，以为习静之所"。当代学生能有几位了知"习静"之道？再看作者的竹居生活："若夫天日暄和，披书竹下，清风徐来，萧萧有声，如和我歌，竹露清响，如答吾意。"身临其境，作者更作痴人之问："竹其有知也耶？其无知也耶？"诗意人生，大抵只在此番高古的情怀中。倘若执象而求，必定会咫尺千里的。（见《民国学生这样写作文》卷十三 杂记类 《问竹庐记》）

很难想象，当代教师还有如此胆魄："朔风凛冽，冻云漫天，大雨之余，继之以雪。斯时也，林空叶秃，鸦雀无声。师谓学生曰：'我等曷不乘此大雪之时，作行军之戏，以强健体魄，锻炼筋骨乎？'"有此一举，遂有如下这等豪气冲天的文字："四顾萧条，狂风砭骨；芦花与霰雪齐飞，寒白共长天一色。"遂有如下这等豪杰相勉的刻画："而学生仍抱坚决不屈之志、确乎不拔之心，经霜雪而不改其色，冒风雨而不变其态。"何等气魄！何等雄劲！（见《民国学生这样写作文》卷十三　杂记类　《雪中行军记》）

很难想象，当代校长还有如此雅兴："民国十年十月某日，下午二时，校长诏予等曰：'盍随我作郊行？'予等时方困倦，闻之喜跃。"随后，便有了那一幕"校长步亦步，校长趋亦趋"的可爱画面，羡煞我等！也愧煞我等！一路走过，但见"途右多废垣断壁，人家三五，偶见炊烟，而园林寂寞，门户萧条"，面对此景，校长似有无限感慨，他对学生说："是地昔称繁盛，曾几何时，零落至此。今虽寒烟落照，瓦砾纵横，犹想见当日绣户绮窗之胜概。韩退之言，一再过而墟者，殆谓是欤？"在愈演愈烈的升学竞争中，当代校长对教育还有那份"散步"的从容和淡定吗？（见《民国学生这样写作文》卷十三　杂记类　《钟屋湾散步记》）

此类杂记，比比皆是；此类感喟，滔滔不绝。

我始终坚信，作文绝不只是"写"的事，更是"思考"的事、"体验"的事、"探索"的事、"发现"的事、"成长"的事！没有意气的充沛，怎会有笔墨的酣畅？没有情思的委婉，怎会有表达的曲致？没有精神的练达，怎会有文字的健朗？没有体验的深切，怎会有言辞的诚恳？

而这一切，与民国学生相比，当代的中国孩子正在丧失。因为，当代孩子的生活一直被圈养着，一如鲁迅先生在80多年前感慨过的那样："他们都和我一样只看见院子里高墙上的四角的天空。"

当代孩子生活在过度保护中，他们被占有着、被控制着，也因此，他们生活在郁闷和恐惧之中。他们衣食无忧，但思想逼仄；他们见多闻广，但精神局促。他们被世风、被人心过度"文"化了，于是生命中缺失了野性的"质"，我们因此很难看见当代孩子身上的那种不加雕琢的勃勃生气。而文字，说到底究竟是精神的显化、生命的舞动。被圈养的生活，不可能遇见率性、烂漫、撒着欢儿跑的文字。

民国时期的学生，没有高科技的武装，没有高收入的保障，更没有天下太平、万物安宁的境遇，但我们却从他们的文字气象和精神中，感受到一种自由舒展的生活气息，感受到一种指点江山、激扬文字的生命野性。正是牧养着他们的生活这一源头活水，滋养了这些令人击节称叹、拊掌喝彩的好文字、真文字。

什么时候还孩子以天性，什么时候我们的作文才会遇见问竹的高古、冒雪的雄劲、散步的从容。圈养的生活，只能滋长"圈养"的文字；牧养的生活，便是牧养文字的天性。

营造课堂气场

　　如果说文本诗意是诗意语文的基点和出发点，那么，教师的诗意教学则是诗意语文的关键和互通点。教师的诗意教学，前联文本、后接学生，是疏通、沟通和贯通文本诗意和学生诗意的桥梁和纽带。诗意教学的策略和路径应该是多维的、立体的，往往因人而异、因文而异、因课而异、因生而异，但在表面不一致的背后，则是某种更内在、更本质的同构一致。这里，诗意语文课堂上的"气场"则是一种本质的同构。

　　没有气场的课，不是诗意语文的课。课堂气场是一种无形的存在，但却无处不在、无时不在。有气场的课，有教学魅力，有精神吸引力，有浓浓的氛围和情调，它是一堂课的精神风貌和气质的集中诠释和高度表达，它对学生语文素养的影响是一种"随风潜入夜、润物细无声"般的濡染。不知不觉地投入、悄无声息地习得、自然而然地感染、深入骨髓地浸润，这一切，正是课堂气场对学生生命气场的诗意教化。

　　我执教《一夜的工作》，就致力于形成一种场，一种交织和融合了师生的思想、情感、智慧、精神、心灵的场。这个场，统一于"情"。这里的情，有激荡的情绪、有弥散的情感、有深刻的情思、有升华的情操；这里的情，是感动于总理人格的真情，是洋溢着崇敬和缅怀的深情，是呼唤爱和真心的激情；这里的情，是作者的亲历之情，是编者的理想之情，是教师的熏陶之情，是学生的感悟之情。这种情，贯通于课的全过程，弥散于课的全方位，无论是诗歌朗诵的激情、沉入文本的悟情，还是拓展资源的融情、歌曲欣赏的抒情，都是旨在营构一个情的场、一个将情加以提炼和升华的审美场。

　　营造气场，就是要准确把握一堂课的情感基调。作为文本的《唯一的听众》，它的情感基调是温馨、平静的；作为课的《唯一的听众》，它的情感基调一样也是温馨、平静的。整堂课没有大喜大悲、大起大落的情感张力，有的只是如坐春风、如沐春雨般的温婉和淡定，林珊的教学语言如拉家常般的自然平和，典型语段的朗读从从容容、不徐不疾，对老教授的形象气质也紧扣文中三次出现的"平静"二字，于"平静"中学生慢慢体悟"不教而教、大教立心"的智慧和境界。正是和谐统一的情感氛围，营造出一种柔美、感人的气场。

再比如，作为文本的《一夜的工作》，如同一幅白描的人物画。文字质朴、简约、晓畅、蕴藉，少有作者本人感受的恣意铺排和激昂喷涌。但每一字、每一句都是从何其芳的心中汩汩溢出，真挚、细腻，字字见力、句句含情。作为课的《一夜的工作》，就是要引领学生沉入到字里行间，用心触摸文字的质地、感受文字的体温、把握文字的脉象、体味文字的气息。在课堂教学中，我一直提醒自己：这样质朴、简约的文字，需要用心的不是它们的表层意思，而是蕴涵的意味。意味不是文字本身，而是文字的光泽、气韵、神采。譬如：写总理办公陈设的"极其简单"、写总理"一句一句地审阅"、写总理夜宵的"数得清颗数"、写总理将小转椅"轻轻地扶正"，这些文字都有着绵长而隽永的意味。

因此，课的情感基调就迥异于文本的基调，在课中，我引领学生一起穿越文字的丛林，直抵作者的那份感动、那份崇敬。八十分钟的课堂教学，师生的心被深深地卷入一种无形却无处不在的气场。有听课者这样评述："记得《安徒生童话》里那位善良的夜莺对皇帝说过，每一滴眼泪都是一颗珠宝。是的，每一次感动，每一份真情，都会让我们刻骨铭心。当我们在王老师的课中远离平庸抛弃浅薄时，当我们一起为总理感动、为课流泪时，当我们在课堂凝重、深沉的基调中感受精神的华美时，从此，总理的人格如史诗般永存心头！"

营造气场，就是要艺术构建一堂课的教学节奏。课堂节奏是一种合于规律的变化，起承转合是一种节奏，前后对比是一种节奏，螺旋递进是一种节奏。有节奏就有气场，有气场就有诗意。《诗经·采薇》一课，所呈现的是一种回环复沓、盘旋而上的课堂节奏。课的第一乐章是对"杨柳依依"

"雨雪霏霏"的直观凝视，感受到的是一种优美的意境；第二乐章引入诗的后半部分及历史背景，由"我心伤悲，莫知我哀"中感受到诗的凄美意境，节奏为之一变，境界为之一升；第三乐章以"杨柳"为线索，拈出一长串含有"折柳"意象的古典诗词，于送别的忧伤中感受盼归的守望之情，课堂节奏再次一变，进入一种醇美的境界。

我自己执教《圆明园的毁灭》一课，构建了四种节奏，即：悲怆之"抑"、绝美之"扬"、震撼之"顿"、惕厉之"挫"。

悲怆之"抑"是课堂上构建的第一种节奏。"抑"是下抑、压抑，是课堂情感和氛围下行、收缩的一种状态。这种状态的营造，从课的一开始就已经发生了：

> 同学们，把你写字的手高高举起，咱们一起认认真真地书写"圆明园的毁灭"。（师边板书，边逐字解析）圆，是圆满无缺的圆；明，是光明普照的明；后面这个园，是皇家园林的园（生齐读：圆明园）。一座圆满无缺的皇家园林，一座光明普照的皇家园林，被英国和法国两个强盗（停顿片刻）给毁灭了（板书"毁灭"，生齐读：圆明园的毁灭）。

借助课题一抑，无论是气势还是事理，都远远不够。于是，课堂继续往下抑。先是抓住课文第一段，在"不可估量"上一唱三叹：祖国文化的损失不可估量，世界文化的损失不可估量，每个人心中的悲怆之情一样不可估量。此时，课堂情感和氛围变得更为压抑。但是，还不够。必须把"毁灭"的内容提上来，雪上加霜、火上浇油，如此，方能将学生的情感抑得喘不过气来。于是，我出人意料地将教学引向了课文的最后一段。借助"化为灰烬"一词，又一次以一唱三叹的方式，将悲怆之情渲染得淋漓尽致。

按着节奏构建的逻辑和规律，课堂之"抑"业已实现。

绝美之"扬"是课堂上构建的第二种节奏。"扬"是上扬、飞扬，是课堂情感和氛围上行、扩张的一种状态。如何"扬"呢？第一步，整体观照圆明园，将文中的"举世闻名""宏伟建筑""珍贵文物"等关键词一一拈出，使学生初步感受万园之园的绝世之美；第二步，局部赏玩圆明园，将文中的八个"有"字一一圈出，感叹圆明园营造的那种如梦如幻的绝美境界；第三步，整体呈现圆明园，通过课件播放圆明园全景图、配乐朗读文中的重点语句，使学生进入身临其境、恍如隔世的想象世界中，流连忘返、如痴如醉。每一步的绝美之"扬"，都是对悲怆之"抑"的忘却。扬得越开、越高，忘得就越快、越净。

至第三步，学生似乎全然忘却了圆明园早已毁灭的事实。这一忘却是课堂之"扬"的必然，否则，节奏的巨大张力就无从谈起。

震撼之"顿"是课堂上构建的第三种节奏。先抑后扬、抑扬之变是为了创生震撼之"顿"的，这不是课堂教学中的一大板块，却比板块更厚重、更切要。当课堂情感和氛围被一次又一次地扬起来、扬起来，及至扬到全课的沸点时，震撼之"顿"陡然出现：

> 但是，这一切早已不复存在了！这一切早已永远消失了！这一切，早已被两个强盗的一把大火化为灰烬了！（边说边将"不可估量、珍贵文物、化为灰烬"等板书全部擦掉，沉默将近20秒。）

从"八个有"到"无数个有"，再到"没有"，再到"化为灰烬"，巨大的落差，震撼着每个学生的心。美得心醉，毁得心碎。全场静默，几近窒息。20秒的静默，是止、是顿，是止而未止、顿而不顿，正所谓"此时无声胜有声"，又恰似"于无声处听惊雷"。

留白之"顿"，催生惕厉之"挫"，这也是节奏发展的必然逻辑。

惕厉之"挫"是课堂上构建的第四种节奏。"挫"是一种突转，一个拐点，一次急转直下抑或峰回路转。作为课文的《圆明园的毁灭》止于"顿"，留白于读者，让人痛定思痛、夕惕若厉。作为课堂的《圆明园的毁灭》，则是将课文内隐的"挫"显化出来，这既是深化文本解读的需要，也是强化课程实践的需要。心灵的震撼，势必引发一系列追问和反思。一篇补充资料，恰好满足了学生的疑情之需；一段直抒胸臆的写话，也让蓄积已久的情感得到了充分的宣泄和升华。

抑扬顿挫，说到底不是课堂上的四种节奏，而是课堂节奏的一个完整的生命律动过程。课堂之"抑"与课堂之"扬"是一种鲜明的对比，无"抑"必无"扬"、无"扬"必无"抑"，它们是对立的，也是统一的；课堂的"抑"和"扬"都是一种"行"，或上行或下行，抑扬之"行"与课堂之"顿"又是一种鲜明的对比，无"行"必无"顿"、无"顿"必无"行"，它们是课堂节奏在一个新的层面上的对立与统一；课堂的"抑""扬""顿"都朝向同一方向，是对历史的一种穿越和体验，是逆时而行，这与课堂之"挫"又是一种鲜明的对比，因为，"挫"是立足当下、面向未来的追问和反思，是顺时而动，以史为鉴，可以知兴替。于是，抑扬顿之"逆"与挫之"顺"在一个更高的层面上实现了对立统一。

就这样，痛惜之情、惊叹之情、耻辱之情、仇恨之情、自强之情，在全课抑扬顿挫的节奏演绎过程中，得到了酣畅淋漓的激发、宣泄和升华。

营造气场，就是要高度整合一堂课的多种元素。课堂元素，包括文本、语言、媒体、环境、手段等。每一种元素，既有认知的功能，又有启示的作用，还有审美的价值。诗意语文对课堂元素的关注，不仅指向认知的、启示的，尤为重视审美的。对于各种课堂元素的选择和使用，都力求在审美这一维度上得到整合。《冬阳·童年·骆驼队》在音乐这一媒体元素的使用上，可谓苦心孤诣、水乳交融。无论是在《禅诗》的背景音乐下悠然朗读"学咀嚼"的语段，还是在《风之语》的背景音乐下怡然想象驼铃声的弦外之音，都让人心旌摇曳、心驰神往。

又比如，《荷花》这篇课文有不少带生字的新词：挨挨挤挤、莲蓬、饱胀、破裂、姿势、花骨朵、舞蹈、翩翩起舞。我们通常的教法，无非就是出示这些生字新词，通过指名读、示范读、齐读、出示图片读、联系语境读、还原想象读等，帮助学生掌握这些生字新词的读音和词义。这样的设计基于一种线性思维，无法整合这个片段的多种元素，因此，不可能形成一个场。

对此，诗意语文的教学思路就会另辟蹊径。超越线性思维，甚至超越板块思维，进入网状立体思维。教学开始，老师首先出示一首小诗：

　　一池荷叶，挨挨挤挤。
　　一个花骨朵，
　　饱胀得快要破裂似的。
　　一阵风吹来，
　　嫩黄的小莲蓬就翩翩起舞，
　　啊，多美的姿势！

　　让孩子们自由朗读这首小诗，然后指名读、示范读、最后齐读。其实，明眼人早就看出了这首小诗的秘密所在：课文中所有的生字新词都出现在这首小诗里，也就是说，这首小诗巧妙地将这些散状的生字新词重新组合为一个有意义的语境，这就形成了一个场。

　　接着，引导学生逐句朗读，相机理解词语的意思。"一池荷叶，挨挨挤挤。"把它们画出来，这样画是舒舒朗朗，那样画才是挨挨挤挤。"一个花骨朵，饱胀得快要破裂似的。"这样画是"瘦削"的，不会破裂；那样画得鼓鼓的，才有饱胀得快要破裂的感觉，里面有一股生命之气在激荡。"一阵风吹来，嫩黄的小莲蓬就翩翩起舞。"这一句描绘的是动态的情景，因此，让学生用双手摆成小莲蓬的形状，一阵风吹来，又一阵风吹来，"小莲蓬"一会儿向这边点头，一会儿向那边招手，学生随着自己的手势和姿态，仿佛真的成了一朵翩翩起舞的荷花。

　　这个场因为有学生身体的参与，变得更加富有生命的张力。其实，场就是一种生命力，要让课堂的各种要素形成场，就是要致力于课堂教学的生命化。生命化的过程，就是发现各种要素内在联系的过程，就是赋予各种要素以美的联想和想象的过程，就是统一情感基调、统一话语环境、统一生命境界的过程。

价值反思：诗意在超越中获得新生

真是巧了！中美两国的小学语文教材中都有《称象》一课。

中国版的《称象》是这样写的：

> 古时候有个大官，叫曹操。别人送他一头大象，他很高兴，带着儿子和官员们一同去看。
>
> 大象又高又大，身子像一堵墙，腿像四根柱子。官员们一边看一边议论："象这么大，到底有多重呢？"
>
> 曹操问："谁有办法把这头大象称一称？"有的说："得造一杆大秤，砍一棵大树做秤杆。"有的说："有了大秤也不成啊，谁有那么大力气提得起这杆大秤呢？"也有的说："办法倒有一个，就是把大象宰了，割成一块一块的再称。"曹操听了直摇头。
>
> 曹操的儿子曹冲才七岁，他站出来，说："我有个办法。把大象赶到一艘大船上，看船身下沉多少，就沿着水面，在船舷上画一条线。再把大象赶上岸，往船上装石头，装到船下沉到画线的地方为止。然后，称一称船上的石头。石头有多重，大象就有多重。"
>
> 曹操微笑着点点头。他叫人照曹冲说的办法去做，果然称出了大象的重量。

美国版的《称象》则多有不同：

> "东方有位国王，"特迪的妈妈说，"有一次在处于巨大的危险时被人救出。为了表达他重获新生的感激，他立下誓言：要送给穷人们与

他最喜欢的大象一样重的银币。"

"啊！那可是够多的了！"特迪的妹妹莉莉吃惊地睁大眼睛说道。

"可是如何才能称量大象的重量呢?"

特迪问道，他是一个性格文静同时又喜欢思考的孩子。

"这有困难，"妈妈说，"宫廷里那些聪明又有学识的学者激烈争论着如何解决这个难题，可是没有一个人能真正想出一个好办法来。"

"最后，还是一名衣衫褴褛的老海员想出了一个既安全又简单的好办法，得以顺利地称出这个庞然大物的重量。为此，成千上万的银币发给了穷人们，这些穷人也从老海员的妙计里获得了好处。"

"哦，妈妈，"莉莉说，"快告诉我们他是怎么称的呀!"

"等一等，"特迪说，"我想由自己来想这个问题，想出如何简单安全地称出大象重量的办法来。"

"我很高兴，孩子，"他妈妈说，"你要把这种独立思考的好习惯应用到你以后的学习中去。如果你在天黑前能想出来，我将奖励你一个橘子。"

小特迪冥思苦想着。莉莉看着哥哥那严肃的表情和双手抱头的样子，也忍不住地笑了。她便不时问这样的问题:"你想出来了吗，特迪?"

在快要吃饭的时候，特迪终于突然大叫一声:"我想出来了。"

"你是怎么想的呢?"妈妈问他。

"是呀，你是怎么想的呢?"莉莉也问他。

"首先，我把一艘大船靠在岸边，把一大块厚木板搭在船上，然后将大象赶到船上。"

"啊，那么大一头象，一定会把船压沉的。"

"当然了，"特迪说，"这时我会在水到达船身的地方做一个标记，再把大象赶到船下。"

"但我不明白这样做会有什么用?"莉莉说。

"这你还不明白吗?"特迪说，"就是这样啦，我再把许多银币放到船上，直到船下沉到跟上一次同样的深度，这些银币的重量不就是大象的重量了吗?"

"太妙了,"莉莉喊道,"你是把船当作秤了,是吗?"

"正是这样。"特迪说。

"这正是老海员所用的方法,"妈妈说,"你赢得了这个橘子,我亲爱的孩子。"说着,妈妈把橘子递给了特迪。

据考证,两篇课文皆源于陈寿《三国志》中的记载:"曹冲生五六岁,智意所及,有若成人之智。时孙权曾致巨象,太祖欲知其斤重,访之群下,咸莫能出其理。冲曰:'置象大船之上,而刻其水痕所至,称物以载之,则校可知矣。'太祖大悦,即施行焉。"

两文系出同源,但呈现的面貌差别却很大。

就文本的叙述特征而言,中国版《称象》的故事语境只有一个层次,即古时候曹冲称象的传奇经历;美国版《称象》则成了一个复合语境,至少含有两个层次,第一层次是妈妈给特迪和莉莉讲《称象》的故事;第二层次才是称象这个故事本身。显然,中国版《称象》的叙述是线性的、平面的,而美国版的《称象》则是嵌入的、复合的。

这自然是课程编写者重新创作的结果。我们知道,作为形式的结构绝不仅仅只是一个形式的问题,因为,任何形式都是一种潜在的内容,或者说是一种更高层级的内容。那么,《称象》的背后,究竟隐含着两国课程编写者怎样的理念和价值取向呢?

我们不妨先来看看称象这个故事本身。中国版《称象》的开头是"有人送人官一头大象",美国版《称象》的开头则改写为"国王要送给穷人们与他最喜欢的大象一样重的银币"。一个起因于贿赂,一个肇始于感恩。故事本身所蕴含的价值伦理高下立判。

中国版《称象》的主人公毫无疑问是神童曹冲,但是到了美国版的《称象》,主人公则成了特迪。虽然,曹冲的年岁应该和特迪相仿,但是,从课程主体——学生的角度看,是已经死了1800多年的曹冲更贴近学生呢,还是同世同龄的特迪更贴近学生呢?我想,答案是不辩自明的。

中国版凸显神童而短命的曹冲,美国版高扬聪颖而独立的特迪,个中的用心非同一般。这用心，是否还关联着一个更大的课程背景呢？

中国版的《称象》旨在凸显曹冲称象的聪明智慧。其叙述情节的安排，是按照曹冲想出称象的最佳方法来构思的。一般读者都认为故事中前面三人的议论是一种反衬手法，借此众星拱月般地托出曹冲来。殊不知正是三人不同角度的议论，给了曹冲以启迪：大秤对应大船、一块一块的象肉对应一块一块的石头。因此，我们也可以这样说，故事的整个叙述就是围绕曹冲称象的方法来构思的，其核心落在智慧之术上。美国版的《称象》，有一个关键情节：当妈妈就要讲述老海员称象的方法时，特迪马上打断了妈妈的讲述，也同时打断了妹妹莉莉的好奇，而是主动提出由自己先来想想这个称象的办法。至于能不能想出、想的是否一样，已经不是故事的旨趣所在了。我们可以这样说，直面问题独立思考才是整个故事叙述的焦点与灵魂，故事中妈妈的那一句"你要把这种独立思考的好习惯应用到你以后的学习中去"深深印证了这一点。这不是智慧之术，这是智慧之道！

一个得意于术，一个寄情于道。难怪历史学家孔玛格在评论美国版的小学语文教材时，下过这样的断语："它们为美国儿童提供了当今明显缺乏的东西，即普遍的引喻知识、普遍的经验和自制意识。"

是否可以这样说，中国版的《称象》只是一种量的扩展，而美国版的《称象》则是一种质的提升。一个是扩写，却没能注入课程价值的灵魂；一个是创造性的改写，故事因此实现了化蛹为蝶般的美丽转身，诗意在超越中获得了新生。

当然，美国版的《称象》在我看来也有瑕疵，譬如妈妈的那一句"如果你在天黑前能想出来，我将奖励你一个橘子"。真没想到，美国的小学教育居然也有如此功利的时候。

这一点，倒是中国版的《称象》要淡定些许。虽然课文后面的小提示中也有"我再想想，还有没有更好的办法呢"，但编写者并没有给学生一个"奖励橘子"的承诺。

第三辑

天下至文出童心

在美中我们安顿灵魂

我们需要美让我们与内心和平相处。

如果，我们希望发现美，希望通过美进入它的一切想法和价值，那么，我们就要换一种思考的方式：不思考。

记得我刚到拱宸桥小学担任校长的时候。第一次开学典礼，第一次在全体学生面前亮相。为了准备这次开学典礼的讲话，我把全校同学的暑假生活情况摸了个底朝天。功夫不负有心人，在了解到的72件暑假典型事例中，我发现了5件让人感动的事例。开学典礼上，我表扬了这五个学生，并和他们一一握手。

第四个握手的叫陈雨佳，没想到，她后来在自己的作文中写到了这件事：

> 我是第四个和校长握手的。当时我真不敢相信其中会有我。我在座位上呆了一会儿，鼓起勇气走到台前。校长对我笑了笑，说："陈雨佳同学，你好，听说你在暑假里做了一张关于西博会的海报，是吗？"我点点头。校长又问："是你自己做的吗？"我说："不是，爸爸和妈妈也帮助过我。"校长朝我笑了笑，伸出他那只胖胖的充满魔力的手。我立刻伸出自己的手，和校长的手握在一起。我感觉到校长手中的热度，一股温暖冲向了我的心头，我希望这一刻永远持续下去。

这是一个长相普通但却有着一双清澈眸子的女孩。我是被她的海报创意给迷住了。那是一张关于"桥"的西博会海报，是啊！杭州有多少桥？西湖有多少桥？运河有多少桥？雨佳同学对桥的敏感，让我大为感动。让孩子从小就有一双发现美的眼睛，对他们的幸福人生实在是太重要了。我握住那只白嫩而纯净的手，仿佛握住了一颗真诚而美丽的心。

我们需要美，是为了能够活在意义里，是为了在生活的苟且中发现诗和远方。

每天清晨，我都会站在校门口迎接学生上学。孩子们向我鞠躬问好，我也向他们鞠躬问好。一次，一位刚巧路过校门口的老人见到了这一幕，她颤巍巍地走过来，看着我说："你这一天要给学生鞠多少个躬啊？"我笑着回应："一人一个，那就得六七百个喽！"老人一边直说"太辛苦了！太辛苦了！"一边颤巍巍地走开了。

说实话，我倒真没觉得辛苦。站在门口迎接学生是一件挺有意思的事儿。就说学生的鞠躬问好吧，其实每个孩子都不一样。即便是同一个孩子，昨天、今天和明天也会不一样。一个练拉丁舞的女孩，每次鞠躬，都会甩出一根油亮油亮的小辫子，在空中划出一个漂亮的圆弧；五（1）班一个叫吴伟的男孩，在班里长得最矮，偏又长得最胖，向我鞠躬时跟完全没鞠躬似的，没有脖子、没有腰身，你让他怎么鞠躬呢？一个叫俞子豪的男生，个儿长得挺拔，每次鞠躬总是一个标准的90度，像极了军人；齐若最有趣，远远地看她走过来，还是一脸平静的，只要到我跟前，立马一个灿烂的笑脸蹦将出来，然后柔柔地鞠上一躬，让人忍俊不禁；一次，一个脚扭伤的孩子在妈妈的搀扶下来上学，快进校门了，他仿佛突然想起了什么似的，推开妈妈，转过身，向我深深地一鞠躬；还有一次，一个毕业班的漂亮女生来到我面前，红着脸说"校长，您太辛苦了"，说完，很快地鞠躬，就头也不回地进了校门……那一刻，我真想对孩子们说：谢谢你们陪我一起迎接每一个全新的早晨。

美教会我们去爱那些隐藏在内心深处的阴影，去爱那些虚幻而真实的东西，去"救赎罪孽"，去"拥抱神秘"。

上《荷花》一课，我让学生想象写话：你就是一朵白荷花，白荷花就是你，你在这些大圆盘之间冒出来，那么急切，那么激动，你最想说些什么、做些什么呢？

结果，学生的想象力让我惊叹：

生1：我是一朵美丽的荷花，从这些大圆盘之间冒出来，我想让前来观看的游人们更早地看到我美丽的面孔。

生2：我是一朵洁白的荷花，从这些大圆盘之间冒出来，我骄傲地说："瞧！我长得多美呀！"

生3：我是一朵亭亭玉立的荷花，从这些大圆盘之间冒出来，我变成了一个美丽的小姑娘，穿着洁白美丽的衣裳，穿着碧绿的裙子，在随风飘舞。

师：荷花仙子来了！真是三生有幸啊！（笑声）

生4：我是一朵招人喜欢的荷花，从这些大圆盘之间冒出来，我想要跟别的荷花比美，你们谁也没有我这样美丽动人。

师：我欣赏你的自信！自信的荷花才是美丽的荷花。

生5：（沮丧地）我是一朵孤独的荷花，从这些大圆盘之间冒出来，我多想找几个小伙伴跟我一起捉迷藏啊！

师：谁想跟这朵荷花交朋友？

生：（纷纷举手）

师：不孤独，孩子，不孤独。你有朋友，瞧！他们都是你的朋友。

这真是一个意外！但我以为，一个充满诗意的语文老师，总是敞亮着自己的敏感。"孤独"一说，分明是学生对自己生存状态的一种隐讳表达。背后也许是一个破碎的家庭，也许是一段寂寞的时光，也许是一种悒郁的烦恼，也许是……这份深深的敏感和警觉，给了这个孤独的孩子，不，也给了所有曾经孤独、即将孤独的孩子们一抹温暖的精神底色。

美让我们去爱但不占有，去爱却不害怕失去。美给了我们力量，去希望事物成为我们所愿的样子。

有一次，因为体检的事情，一（4）班的班主任倪老师被她班的一个孩子折磨得哭了，那个孩子因为不想测视力，大喊大叫，并且用头狠撞倪老师的身体。更夸张的还在后头，当老师弯下腰试图去稳住那个孩子时，那孩子竟然伸手就给了倪老师一个巴掌。

倪老师哭了！没有还手，没有怒吼。那孩子也愣住了。这时，一个叫包晨希的学生拿着餐巾纸走到讲台前，为倪老师擦眼泪，边擦边哭着说："倪老师，您别哭了，我们会很乖的，我们一定不让您生气了！"不少孩子也跟着哭了。

这事儿很快就传到了打人孩子的家长那里。第二天，孩子的爸爸就来到学校，先找倪老师了解情况，又与我做了沟通。我没有多说什么，告诉家长：孩子的身上很可能有你们家长的影子。至于怎么处理，由你们一家人商量了定。

孩子停了两天课。第三天早上，爸爸带着孩子一起到学校，当着全班学生的面，向倪老师深深地鞠了一躬，对孩子的行为表示道歉。

从那以后，孩子的表现变化很大。有一次，倪老师人不在，班里有点乱，他主动站出来厉声呵斥吵闹的学生，课堂马上就安静下来。

在教师每日的琐碎付出中，有太多的价值需要我们去发现，去彰显，去化作更大的力量——那些慈悲的力量，理解的力量，感召的力量，激励的力量。

一位真正的教师，他的内心是强大而温暖的，阳光而厚实的，坚韧而润泽的。当他传递出这些力量的同时，他也就获得了这些力量。

当生活中曾经确定的一切日益模糊，唯有美可以信任。

在拱宸桥小学担任校长已经 14 个年头了，我一直有一个梦想：给学生一个终生难忘的毕业典礼。今年，各种机缘都已成熟，我把策划的重任交给了政教处。

我对政教主任说，典礼的具体仪式和内容请你们设计，但是有几条原则请你们务必把握：第一，必须让每个毕业生都成为主角，不能忽视和冷落任何一个孩子；第二，必须让每个毕业生都有亮相的机会，哪怕在舞台上只呈现一个瞬间；第三，必须让每个毕业生的内心有所触动，或是感恩，或是惜别，或是追梦，或是祝福。

就这样，在离毕业还有一个月的时候，筹备工作就已经紧锣密鼓地开始了。毕业典礼的实施方案改了又改，在仪式举行一周前才正式敲定。

我们把时间放在了晚上，把地点放在了操场。

舞台搭建在操场的西侧，典雅精美，有很浓的中国风。两边铺上了长长的红地毯，在地毯和舞台一侧，我们特意搭建了一个棂星门。孩子们的入泮仪式是从棂星门进入的，那么，他们毕业了，当然也应从棂星门出来。

那两天，天公不作美，一直下雨。有人建议改期，有人建议换场。不知怎么的，我总感觉这次毕业典礼一定能如期举行。我在心里一遍遍地祈祷，祈祷天公开恩，哪怕只留给我们一个晚上的间歇。

奇迹终于发生了。午后，一直下一直下的雨突然就停了。

晚上七点整，毕业典礼正式举行。全体孩子来了，全体家长来了，全体老师来了。在欢快热烈的民乐声中，孩子们三个一群、五个一伙，牵着家长的手走上红地毯、跨过棂星门、登上主席台，一张张当下的笑脸在作为舞台背景的 LED 大屏上即时呈现。

那一刻，台下的我禁不住热泪盈眶。

孩子们诵读国学经典，那是他们在拱小六年的文化洗礼；孩子们展示篆刻印章，他们将自己在拱小六年的学习生活浓缩在一个个汉字里；孩子们接受毕业证书和赠礼，每个锦囊里都装着一颗红豆、一颗莲子、一颗桂圆和一张寄语卡；孩子们拥抱自己的父母、自己的老师、自己的同学，有的当场就泪流满面；孩子们点燃蜡烛高举头顶，一个巨大的"心"形在学校的操场上光芒闪亮。90 分钟的毕业典礼在"长亭外、古道边、芳草碧连天"的《送别》声中款款落幕。

章佳莹同学写到：想起毕业典礼，我的眼角就会悄悄湿润。我有时候还傻傻地想：我们为什么要毕业？我们在一起相处了六年的同学为什么要分开？我们快快乐乐地在一起，永远不分开，难道不行吗？

邱喆航同学写到：当我们牵着父母、老师温暖的手走过棂星门，当悠悠的《论语》《弟子规》回荡在校园操场上，当同学们点起蜡烛摆成心形，当大屏幕上放映出我们成长的照片，当我们拥抱老师和爸爸妈妈的时候，我深深地为自己是一个拱小人而感到无比骄傲！

赵一航同学写到：虽然我是没有学籍的借读生，成绩算来也是年级倒数，但我的老师从来没有对我另眼相看，从来没有放弃过我，我很感激，也很愧疚。母校，我会加油的！

沈云骁同学写到：和老师拥抱的那一刻，我哭了。不知道我以后还能不能遇见像母校陈老师这样的好老师？

王晨雨同学写到：蜡烛成泪，我心依旧。舍不得母校，舍不得大家，这个夏天，不想说再见……

那一晚，许多孩子失眠；那一晚，我久久未眠。第二天早上醒来，天正下着雨。

教育若此，夫复何求？

教育当以慈悲为怀

人可以不信宗教，但不可以没有宗教的情怀，搞教育的尤其需要这样的情怀。当我提出"教育当以慈悲为怀"的时候，有人以为我信佛。其实，这跟我信不信佛没有必然联系，慈悲为怀，就是教育者的一种宗教情怀。

我们讲慈悲，不是俗世所理解的可怜人。实际上当你去可怜人的时候，已经不是慈悲了。因为，那就意味着你是高人一等的，他是低人一等的，所以需要你去怜悯他。你高人一等，你有力量，他低人一等，他没有力量。你有力量，你把你的力量施舍给他，你会有一种救世主的感觉。但是，这已经背离了慈悲的真谛。真正的慈悲，是一种自他平等，你有力量，他同样有力量，人人都有力量。所谓慈悲，就是通过你去唤醒和发现他本身的力量。让他觉悟到，只有你自己的力量振奋了、提升了，你才有可能获得最终的自由和幸福。

我们的教育也是一样的，你补一个差生，仿佛你在拯救他：这个你不懂，我教你；那个你不懂，我教你。这样的教，不是慈悲，而是坑害。因为这样的教使他永远丧失自我学习的能力，使他永远看不到自己是有力量的。他会永远依赖你，离开老师的帮助我是不行的。所以，这样的孩子永远活在自卑中，永远看不到自己内在的力量。所谓慈悲，就是一个老师要有这样的信念，每个孩子都是有力量的，每个孩子都是有光的。你在慈悲行中，不仅让孩子看到自身的力量，获得成长的喜悦；同时，你要深深感谢、感恩这个孩子，正是他唤醒了你内心的慈悲，正是他成就了你精神的成长和净化。这才是真慈悲，我们把这样的慈悲称为"觉悟的爱"。

去年九月，又一届一年级新生在父母的殷殷期盼下踏进了我校的大门。一（3）班的一个孩子马上引起了大家的注意：她戴一顶白色的圆帽，脸色苍白,怯生生地牵着家长的手,一双不安的小眼睛东张西望。可是,当你看向她时,她会马上收回目光,低下头去,十分敏感。

第一个注意到孩子情况的人是她的班主任俞老师。

一了解,这个孩子身上果然有故事:她为什么戴帽子?因为她几乎没头发;她为什么没头发?因为她四岁的时候得过一场病,之后就一直莫名其妙地掉头发,以致几乎掉光。

她为什么如此敏感?还是因为没头发。因为没头发,家长说孩子在幼儿园就一直被人嘲笑、受人欺负。这让我想起了丑小鸭的故事。

开学后,俞老师十分关注孩子的表现,发现她很难融入班级的集体生活。小组活动的时候,她总是退到外围,不能主动参与。上课时,总是躲避老师的目光,不举手,点名发言也犹豫着轻声说话。下课时,总是看着别的小朋友玩,她则在一旁或者拍手,或者独乐。她忘记带东西,也不会主动去借,总是对老师说:"他们不借给我。"

孩子的家长呢,经常三天两头来学校,不是送水杯,就是送衣服,或者送药。学校进行的一些活动,尤其是室外运动,常找各种理由不让孩子参加。还时常把孩子所说的信息放大:橡皮掉地上了,说是被同学偷了;同学轻轻碰一下,就打电话给班主任,说是同学欺负她。家长每次打电话给老师,总是说着说着就哭起来,担心孩子这个,害怕孩子那个。最后总是会归结到一点,孩子没头发,可怜!

哭泣解决不了问题,担心和害怕只会让问题变得更纠结、更严重,必须找到某个突破口。俞老师和大队部商量,决定邀请学校的专业心理咨询顾问对孩子进行一次心理咨询。

一天,咨询师让她画了几张画。对画面内容的心理学分析,让那位咨询师大吃了一惊。

第一,她画的内容很丰富,这说明她是一个很会细心观察生活的孩子;

第二,她的画中每一样东西都有眼睛,这说明她非常渴望与大家交流;

第三,她的画中大家都很开心,连白云也带着笑脸,这说明她的内心其实很阳光;

第四,她的画中每个孩子都没有头发,动物没有毛,地上只有花儿,没有草，这说明在大人的影响下，她的内心也开始在乎自己的头发，在咨询师的启发下，她给女孩子们画上了头发；

第五，她的画中房子高高的，有许多门和窗，人在门里面，这说明她内心孤独，想与人交流的欲望很强。

这次专业的心理分析，让老师们意识到，原来她很正常、很阳光，原来她渴望交流、渴望伙伴。俞老师还记起这么一个细节，一次，听家长说她有时候会劝慰妈妈："妈妈，我这不过是一种病，病好了，头发就会长出来的。"

孩子其实没有什么问题，问题主要来自这个家庭。尤其是外婆，特别在乎孩子的头发，十分敏感别人的态度。如果孩子总在这样的家庭氛围关注下成长，极有可能出现心理问题，甚至变得心理扭曲。

首先需要疏导的，恰恰是孩子的妈妈和外婆。在俞老师和咨询师的引导下，家长终于认识到总是把焦点聚集在孩子的头发上是不恰当的，把自己的想法强加在孩子身上是不对的。咨询师说，很有可能孩子的头发以后长不出来了，家长必须做好最坏的心理准备。我们要让孩子慢慢接受事实，某一天，哪怕孩子的帽子掉了，或者忘戴了，也能够保持自然。

日子一天天过去，家长的变化是明显的。和老师沟通时，不再哭诉了；孩子偶尔的郁闷，不再和头发挂钩了；外婆来学校的次数，也渐渐地少了；在校门口送别孩子，会笑着大声地和孩子说再见了。

当然，变化更喜人的，是这个孩子。课堂上，孩子能够大胆举手发言了；课间活动，她不再旁观，而是快乐地参与了；问她有没有好朋友，她会开心地报出一大堆名字了；甚至，她的午饭也开始在学校吃了。

俞老师说，其实每个孩子都是"丑小鸭"。我们能做的，不过是把丑小鸭周围的"篱笆"拆掉。

宗白华先生说过：无限的同情对于自然，无限的同情对于人生，无限的同情对于星天云月、鸟语泉鸣，无限的同情对于死生离合，喜笑悲啼。

同情不是可怜，也不是施舍。同情是一束光透过另一束光，是一份热温暖另一份热，是黄鹂和黄鹂的共鸣，是山泉和山泉的合奏；同情是恕道，己所不欲，勿施于人；同情是忠道，己欲立而立人，己欲达而达人。事实上，没有同情就不可能有教育的发生。

教育的终极目标，是普及爱和善良。这就对我们的老师提出了更高的要求。

三年前，我校五（4）班有个学生叫沈琦。别看他平时一脸阳光灿烂，全世界就数他最幸福的样子。其实，由于小时候用药不慎，他是个聋儿。孩子的父母是路边摆摊的，生活拮据，除了挣点钱给他装了个耳蜗，其他就基本不管了。

五年级的时候，来了一位新班主任金老师，她很快发现了这个孩子的特殊情况：

第一，成绩全班倒数第一；第二，玩悠悠球全班第一；第三，爱耍酷，没人理他；第四，爱劳动，没处使劲儿；第五，心地特别善良，却总给人以坏坏的感觉。

金老师看在眼里，疼在心里。但是，接班一个多月，没见她对这个孩子的教育有什么动静。说没有动静也不对，因为她悄悄地做了一件事——拍照。给谁拍照？当然是给沈琦。拍什么？拍这个孩子在学校的表现。怎么拍？偷拍。一个多月下来，她偷拍了沈琦的100多张照片。

之后，一堂特殊的作文课在这个班拉开了帷幕，作文的题目就叫——《我们家沈琦》。

当那些偷拍的照片一一呈现在全班同学以及部分家长的眼前时，孩子们震撼了，家长们震撼了，连沈琦自己也被深深地震撼了！金老师当着全班同学和家长的面，朗读了自己写沈琦的作文。课堂安静极了，不知什么时候，有低低的哭声传来，大家循声看去，低头哭泣的正是沈琦本人。

那堂作文课，每个孩子都写了沈琦，连沈琦也写了沈琦。

接着是批改、传阅、排版、印刷、装订成册，然后在全班发行。

金老师说，这堂作文课，我上了整整两个月！

一天，沈琦拿了装订成册的作文集《我们家沈琦》来校长室找我。我看完了全部写沈琦的作文，告诉沈琦，这是校长看过的最好的作文集。我说，校长送你四个字吧——止于至善！

很快，沈琦成了我们学校的明星。他开始能安静地看书了，开始主动向科学老师提问了，开始有自己的朋友了，不是一个，而是一帮。当然，他玩悠悠球照样还是全班第一。

一晃就是三个年头过去了。今年，这班孩子都上了高一。教师节那天，沈琦第一次和几个同学上家里看望金老师。原来调皮捣蛋的沈琦，显得特别沉稳，像个小大人。

他跟金老师聊天，口齿依然不清楚，平静的语调中却带了一点沧桑。他说，读初中的时候，语文老师特别狠，他经常被罚抄，有时候要抄到第二天凌晨，班里只有他每次都认真完成，有时候他还帮着别人抄。

现在，他上了一所职业学校。他说，同学们上课不认真，玩手机，搞偷拍，吸烟，喝酒，他不愿意这样做。所以他每晚都回家住，早上五点半起床，洗刷、吃饭，坐六点的第一班公交车去学校，路上得花两个小时。他说，学校不大管学生迟到早退的事儿，但是自己从不迟到。

最让沈琦难受的，是那里的老师。他们都是一些大学生，上完课就走。遇到不懂的问题想请教，都没人理他。他说，他很想换一所学校。他说，他一定要努力学习，掌握一项本领，自己养活自己。

沈琦的故事，让我想起了台湾作家张晓风的文章——《我交给你们一个孩子》，想起了文章中那个沉重而意味深长的发问："今天早晨，我交给你一个欢欣诚实又颖悟的小男孩，多年以后，你将还我一个怎样的青年?"

沈琦的成长让我深深地明白了一个道理：作为一名老师，尤其是班主任老师，应该拥有一份怎样的教育情怀。是的！教育当以慈悲为怀。

慈悲不是怜悯，不是施舍，不是宗教的专利。

慈悲是一种爱，这种爱是洞见学生皆有缪斯心性、良知天性，这种爱是确信学生自己有力量呈现缪斯心性、良知天性，这种爱是以无我的爱去唤醒学生的纯净之爱，这种爱是觉悟的爱。我们坚信：教育唯有筑基于觉悟之爱，才能真正影响学生的心灵。

谁知道真正的学情

课文《桃花心木》的结尾有这样一段话：

> 不只是树，人也是一样，在不确定中生活的人，能比较经得起生活的考验，会锻炼出一颗独立自主的心。在不确定中，就能学会把很少的养分转化为巨大的能量，努力生长。

这段话其实就是文眼，因此，重点品读是理所当然的。为了掌握学情，课中我让学生对这段话质疑。经过梳理，学生提出的问题大致如下：

什么是不确定的生活？

怎样才能经得起生活的考验？

怎样才能锻炼出一颗独立自主的心？

怎样才能把很少的养分转化为巨大的能量？

怎样才能努力生长？

学生的这些问题，我并不怀疑它们的真实性。如果在以前，这些问题就会被我纳入教学进程，成为新的增长点。

但是，面对日趋极端的"以学为中心"的浪潮冲击，我渐渐开始学会让自己从漩涡中抽离出来，试着对"学情"保持一种理性的审视距离。我转而想：

学生真的知道自己的学情吗？

有所谓某种纯粹客观的学情存在吗？

学生的课堂呈现（质疑、表达、练习等）就是他们的学情吗？

顺着学生的课堂呈现就是对学情的尊重吗？

　　我们可以撇开某种特定的背景或者视角发现学情吗？

　　于是，我问自己：对于这段话你希望学生理解什么？这一问，很快就牵出一连串问题：这篇文章的主旨是什么？文章所写的故事究竟想告诉读者什么？这段话在揭示文章的主旨吗？

　　毫无疑问，主旨的理解必须基于整体语境、在整体语境中。就整体语境看，《桃花心木》生动地揭示了"不确定"的意义和作用：对树而言，适应"不确定"就能成材；对人而言，适应"不确定"就能成人。

　　这一点，既是全文的主旨，也是这段话的要义。

　　那么，如何让学生理解这一主旨呢？在理解过程中他们可能会遭遇哪些认知障碍或者冲突呢？

　　当我确立了这样一个问题视角再去反观学生的提问时，竟有一种豁然开朗的感觉。显然，学生的上述提问并不能呈现真正的学情。因为，事实上除了"什么是不确定的生活"这一问之外，其余问题的答案都已经包含在这段话里面。这段话已经非常明确地告诉读者：适应了"不确定"，就能经得起生活考验，就能锻炼出独立自主的心，就能把很少的养分转化为巨大的能量，就能努力生长。

　　而学生的最大问题，正在于他们忽视了"不确定"这一根本背景，一味地将思维的触角伸向"怎样才能"上。假如我真的将学生的提问纳入教学流程，那么，这堂课必将在"怎样才能"上大做文章，学生有可能获取的不过是一堆庸俗成功学的方法和策略，而根本的根本、核心的核心，即"适应不确定"就会无人问津、无足轻重。我暗自后怕：学生的问题差点骗了我！又暗自庆幸：终于有了这样一个问题视角让我能够发现真正的学情。

　　真正的学情，就是学生对"不确定"的普遍忽视。而这，学生并不知情。唯一知情的，是教师本人。

　　其实，类似的情况还有许多。学《鸟的天堂》，学生会迷醉于那株独木成林的大榕树："榕树正在茂盛的时期，好像把它的全部生命力展示给我们看。那么多的绿叶，一簇堆在另一簇上面，不留一点缝隙。那翠绿的颜色，明亮地照耀着我们的眼睛，似乎每一片新的生命在颤动。这美丽的南国的树。"也会迷醉于那群栖居于此的鸟儿："树上就变得热闹了，到处都是鸟声，到处都是鸟影。大的，小的，花的，黑的，有的站在树枝上叫，有的飞起来，有的在扑翅膀。我注意地看着，眼睛应接不暇，看清楚了这只，又错过了那只，看见一那只，另一只飞起来了。一只画眉鸟飞了出来，被我们的掌声一吓，又飞进了叶丛。站在一根小枝上兴奋地叫着。那歌声真好听。"其实，这是两处最容易引发学生阅读兴趣的焦点，多数语文课就是被这两处焦点刺花了眼，随顺着所谓的学情跌入了"见景只是景、见景不见人"的肤浅阅读。其实，本文最不容易被学生眷注的是文末的那一句"我回头看那被抛在后面的茂盛的榕树，我感到一点儿留恋"。我们从全文的句序看，这正是文章的压轴之句。"一点儿留恋"难入学生的"法眼"，却不该被语文老师"白眼"。若无这"一点儿留恋"，也许全文的骨架都要散落，文字原本所富有的绚丽光泽都将黯然失色。在《鸟的天堂》中，真正赋予榕树以生命气息的绝非外在于作者自身生命的纯客观的那株大树，而是来自作者内心的那"一点儿留恋"；鸟儿的自由自在，若无作者内心的那"一点儿留恋"也就失去了逍遥的美，而成为一种慌乱和嘈杂。

因此，《鸟的天堂》一文的生命内涵，绝非浅层次的鸟和榕树的对话，乃是人与鸟的对话、人与榕树的对话、人与自然的对话。作者在压轴之处所呈现的那"一点儿留恋"，或许就是文眼之所在。我们不禁要问：他在留恋那一株大树抑或大树上的那一片绿叶吗？他若化身于那一株榕树，该是何种心境呢？他在留恋那一群鸟儿抑或鸟儿发出的那一声鸣叫吗？他若化身于那一声鸣叫，会传递一种怎样的心声呢？我们甚至还可以进一步追问：化身榕树、化身鸟儿对作者而言可曾实现？《鸟的天堂》对作者的生命意义会是什么呢？

对"一点儿留恋"，学生会有"一点儿留恋"吗？至少在我的教学经验中未曾发现；对"一点儿留恋"，学生会有"一点儿疑难"吗？似乎也从未有过。没有疑难就没有学情了吗？不，学情就掩藏在看似无感、无疑的文字背后。

其实，真正的学情绝非学生一厢情愿的懂或不懂，它是一种关系，一种参照。这种关系和参照，来自教师自身对学习目标的确认和学习内容的廓清。敏锐地发现并把握这一关系，正是教师的专业所在。这是责任，更是良知。

让儿童与诗同行

　　女儿从来没学过写诗，也从来没写过诗。九岁那年，记得是一个阳光清莹的午后，我在书房赶稿子，她懒在躺椅上看书。

　　也许是累了，也许是倦了，也许都不是，我见她起身打开了窗，向外张望了一阵子，又关上了窗。然后，就见她一阵摸索，又是找笔，又是找纸，不知道在折腾什么。我正纳闷着，她却神神道道地递过来一张纸，说，爸爸你看，这是我写的。说话时，一脸的灿烂，照亮了整个书房。

　　我漫不经意地看了起来，心说，她能写些什么呢？

　　　　我打开窗
　　　　微风贴在脸上
　　　　感觉多么芬芳

　　　　你打开窗
　　　　金光跳在脸上
　　　　心情多么舒畅

　　　　他打开了窗
　　　　我们告诉他
　　　　感觉多么芬芳
　　　　心情多么舒畅
　　　　他笑笑
　　　　轻轻地关上了窗

"他是谁?"我问。"我呀!"女儿答。

"你是谁?"我又问。"我呀!"女儿答。

"那我呢?"

"也是我呀!"

看着一脸清莹的女儿,我长长地"哦"了一声,一种柔软而温暖的感觉在心底升起。感谢女儿,在这个清莹的午后让我邂逅了久违的诗意。

都说儿童有缪斯心性,是天生的诗人。难道不是吗?我读过一个四年级的孩子写的一首叫《蝴蝶》的诗:

> 蝴蝶在花丛中舞蹈,
> 欣赏醉人的春色。
> 一会儿栖息在花瓣上,
> 亲吻花儿美丽的脸庞;
> 一会儿落在叶子上,
> 与绿叶亲密地交谈。
> 蜜蜂看见了,
> 这斑斓的"蝴蝶花",
> 想去采蜜。
> 不料,"花儿"飞了起来。
> 蜜蜂紧紧跟上。
> 心里很纳闷:
> 怎么,花儿什么时候也和我一样,
> 长翅膀了?

当最后一个问句映入我眼帘的时候,我被深深地感动了!儿童心中那片万事皆有情、万物皆有灵的诗境,如此原始却又如此率真。儿童心中那段与自然亲密接触、细腻亲吻的诗意,如此直接却又如此绵长。儿童心中那份自在如蝴蝶、天真如蜜蜂的诗情,如此真挚却又如此透明。儿童心中那股没有一丝做作、没有一丝矫情的诗趣，如此灿烂却又如此清新。儿童心中那个万物一体、天人合一的诗魂，如此澄明却又如此深邃。

是的，每个儿童都是天生的诗人，每个人的一生都有一段诗意盎然的时光。有人说，诗性的颓废实质上就是人性的萎缩，一个失去诗歌的未来，将是一片荒芜、干旱、凄凉的荒原。而我说，童心的颓废何尝不是人性的萎缩？一个失去童真的未来，注定会是一片荒芜、干旱、凄凉的荒原。

一个人，童心不泯，他的生活就会永远流溢诗意的光辉。蝴蝶真的在跟绿叶交谈，蜜蜂真的在为"飞花"纳闷，柳树真的在钓一个春天，燕子真的在谱写一段颂春的赞歌，蜡烛真的就是妈妈晶莹的泪花，微笑真的就是一朵馨香的玫瑰……

一个人，童真常在，他的世界就会永远充满诗意的芳香。晚霞就是太阳公公刚刚脱下的衣裳，小雨就是一块块透明亮丽的橡皮，乌云就是做了错事的小顽皮，萤火虫就是月亮姐姐的好伙伴，台湾就是一个孤独、可怜的孩子，种子就是一个春天的故事……

儿童本该生活在诗意中！诗意般的生活，应该是儿童本色的生活。

一个孩子这样写"树"：像一根绿色的棒冰，冰凉着整个夏天。真想变成知了宝宝，成天趴在树枝上，舐啊舐，啃啊啃。

一个孩子这样写"网"：天空是一张网，网住了星星，但网不住它灿烂的光芒。森林是一张网，网住了小鸟，但网不住它美妙的歌声。妈妈是一张网，网住了我，但网不住我骚动的心。

一个孩子这样写"鸟"：有一只灰鸟，也有一只蓝鸟，他们不吵也不闹。早上一起捕食，中午一起晒太阳，晚上一起回家。他们说：这样的生活很好，很好……

儿童写诗，诗写儿童。儿童就是诗，诗就是儿童。儿童写下的，是诗一样的美好生活。诗写下的，是比诗自己更美好的童年。

突然之间，对女儿诗中的"开窗"和"关窗"有了某种敞亮的感悟：孩子们打开的又岂止是窗，哪怕关上。闪耀着诗性之光的手，打开的是诗，关上的不也是诗吗？

诗是关不上的，因为孩子的心是网不住的。

让童年闪耀诗性的光辉，也许，这正是诗意语文的理想吧？

诗在哪儿？诗在童年，诗在清莹的眼中，诗在远离尘嚣的孩子的心中。

我以为，诗意语文的意义，不在于读了多少诗、写了多少诗，在于擦亮孩子的诗的眼睛，在于唤醒孩子的诗的精灵。诗在孩子们的读写之中，更在孩子们的读写之外。

心中有诗，笔下才会有诗的。

诗领着孩子找回了童年，那个被喧嚣、被浮躁、被沉重的期盼无声地遗落到明天的童年。诗也一样地领着我们这些成人重新拾起了童年，那个被忙碌、被虚伪、被沉重的欲望无情地抛弃在昨天的童年。

心中有诗的孩子是幸福的，因为他们有纯真和良善为伴。心中有诗的老师们是有福的，因为他们在蓦然回首间，看见了湛若青天的神。

童年的确证，人之神性的确证，也许才是诗意语文的最终旨趣吧。

儿童是成人之师

泰戈尔认为："每一个孩子出生时所带的神示说，上帝对于人尚未灰心失望呢。"在《最后的星期集·走向永新》中，他写道："我七岁的时候，每天拂晓透过窗口，望着黑幕拉开，柔和的金光，像迦波昙花乍开，慢慢地在天上扩散。……那时天天是新奇的。长大以后，我头顶工作的重负。许多日子拥挤在一起，丧失各自的价值……增长的年龄听着一成不变的复唱，寻不到独特的个性。"

在泰戈尔看来，童年是生长的，苟日新，日日新，又日新。而进入成年，则生命流于停滞和重复，星星还是那颗星星，月亮还是那个月亮。偏见、成见、谬见、视而不见充斥着成人的心灵。

记得女儿读三年级的时候，有一回兴冲冲地跑进书房向我推荐《天堂与地狱》这篇文章，文章的大意是这样的：

一个人死了，上帝的使者来接他，问他愿进天堂还是地狱。他大胆请求："先让我看看再做决定，可以吗？""当然可以。"

于是，使者先带他参观地狱。走进地狱，他看到一间宽敞明亮的大屋子，里面飘着诱人的食物的香味，原来，屋子中间放着一口大锅，锅里正煮着肉粥。但是，锅的周围却围着一群面黄肌瘦的人，有些已经饿得奄奄一息。

"他们为什么守着肉粥不吃，宁可挨饿？"他不解地问。"你再仔细看看，他们每人手里拿着什么？"使者指点他。他这才看清，地狱里的每个人都拿着一个勺，勺柄很长，足足超过他们的身高。"这里规定，吃粥必须用勺。但因为勺柄太长，所以他们每个人都无法把粥送到嘴里，只好挨饿。"使者解释道。

他们又来到天堂。天堂和地狱的环境完全一样，但这里的人个个面色红润，健康愉快。"他们也必须用长勺吃粥吗？""是的，你看！"他看到这里的人们在互相喂食，你给我一勺，我给你一勺，尽管勺柄很长，但因为有了相互帮助，所以个个都吃得津津有味、心满意足。

其实，这个故事我在几年之前就曾读到过。但是，为了不扫女儿的兴致，我还是撂下手头的活儿，认认真真地听她将文章读完。听完女儿的朗读，我突发奇想，问她："你愿意进天堂还是进地狱？"我以一个成人的惯性思维守候着女儿的回答，其实，这是一个毫无悬念的悬念。

"我想进地狱。"女儿脱口而出。

"为什么？"我有些吃惊。

"我可以告诉地狱的人怎样才能吃到粥呀！"

霎时间，我愣在女儿的面前。

记得丰子恺在他的《儿女》一文中这样写道："天地间最健全的心眼，只是孩子们的所有物，世间事物的真相，只有孩子们能最明确、最完全地见到。"他还说："我比起他们来，真的心眼已经被世智尘劳所蒙蔽，所斫丧，是一个可怜的残废者了。我实在不敢受他们'父亲'的称呼，倘若'父亲'是尊崇的。"

那一刻，我真真切切地感受到了丰子恺所感受的这一切。

前不久，读星云大师和凤凰卫视总裁刘长乐的对话集《包容的智慧》，长乐先生讲到这样一件事：

2007年5月的弗吉尼亚校园枪击案里，韩裔凶手赵承熙连同被射杀的32个无辜生命一起在那片宽阔的绿地上受到祭奠。发起这个行动的，是一位美国女生。尽管存在争议，豁达的美国人民还是接受了这个女生的做法，最终原谅了赵承熙。没有人去毁坏代表赵承熙的第三十三块石头，同学们还在他的墓碑上留下了自己的纸片："你没能得到必要的帮助，我们感到非常悲哀。希望你的家人能得到安慰并尽快恢复平静。""今后如果看到像你一样的孩子，我会对他伸出双手，给予他勇气和力量，让他的人生变得更好。"

在那位美国女生的身上，我看到了女儿的影子。在女儿的身上，我也看到了那位美国女生的影子。很惭愧，在向女儿发问的那个当下，我的善根显得局促而无力拔节。为学日益，为道日损。以文化人自诩的我，灵魂的尘垢在岁月流转中不知遮蔽了多少回那一点清朗的神明和良知。

好在我还能惭愧。

好在我还有勇气直面蒙尘的良知，而向往那份止于至善的情怀。

在儿童面前，我找回了爱和初心。

用活动作文重新定义儿童

2006年，美国人本主义心理学鼻祖卡尔·罗杰斯的代表作《自由学习》在中国出版。该书从一个小女孩学习经历的角度描述了儿童"自由学习"所具有的基本特征：

她在自己愿意学什么和需要学什么的问题上拥有部分选择权；

她的创造性得到了发展、发挥；

她变得更善于表达自己的感受和想法；

她变得更自信，更加喜欢和接纳自己；

她发现学习很有趣；

她喜欢并尊敬自己的老师，她也发现老师同样喜欢并尊敬自己；

她发现了知识的源泉，即如何找、到哪里去找自己想要的知识；

她阅读了大量有关时事的材料，并进行了深入的思考和讨论；

她发现学习有时很难，需要专心致志、坚定不移，需要良好的自制力；

她发现学习很有价值；

她学会了与他人合作来完成任务，实现目标；

她靠自己一步步变成了有知识有能力的人，最重要的是她学会了如何学习。

我们好奇，什么样的教师和教学能创造出这样的学习生活呢？当我有幸捧读张化万先生《小学活动作文理性思考与案例》一书的时候，我惊喜地发现，自己已经随着张老师的一个个作文教学故事踏上了通向"自由学习"的神奇路径。我这样说的时候，其实已经暗含了两个重要的前提：第一，张老师所独创的"活动作文"，具备了罗杰斯所描述的"自由学习"的一切特征；第二，通向"自由学习"的密码已经被张老师的"活动作文"

所破译。

你若不信，我们不妨来看看张老师"活动作文"的那些基本特征。

自主：学生以喜爱和擅长的方式编报，开学布置假期书信小报展，交流五彩的假期生活，讲评推荐 10 封最佳书信、10 份最佳小报。显然，儿童在自己愿意学什么和需要学什么的问题上拥有部分选择权。

创造：给学生提供没有文字说明、互不联系的图画或词语，如"小白兔、大河、恶狼"，教师不解释，让学生进行表演说话和写话。于是，儿童的创造性得到了发展、发挥。

分享：学生自由自在地画画，再根据画的内容编说故事，然后写成文字。因此，儿童变得更善于表达自己的感受和想法。

自信：学生开辟张贴自己满意的作文及资料卡片的园地，在自认为有意义的习作修改誊抄后就可以张贴在班级的"佳作欣赏"和"知识天地"栏。所以，儿童变得更自信，更加喜欢和接纳自己。

兴趣：学生一边有滋有味地尝尝山核桃、葡萄、橘子，一边将感官感觉到的相互交流，先说后写，怎么想就怎么写。难怪，儿童发现学习很有趣。

悦纳：学生和老师一起表演放学回家给爷爷送茶、"寻找多利羊"的故事，体会不同人物之间的心情，感受各自的同理心。从此，儿童喜欢并尊敬自己的老师，也发现老师同样喜欢并尊重自己。

探究：根据力学原理设计"捏不破的鸡蛋"，根据空气流速原理上"乒乓打架"，利用磁铁同极相斥特点做"玻璃上跳舞的青蛙"等。最后，儿童发现了知识的源泉，即如何找、到哪里去找自己想要的知识。

思考：学生抓住感兴趣的时事热点进行深入研究，如《巴勒斯坦与以色列冲突的由来和发展》《雾霾的昨天、今天和明天》等。为此，儿童阅读了大量有关时事的材料，并进行了深入的思考和讨论。

专注：学生观察养蚕、写连续的养蚕日记，观察花生、豆子等种子的发芽过程，连续几天、十几天地记录观察和体验心得，实验结束后让学生讨论，点拨表达方法，提供展示成果的舞台。终于，儿童发现学习有时很难，需要专心致志、坚定不移，需要良好的自制力。

价值：学生的交际应用从自我服务开始，如日记、写请假条、留言条、借条、读后感、失物招领、制作贺卡、资料卡、编制自己的成长相册等，有兴趣、有能力的学生利用假期借助电脑编写自己的"书"。故此，儿童发现学习很有价值。

合作：在《我发现……》的活动作文课上，学生自由合作用筷子、气球自制最简陋的"天平"称气球里空气的重量；四人合作述说伙伴在水盆中扎猛子、空气对人的生存作用；吹足气球全班放飞，让彩色气球在教室飞扬，体验空气压缩后产生的动力。结果，儿童学会了与他人合作来完成任务，实现目标。

修炼：一个班的学生在教师节前后发出 44 封信：有的为退休启蒙老师住房问题向有关部门申诉、恳求；有的写信慰问老师；有的向报刊投书赞颂老师默默奉献的精神……在书信的交际应用中，他们在报纸上看到了市长赞扬小学生查找错别字信件的回信，收到区委信访办公室的公函……这些活动让他们懂得，不光要从生活中找到无穷的练习写作的材料，还要大胆地运用学到的本领，歌颂生活中的真善美，批评各种不健康的现象，明白学写作是为生活、工作和学习服务。最终，儿童靠自己一步步变成了有知识有能力的人，最重要的是他们学会了如何学习。

罗杰斯虽然为我们描述了"自由学习"的理想氛围，但在书的结尾，他却不无遗憾地指出：每个学校都希望自己变成自由学习的场所，都希望自己学校能使教师和学生的人性得到彰显。但问题并不这么简单。我们强大的教育体制与传统的教育模式结合得过于紧密，对改变有很强的抵制性。学校总体上没有什么变化。

罗杰斯做梦也不会想到，就在该书再版的 1982 年，远在万里重洋之外的中国，有一位名叫张化万的小学语文老师，在作文课上已经开始了他自己的教学变革，变革的最终结果正是罗杰斯称之为"自由学习"的理想境界。

是什么引发了这场作文教学的变革呢？

"当看到那么多聪明可爱的孩子在作文课咬笔杆、发呆、焦虑与痛苦时，迫于无奈的我开始思考儿童喜欢的新的习作教学。"张老师如是说。

又是什么导致了那么多聪明可爱的孩子害怕作文呢？

"30多年的实践探索终于让我们明白，传统习作教学最根本的问题是我们的习作是师本作文而不是生本作文。我们煞费苦心地在寻找适合习作的儿童，而不是寻找适合儿童的习作。我们公开和内隐的最根本的假设是学生不会习作，他们的习作是完全需要我们教的。我们千辛万苦在寻找的不是如何唤醒儿童对习作的需要，激活儿童习作表达的欲望、运用的意识，而只是站在教的角度期盼一种像理科一样线性的、层级鲜明、不可更改、缺一不可的习作教学序列，能够分门别类、分期分批按照所谓的科学序列进行习作知识教学灌输，让学生学会系统的写作技巧，提高习作水平。"张老师如是说，显然，问题的分析已经鞭辟入里。

那么，变革该从哪里入手呢？

"习作是什么？不是创作，是练笔，更是儿童生命的一部分，是小学生成长发展的记录和证明。习作是儿童生活、情感、思维、语言的一个活着的整体，不是可以无限分割的句子、段落的表达训练。从根本上说习作不可能条分缕析、清晰科学地一点点分别地教和操练的。习作呈现在儿童面前的是一个情感的、生活的、语言的整体。小学生习作要成功只有全身心地自然地投入到习作中去，把习作当作是自己的一种学习生活，一种情感抒发，一种思想与语言的倾吐。只有这样习作才能够说是生本习作，才会从根本上具有勃勃的生机。"

这是宣言，这是信念，这是觉悟，这更是责任和担当！

当习作外在于儿童生命的时候，任何变革都是徒劳的，哪怕你拥有前卫的教学理论、精致的教学设计、娴熟的教学艺术。从张化万先生迈出的变革第一步，我们就能于无声处听惊雷：习作的变革，乃是对儿童的重新理解、重新发现、重新定义。

"它从一诞生就是为了儿童而存在的。"在儿童被普遍湮没的今天，这样的率性表白无疑是石破天惊的。

"活动作文鼓励学生以课堂内外各种活动的经历为基础，以学生的主动参与、主动探索、主动思考、主动实践为主要手段，让学生在体验生活、学习生活，主动探索的过程中，获得并提升对生活的感受与认识，从而使习作成为学生主动倾吐情感，学习个性化表达，融入社会，提升多方面能力的一个过程。"在"活动论"的鲜活语境下，儿童的言语愿望、言语需求、言语体验、言语感悟，乃至言语人格、言语精神、言语生命、言语智慧都被一一照亮，精彩登场。是的，"当我们顺应了儿童言语生命的本性，一切事情就好办了。"（潘新和语）

在张老师的活动作文看来，儿童是天生的游戏者。"玩，是孩子的天性。游戏是孩子生命历程中不可或缺的存在状态。儿童生命状态是一种游戏化的存在。游戏是人类童年期的主体活动，对儿童生命发展具有本质意义。儿童从幼儿到儿童到少年的生命成长过程，某种意义上，就是游戏方式不断变迁、演化、延伸、升腾的过程。"

儿童不仅是天生的游戏者，更是习作意义的主动建构者。"这种活动就是学生'主动建设性的过程'。学生在活动的情境中为实现某种交际（理解和表达）需要进行语言实践活动。活动能激发学生了解、感知、探究外部世界的愿望，加深对交往对象的体验和感悟，促进交际表达成为学生内在的积极需求，这样的语文学习不再是被动的灌输与塑造，而是学生自主活动、主动发展的过程。"

甚至，儿童是成人之父，是老师的老师。"其实，儿童的语言具有特有的'自然美'。每当听到孩子问'大树一直站着，腿不酸吗？''冬天鱼儿没穿衣服，不觉得冷吗？''太阳和月亮是不是星星的爸爸和妈妈？''天上的云有家吗？在哪里？'谁都会为孩子的童言稚语啧啧称赞。""尽管他们还会提笔忘字，错别字病句尚存，找不到最恰当的表达方式，写得不够生动畅达。但学生表达的是真切的个体情绪与表象，习作语言不会抄袭，情感是真诚的，具有'当下'实时的感觉。"确实，一个儿童所表现出来的率真和爱会让每一个人动容，何况"从一诞生就是为了儿童而存在的"活动作文的集大成者张化万先生呢。

其实，作文教学变革的最大盲区就在"儿童"。不研究儿童，不理解儿童，不以儿童为作文教学的原初起点和唯一目的，乃是一切作文教学变革失败的根本原因。儿童观决定了言语观，儿童观决定了教学观，儿童观决定了学习观。因此，从教法变革的载体论到教材变革的本体论再到关系变革的主体论,即儿童本位论,乃是整个课程变革自然也是作文教学变革的必然趋势。卢梭在他的《爱弥儿》中意味深长地指出:"大自然希望儿童在成人以前就要像儿童的样子。如果我们打乱了这个次序,我们就会造成一些早熟的果实,它们长得既不丰满也不甜美,而且很快就会腐烂。"他还指出:"儿童是有他特有的看法、想法和感情的;如果想用我们的看法、想法和感情去代替他们的看法、想法和感情,那简直是最愚蠢的事情。"唯其如此,我们才能真正理解"将玩进行到底"的活动作文主张,我们才会对"玩,让学生赢得童年的快乐""玩,激活了学生的习作热情""玩,让学生经历学习的过程""玩,让学生学会合作与探索"产生真切而强烈的共鸣,并进而在自己的作文教学中身体力行、一以贯之。

罗杰斯的《自由学习》在中国出版 10 年之后的 2016 年,张化万先生的《小学活动作文理性思考与案例》公开出版。在这里,时间不再是一个用于叙事的参量,时间成了某种确证、某种启示。罗杰斯也好,张化万先生也好,他们正以自己对儿童的洞见和关爱,让我们进一步理解教育的目的、语文的旨归和生命的意蕴。

张老师说,玩了 30 多年的活动作文,最后把自己也玩成了一个"老顽童"。这不是戏言,是神悟。是的,我们只能用自己的生命定义儿童,在定义儿童的过程中,我们必将重新定义自己。请问,谁的心中不藏着一个儿童呢?

童年性情与审美表达

作文教学最怕什么？最怕学生写不出。学生为什么写不出，据说是因为他们缺乏生活。生活是作文的源头活水，没有生活这一源头活水，作文自然言之无物。

想想也是，现在的孩子哪里还有什么生活？

有一个词颇能说明当代孩子的生活状态，那就是"圈养"。孩子们的生活内容是被父母设定的，周一到周五，自然是上学、读书、放学；周六和周日，自然是兴趣班、辅导班、特长班。孩子们的生活方式是被父母规定的，不能上网，不能看电视，不能独自外出游玩，不能在同学家过夜，不能看闲书。孩子们的生活范围是被父母限定的，从家里到学校，从学校到家里；从家里到培训机构，从培训机构到家里；从家里到超市，从超市到家里。总之，孩子们的生活是完完全全被圈养了。圈养者不光是孩子的父母，还有孩子的爷爷奶奶、外公外婆，还有孩子的老师，还有老师的顶头上司校长，还有校长的顶头上司教育局局长，还有局长的顶头上司市长，就这样一直往上推，整个社会都成了孩子的圈养者。

这个想法具有极大的说服力。

于是，作文教学的首要任务是为孩子们充实生活。

于是，就有了这样的作文教学模式：组织一次秋游，写一篇游记；组织一次野营，写一篇有趣的活动；组织一次义卖，写一篇爱的体验；组织一次给父母洗脚，写一篇孝心温暖我的家；组织一次登山比赛，写一篇挑战极限。诸如此类，不一而足。

那么，我想问的第一问就是：写不出真的是因为孩子们没有生活吗？

我们一起来看看这篇作文，这是一位一年级的孩子写的作文。

吃山竹

今天妈妈买来一包山竹。我们吃得好开心啊!

吃着吃着,我数起山竹"肚子"上的"花瓣"来,1、2、3、4、5,有5个"花瓣"。数完,妈妈问我:"别的山竹会是几个花瓣呢?"我说:"肯定都是5个的,因为它们的品种都是一样的呀!"我拿起一个山竹数起来。"哎呀!6个。"我尖叫。真是太奇怪了,我继续数,发现还有7个花瓣的。

真有意思,不知道有没有3个、4个、8个、9个……花瓣的山竹呢?妈妈好像猜到了我的心思,带我到小区水果店。我们只找到了4个花瓣的山竹和8个花瓣的山竹。

老板娘也很好奇,问我们:"是不是有几片花瓣,里面的肉就有几片啊?"这个,我们也不知道。所以,我们又买了一大包山竹吃吃看,原来花瓣个数跟里面肉的片数没有关系。

晚上,我上网找"山竹"。知道"花瓣"原来叫"蒂瓣",网上还说吃山竹要挑6个蒂瓣的,肉甜核小。

山竹的学问还真多啊!

这篇作文,写的是孩子最普通、最平常的生活——吃水果。哪个孩子没有吃过水果?吃水果这种生活需要我们去刻意创造吗?我想不需要。但是,在孩子的作文中,有写吃水果的内容吗?我特意翻看了一下现行语文教材的所有习作设计,又特意翻看了一下我手头的10多本优秀习作选,结果发现一篇都没有。

我想,一定只有这样一种可能:吃水果实在太平常、太普通了,这样的生活也算生活吗?这样的生活也配写进作文吗?

这样往下分析,我发现了一个更奇怪的现象:孩子们所写的作文大多指向他们的非常态生活。

作文内容指向	非常态生活	常态生活
家庭	亲子游戏，吵架，给父母洗脚，家庭读书会，家庭迎新晚会，接待外国学生……	吃饭，喝水，睡觉，刷牙，洗脸，上厕所，写作业，看电视，做家务，聊天，招待客人……
学校	上公开课，运动会，文艺演出，学科竞赛，接待参观团，春游秋游，值周……	晨读，出操，上课，大课间活动，午餐，午间阅读，社团活动，写作业，考试……
社会	去敬老院，外出旅游，看演出，上医院看病，环保志愿者活动，参观博物馆……	上超市购物，坐公交车、地铁，打的，小区散步、活动，路边小店买零食……

因为非常态生活是稀缺的、少量的，而我们的观念中，所谓的缺乏生活，指的正是这类非常态生活。但是，非常态生活是孩子生活的全部吗？当然不是。非常态生活是孩子生活的主体吗？当然也不是。

那么，为什么不去激活、开掘、擦亮孩子们的常态生活呢？

有一次，我跟学生讲，不要说吃水果能写进作文，连刷牙、洗脸、上厕所也能写进作文。这次回家，请你们特别留意家里人是怎么刷牙的，有什么不同。

果然，就有学生写了这样一篇作文，作者是五年级的学生。

挤牙膏

每个人挤牙膏的方式都会有所不同，从中会流露出你的个性，那天回家，我就特意观察了一下我们一家三口挤牙膏的方式。

晚上八点钟，妈妈照例来到卫生间准备刷牙洗脸，我也跟了进去。只见她先轻轻地拿起牙膏，拧开盖子，从牙膏的底部一点一点地往上挤，她的动作是那么轻柔，仿佛那并不是一支牙膏而是一个富有生命的小东西，也会喊疼，也会笑。直到牙膏从牙膏管里挤出来，把整支牙膏搁在杯子上，妈妈才打开水龙头，把牙刷放在下面冲，冲了半分钟左右，关了水龙头，甩掉牙刷上的水，用极快的速度把正在从牙膏管口上滑落的牙膏接到牙刷上。接着，妈妈就拿起杯子开始刷牙，而那支搁在杯子上的牙膏因为没了"靠山"，"啪"的一声倒在洗脸台上。

妈妈洗好脸不久，爸爸从房间里走出来，按照往常的惯例，喝完一杯冷水后，才来刷牙。看来爸爸今天的心情不错，他一边哼唱着一首不知名的歌，一边从杯子里拿出牙刷，时不时敲打一下杯子，似乎在为他的歌伴奏。在杯子里盛了一些水，拿起牙刷在里面不停地搅拌，干净了，把水倒掉，他随意地拿起牙膏打开盖子，从中间摁了下去，挤在牙刷的中间，挤了长长的一条牙膏。挤完后，他把牙膏轻轻平放在台板上，只见那支牙膏中间部分凹进了一大块，好长时间都没有恢复原状。

到了九点钟，妈妈躺在床上朝房间里的我喊了一声："婷婷，可以去洗脸了！""哦！"我不情愿地放下手中的书，慢慢地走向卫生间。拿起牙刷，漫不经心地打开盖子，在牙膏最多的地方轻轻挤了一下，三颗绿豆大小的牙膏就挤出来了，我把它们分别点在牙刷的上、中、下部位。挤完牙膏，我拧上盖子，把整支牙膏轻轻往上一抛，牙膏便重重地跌落在台面上。

你们看出我们一家三口挤牙膏的个性了吗？

刷牙，挤牙膏，实在是再普通不过的生活。几乎从来没有孩子去有意观察过刷牙的生活，因为他们早已习以为常、习焉不察了。

孩子们怎么可能没有生活呢？除非他们根本就没有活过。只要活着，就有生活；只有活着，就是生活。

因此，问题的关键不是孩子们没有生活，问题的关键是如何照亮孩子们的生活，尤其是常态生活。

《挤牙膏》这篇作文，就是照亮生活的结果。由这篇作文，我们可以发现照亮生活的几个基本环节：

第一，聚焦。就是有意识地将自己的注意力投向这一常态生活。本来，刷牙在你的生活感知中处于黑暗状态，就是说你根本就没有好好注意过自己的刷牙。那么，从这一刻开始，你关注刷牙，集中注意力去感知刷牙。这时，刷牙才真正成为你的生活，因为你的觉知照亮了刷牙。

第二，定向。就是确定一个观察的角度，事实上，同样的生活因为观察角度的不同，最终的感知结果是不同的。有时候，角度决定着生活。因此，确定观察角度就显得非常重要。刷牙的观察角度当然可以多种多样，我们在这篇作文中看到的是这样的角度：比较爸爸、妈妈和我挤牙膏的不同。于是，感知就朝向了这些不同点。在这里，角度常常意味着选择。因此，所谓的照亮，其实不是全体，而是某个维度。当你照亮某个维度时，也意味着你遮蔽了其他维度。

就刷牙而言，我们可以确立的观察角度一定是多元的，譬如：

你可以从味觉的角度去觉知刷牙；

你可以从纯粹听觉的角度去觉知刷牙；

你可以从嗅觉的角度去觉知刷牙；

你可以从拟人的角度（把牙膏当作人）去觉知刷牙；

你可以从不同牙膏的比较中（云南白药、高露洁）去觉知刷牙；

你可以从不同心情的比较中（考砸了、得了大奖）去觉知刷牙；

你可以从不同人物的比较中（大人、小孩）去觉知刷牙；

你可以从一支牙膏的变化中（从满到空）去觉知刷牙；

你可以从推销一支牙膏的角度去觉知刷牙；

你甚至可以从不刷牙的角度去觉知刷牙……

第三，充分觉知。如果把你的观察比作手电筒，聚焦是把手电筒的开关打开，定向是让手电筒的光投向一个地方，而充分觉知则是让灯光持续照亮每一处细节。生活只有在充分觉知中才能显现出它的色彩、质地和旋律来。

我们回头再看《挤牙膏》这篇作文，它的意趣全在细节中，而这些细节正是充分觉知的结果。以写妈妈挤牙膏为例：

动作上的细节：只见她先轻轻地拿起牙膏，拧开盖子，从牙膏的底部一点一点地往上挤。

感受上的细节：她的动作是那么轻柔，仿佛那并不是一支牙膏而是一个富有生命的小东西，也会喊疼，也会笑。

时间上的细节：直到牙膏从牙膏管里挤出来，把整支牙膏搁在杯子上，妈妈才打开水龙头，把牙刷放在下面冲，冲了半分钟左右，关了水龙头，甩掉牙刷上的水，用极快的速度把正在从牙膏管口上滑落的牙膏接到牙刷上。

声音上的细节：接着，妈妈就拿起杯子开始刷牙，而那支搁在杯子上的牙膏因为没了"靠山"，"啪"的一声掉在洗脸台上。

其实，所谓的言之有物，所谓的写具体、写生动，全赖充分觉知这一点。充分觉知，是对生活的照亮，也是对语言的照亮。觉知不到，语言不到。

那么，这是不是意味着所有的常态生活都能进入作文呢？刷个牙可以写成作文，洗把脸可以写成作文，甚至上一趟卫生间也可以写成作文，请问，这样的作文还有意义吗？

于是，就引出了我的第二问：一定要写有意义的生活吗？

一位三年级学生写了这样一篇作文，题目叫《我的理想》。

我的理想

爸爸没有走的时候，希望我当个科学家。爸爸走了以后，妈妈希望我当个公安。我不想当科学家，也不想当公安，我的理想是当一条狗。因为，我和妈妈都怕鬼。听说，狗是不怕鬼的。如果我成了狗，我们就不用怕鬼了。

语文老师给这篇作文打了一个大大的叉，还特意写上评语：你成了狗，你的爸爸妈妈不就成了狗爸狗妈了吗？记住，世界上根本没有鬼。

无独有偶，另一位三年级学生也写了一篇作文，题目叫《难忘的一天》。

难忘的一天

国庆节那天，天气十分晴朗，我和我的爸爸兴高采烈地去动物园玩。

动物园里的动物很多，可我最喜欢看的还是河马，开始我以为河马就和马差不多，很会跑，人可以骑在上门（面），在水里游，怀着激动的心情，我终于看到河马了，没想到河马又肥又大，一个长方形的大脑袋上长着一个又宽又大的嘴巴，笨笨的样子可有意思啦，它的尾巴很短，皮黑黑的，发亮，没有毛，听说是非洲来的客人呢。

河马的样子真可爱啊，我永远也忘不了这个愉快的国庆节。

语文老师给这篇作文打了合格分，后面也写了一段评语：作文文字通顺，条理清楚，但立意不高，写国庆应和祖国的富强联系起来，你应想到，没有祖国的强大，河马怎么会到中国来呢？

有人问，你会怎么评这两篇作文？我的回答：都是好作文，都可以打90分以上。

什么是有意义的生活？

孙绍振先生在《贴近生活、贴近自我、超越自我》一文中指出："在有些人看来，孩子们的生活不是生活。在他们感觉中，生活是一种本质的真，是伟大的、光辉的，孩子们的日常生活太渺小了。"

其实，老师们之所以认为孩子们缺乏生活，一半是因为他们将生活窄化为所谓的"非常态生活"，删除了大量的、经常的、基础的"常态生活"；一半还是因为他们将生活拔高为所谓的"有意义生活"，而将那些看似"无意义生活"抛于九霄云外。如果真是这样，孩子们可写的生活当然是少之又少、空之又空了。

但是，意义是什么？生活的意义究竟是谁赋予的？

就以《我的理想》为例，在成人世界中，科学家、公安是有意义的；但在儿童世界中，自己成为狗从而保护妈妈，这才是他生命的意义。这是一种多么纯粹、多么富有想象力的情感表达啊！

我们来看这篇作文，也是一位三年级学生写的。

怕回家

别看我天不怕，地不怕，其实有三怕，一怕回家，二怕黑，三怕鬼。

其中我最怕回家了，但可不是怕考试考不好，吃"竹笋炒肉片"，让我来确切地解释一下。

因为家离学校近，所以我一人回家。放学走出校门时，我总会故作轻松，背着书包，哼着小曲，一蹦一跳地回家，其实我这时总是紧张地看四周有没有可疑的人，没有，我才安心地继续走。

我家在小区的最角落，来往的人很少，楼道里安安静静的，没有一点声音，这也是我怕回家的一大原因。为了缓解自己的恐惧感，我会大声地唱歌，一步步走上楼，到了家门，你们就会马上拿钥匙开门，可我在这时心里最紧张，像击鼓似的，"怦怦怦"地跳，这是因为我们家进过小偷，心里慌。所以为确保自己的安全，我总是迈着轻轻的步子，耳朵缓缓贴上门，屏息凝视，侧耳细听屋里有没有声响，没有，我才会把钥匙插进锁孔转动。如果门上过保险的，我会放下心，如果只是一道关没保险，我就会吓得魂飞魄散，以为小偷又进家门了，立刻下楼找人帮忙。

这就是我怕回家的理由，真希望能有人接我回家。

我为什么欣赏这篇文章？没别的，真性情！其实，从来就不存在外在于主体的所谓生活。生活一定是自己的，生活的意义一定是自己赋予的。生活让你自己动了心，无论是喜是怒是哀是乐，还是这篇作文所写的怕，就是意义所在。还能有什么别的意义呢？

一朝被蛇咬，十年怕井绳。这篇作文以一位三年级儿童的视角和笔触，将这一人类普遍共通的感情写得多么真切、多么细腻。这难道不是意义吗？

怕回家，但正是在直面恐惧中，孩子学会了长大。真实的生活从来都是有善有恶的，这难道不是意义吗？

我们的教育不是都在高喊要培养孩子独立自主的能力吗？这其中自然

也包括自我防范、自我保护的意识。但是，喊喊口号有用吗？读读教材有用吗？生活本身才是最好的教育、最好的课堂。这篇作文，极生动、极细腻地表达了一个孩子在生活中学到的自我防范、自我保护的意识，这难道不是意义吗？

其实，真感觉、真性情就是作文的意义所在。即使你通篇在写崇高与伟大，如果写不出自己的真感觉、真性情，那样的作文依然毫无意义。

但是，为什么我们总是写不出有意义的生活呢？

朱光潜先生在《我们对于一棵古松的三种态度：科学的、实用的和美感的》一文中这样写到：

> 假如你是一位木材商，我是一位植物学家，另外一位朋友是画家，三人同时来看这棵古松。我们三人可以说同时都"知觉"到这一棵树，可是三人所"知觉"到的却是三种不同的东西。你脱离不了你木材商的心习，你所知觉到的只是一棵做某事用值几多钱的木料。我也脱离不了我的植物学家的心习，我所知觉到的只是一棵叶为针状、果为球状、四季常青的显花植物。我们的朋友——一位画家——什么事物都不管，只管审美，他所知觉到的只是一棵苍翠劲拔的古树。我们三人的反应也不一致。你心里盘算它是宜于架屋或者制器，思量怎么去买它，砍它，运它。我把它归到某类某科里去，注意它和其他松树的异点，思量它何以活得这样老。我们的朋友却不这样东想西想，他只在聚精会神地观赏它的苍翠的颜色，它的盘曲如龙蛇的线纹以及它的昂然高举、不受屈挠的气概。

朱先生的这番话已经说得非常透彻了，对于生活，你至少可以用三种不同的态度对待之，一为科学的，像植物学家那样；一为实用的，像木材商那样；一为审美的，像画家那样。

那么，对于作文，我们当取哪种态度才是可行的呢？我以为，像画家那样，以审美的态度去觉知生活、发现生活的意义，当是最为可取的。因为，三种态度中，只有这种态度才是唯一彰显主体的，它是情感的，而且是带着想象的性质。而这，正是生活的意义所在，也是作文的意义所在。

有一年，《杭州日报》组织中小学作文竞写，有一期，他们让我起一个竞写题目，那段时间杭州老是下雨、老是下雨，似乎没有停下来的意思。于是，我随口一说：太阳什么时候出来。记者很敏感，就说这个题目好。这就有了一期以《太阳什么时候出来》为题的竞写活动。

我们来看一篇二年级学生写的作文。

太阳什么时候出来

这几天都下雨。每当下雨的时候，我最难过的就是妈妈送我去学校。因为我还要背着重重的书包躲在妈妈的雨衣里，很不舒服。

晴天的时候，我可以坐在后面，而且书包像羽毛一样轻。这让我觉得晴天很舒服，又干又温暖。雨天很难过，又湿又冷。我想雨天是因为云姐姐哭了，晴天是因为云姐姐在笑。

所以，我好希望云姐姐笑啊，笑啊……这样太阳就能露出笑脸了。

记者希望我为这篇获奖作文写点评语，我是这样写的：

太真了！躲在妈妈的雨衣里，喘个气儿都费劲，能舒服吗？晴天多好，别说书包轻得像羽毛，坐在后面的你，不也成了一朵人见人爱的云宝宝吗？

太美了！"雨天是因为云姐姐哭了，晴天是因为云姐姐在笑。"我敢保证，这是天气预报的叔叔阿姨们想上一万年也想不出来的气象解说。

太善了！瞧，为了凑足"真善美"，我怎么着也得再为你找一个"善"出来。善在哪儿呢？善在"我好希望云姐姐笑啊"！谁不希望云姐姐笑呢？因为，谁都希望自己的生活充满阳光，哈！

我们再来看一篇四年级学生写的作文，题目叫《小狗有思想吗》。

小狗有思想吗

今天，我终于大大地残酷了一回——把小狗哈尼和聪聪送掉了！

哈尼和聪聪是我们家的小雪生的。以前，爸爸妈妈就说要把它们送人。家里已经有四条狗了，太多了！可我一直不舍得。直到今天，我想了又想，趁现在才养了两个月，感情还不是很深，送就送吧！如果以后送，会更舍不得呢！我真的是想了又想，想了又想，最后忍痛割爱，把它们亲手交到爸爸的一个朋友手里。朋友叔叔家里大，养再多的狗也不成问题。

那个叔叔走了，两只小狗狗被他扛在肩上。我远远望着小狗，不敢和它们悲伤的眼神对视。

回到家里，一开门，哈尼、聪聪的妈咪——小雪就扑上前来，看到两个孩子没回来，它不禁愣住了。

接下来的一个下午，小雪都没胃口，没精打采的。刹那间，我领悟到了真正的母爱是什么，并开始怀疑狗狗是不是也有思想。

现在是晚上九点了，我翻来覆去就是睡不着，心里总是想着哈尼和聪聪。于是我偷偷爬下床，开了台灯，写下了这篇文章。没想到小雪也醒着，悲伤地把聪聪和哈尼常玩的布娃娃拖到自己怀里。我想，狗是有思想的。

小雪，如果你有思想，能不能体谅一下我的苦衷呢？

狗有没有思想，我们可以存疑。

但是，很显然，小作者并没有从一个狗贩子的角度或者一个动物学家的角度与小狗建立关系，那种关系，要么是实用的，要么是科学的。在这里，小作者与小狗之间完完全全是一种审美关系。是彼此之间的情感让他们超越了人与物而显现为一种人与人的关系。

我们说狗通人性，其实这是要有前提的。这个前提就是人通狗性，所谓人通狗性，其实就是将人性迁移到狗上，从而以狗为镜，反照自己的人性。

这样一种智慧，就是我们常说的诗性智慧。而儿童，天生就有这样的缪斯心性，天生就有这样的诗性智慧。照亮作文意义的，也是儿童天生就有的诗性智慧。我们所要做的，就是为儿童的这一诗性智慧去蔽。在儿童的诗性智慧尚未打开之前，所谓的作文知识、作文方法、作文技巧统统都是一种遮蔽。

我们为什么要作文？也许，一千个写作者会有一千种回答。我以为，作文，终究是为了生命的成长！

周国平在谈到写作时这样说道："对于我来说，人类历史上任何一部不朽之作都只是在某些时辰进入我的生命，唯有我自己的易朽的作品才与我终生相伴。我不企求身后的不朽。在我有生之年，我的文字陪伴着我，唤回我的记忆，沟通我的岁月，这就够了，这就是我唯一可以把握的永恒。"

是的，作文就是将易逝的生命兑换成耐久的文字。作文，既是一种学习方式，也是一种生存状态，更是一种生命成长。

所以，作文真的不只是"写"的事，更是"思考"的事、"体验"的事、"探索"的事、"发现"的事、"成长"的事！

为了生命，我们没有理由不作文！

明心：回归儿童的智慧

一次，我应邀借班上《我的战友邱少云》一课。在学到"为了整个班，为了整个潜伏部队，为了这次战斗的胜利，邱少云像千斤巨石一般趴在火堆里一动也不动，烈火在他身上烧了半个多钟头才渐渐熄灭。这位伟大的战士，直到最后一息也没挪动一寸地方、没发出一声呻吟"时，我执行了这样一个教学预设：

播放《打击侵略者》中"邱少云被烈火烧身"的视频剪辑，随着画面的呈现和音乐的响起，我充满深情地为视频剪辑配着旁白：

"同学们，看呐！这就是邱少云，这就是烈火烧身的邱少云，这就是纹丝不动的邱少云，这就是千斤巨石一般的邱少云，这就是趴在火堆里一动也不动的邱少云，这就是直到最后一息也没挪动一寸地方、没发出一声呻吟的邱少云。你们看他的眼睛，你们看他的嘴唇，你们看他抠着泥土的双手。你们，谁也无法想象、无法体会此时此刻他所承受的巨大痛苦、巨大煎熬、巨大折磨。面对这样一位战士，你有什么话想对他说吗？"

明眼人应该能够看出，这是一个开放的、富有言说弹性的教学预设。对于这个预设，课前我是充满期待的，我期待着一种感动于英雄壮举的情感表达，期待着一种崇敬于视死如归、意志如钢的态度认同，期待着一种直面死亡、超越死亡、在死亡中实现精神永恒的思想提升。从某种意义上讲，这种期待本身也是一种教学预设。

连着叫了三位学生发言，个个精彩。自然，这所谓的精彩，无非是一种预约的精彩。他们的发言，要感情有感情、要态度有态度、要思想有思想。正在我期待着新的精彩进一步到来之际，一个胖得流油的男孩站起来发言了，他的原话是：

"邱少云，你真是一个傻瓜。"

我愕然！学生愕然！全场一片愕然！连这位刚刚还因自己的这番惊人之语得意得连北都找不到的男孩，竟然也被这一片愕然给愕然住了！全场气氛顿时凝固，所有人的目光都齐刷刷地聚焦到我的身上。

你必须马上、立刻、迅速地做出反应，这就是课堂生成的硬尺度、铁规则。对此，马克斯·范梅南在《教学机智——教育智慧的意蕴》一书中早就断言："机智是瞬间知道该怎么做"，"展现机智的人似乎都具有在复杂而微妙的情境中迅速地、十分有把握地和恰当地行动的能力"。然而，这种断言在更多的情况下只是教学机智的一种理想状态，更多的人在更多的时候恰恰是被这个硬尺度和铁规则给打得落花流水、落荒而逃。那一刻，我多么渴望自己是个例外，然而例外不幸成了另一种例外。

"傻瓜？你才是傻瓜！坐下！"

这就是我的瞬间反应，本能行为。尽管不假思索，其动机、其结果、其效应却与"恰当"二字相去十万八千里，更奢谈"崭新的、出乎意料的塑造和启示"了。这一瞬间反应，瞬间就成为整个课堂教学的分水岭，本已推向高潮的课堂进程突然一落千丈、一蹶不振。在怒不可遏又不得不遏的尴尬中，我的课草草收场。

连着几天，我的身心浸泡在尴尬、沮丧和愤怒的热汤里难以自拔。我对自己说：王崧舟啊王崧舟，你是谁呀？你是特级教师！这样的场合，别说特级教师，哪怕是一位名不见经传的普通教师，不管动机如何、内心的真实想法如何，也绝不会在众目睽睽之下做出这样的课堂应对。你将"傻瓜"的帽子强摁在学生头上的那一刻，你自己的头上不也已经碰下了比"傻瓜"还要"傻瓜"的帽子吗？这是教育伦理逻辑的一个必然的报应！

痛定思痛，我开始反思当时的那个特定的课堂情境。为什么那个男孩在前面三个学生都做出了积极的正向的情感反应之后，竟然会不顾这种强烈的现场情势而发出这样的惊人之语？是有意捣蛋，装酷？还是作秀以引发关注，认知偏差？抑或是价值观异化，本能拒斥死亡？在无法完全还原当时的那个教学情境的前提下，我只能对现象本身做出这样一个无奈的推测：一切都有可能！

是的，一切都有可能。然而，当推测成为进一步反思的逻辑起点时，我突然意识到，自己即将面对的是一个更为繁复又更为细致的课堂实践挑战。至少，我得预防类似情境的再度发生，而这类似情境的可能性却是无限的。于是，我反思的触角开始一个一个伸向已经被我觉知到的各种可能的教学情境中。

可能他是"有意捣蛋"，我该怎么应对、怎么接招、怎么破解？

可能他是"装酷"，装酷和有意捣蛋在心理学上是有着微妙而深刻的差异的，我能原封不动地搬用前述的各种应对、接招和破解之道吗？

可能他是"作秀以引发众人关注"，他醉翁之意不在酒，我接不接招怕都只能正中他的下怀，我将陷入策略上的悖论而手足无措。

可能他是"道德认知偏差"，但在那个瞬间即逝的课堂情境下，我能宕开一笔，对那个孩子自然也是对全班同学施行思想品德教育吗？这样的施行会有实效吗，哪怕一点点？如果能以语文本体的手段接下这个德育的难题，我又该如何寻找两者之间的平衡点呢？

可能他是"价值观异化"，这在很大程度上跟"道德认知偏差"是一码子事儿，但化解的难度和深度显然更大，闹不好，极有可能捅出一个更厉害的马蜂窝，怎么办？不好办啊！

可能他是"本能拒斥死亡"，将心比心，谁不恐惧死亡？谁不希望自己能好好活着？这种潜意识中的精神之光，极有可能影响这个孩子对当时那个惨烈的战争画面的认知和解读。对！将心比心，可能是无招之招吧！

可能，肯定还有各种"可能"，因为我面对的是一个活生生的、凝聚着各种社会关系总和的人。鲁洁曾经指出："人之为人的特性在于：世界上一切存在都只能是'是其所是'，而唯有人这种存在不仅是'是其所是'，而且还可能是'是其所非'……他既面对着一个无可选择的先在前提，又具有向世界、向历史无限敞开的可能性；他既是规定的经验存在，又是理性的超验存在。"而此刻，列举种种"可能"，既是对自身教学经验和积淀的一种挑战，也是对自身的教学想象力和智慧的一种考量，从某种角度看，更是对自身的教育伦理甚至人性修为的一种叩问。

对可能的种种设想，直接的后果是把自己推向了一个"乱花渐欲迷人眼"的认知眩晕之境。这是因为，第一，只要可能，对"可能"的假设几乎是无限的，你的思维搜索引擎能经受这种无限头绪的检索吗？第二，面对如此繁复的"可能"，你凭什么抉择和判断一定是这种可能而一定不是那种可能？既然你无法认定某种可能，你又如何施行预设的化解之道呢？第三，对自己做出的种种可能设想和种种应变之道，还存在一个前提批判的问题。即：这种设想、这种应变，具有教育学和课程论上的意义和价值吗？如果有，那么存在多大的意义和价值呢？这样一问，前面的种种设想和策略都势必需要重新加以检验，于是，复杂本身将变得更加复杂。这时我才发现，你越是想寻求一条万能之策，你越将表现得无能为力。正如列宁所说："如果要拟定一张包治百病的药方，或者一个适用于一切情况的共同准则，那是很荒谬的。"

毫无疑问，这是一条绝路！陷入认知眩晕中的我这样对自己说。

先把对"智慧"的追求放下吧！不放下又能如何？因为条条大路似乎都无法通向罗马。是的，我也只能放下，不是因为自觉而是起于自馁。真放下了，心反而平静多了。对！静下心来！"知止而后有定，定而后能静，静而后能安，安而后能虑，虑而后能得。"

我倒要看看，静下心来之后又会发生什么。于是，我不再设想各种可能，不再谋划各种化解之道，不再回忆，也不再焦虑和眩晕，我进入了一种"无智亦无得"的状态。第一天，自己的教育觉知确乎不见什么动静；第二天，仍然没有什么动静。直到第三天四更时候，我起来上洗手间，突然，灵光乍现、桶底脱落，化解的根本之道自然而澄明地闪现在我的眼前：回到起点，回到课程论和教育学的起点，这个起点就是"善"，对！止于至善！

孟子曰："恻隐之心，人皆有之；羞恶之心，人皆有之；恭敬之心，人皆有之；是非之心，人皆有之。"善端是人所固有的，孩子的心性因为少受后天种种物欲的习染，必然比成人的我们在善端上更清明、更敞亮才是。

蒙台梭利认为："爱是降生于我们世界的每一个儿童的禀赋，要是儿童爱的潜能得以发挥，或者其全部价值都得以发展，我们就会取得无法计量的成就。……成人为了变得伟大，就必须谦逊，必须向儿童学习。"

在教育的伦理精神的烛照下，我看到了这之前未曾看到的种种美妙的思想和设想：

他是"有意捣蛋"吗？不可能！我宁愿相信不可能！

他是"装酷"吗？不会！我相信他没这个必要！

他是"作秀以引发众人的关注"吗？不需要！我相信他并不缺少关注！

他是"道德认知偏差"吗？偏差也是正常的！

他是"价值观异化"吗？谁的价值观又是真正神圣而崇高的呢？

他是"本能拒斥死亡"吗？太好了！这说明，他的生命意识正在觉醒，敬"生"、爱"生"、顺"生"，不正是一种大善、至善吗？至此，我坚信这就是男孩做出"惊人之举"的唯一可能、唯一理由。

苏格拉底说过，一切别的事物都系于灵魂，而灵魂本身的东西，如果它们要变为善，就都系于智慧；所以推论下来智慧就是使人有益的东西。

我想，此刻我能观照到的唯一的智慧就是：儿童的观念从根本上说都是善的！

唯有基于善的智慧，才是真正的大智！

这一不期而遇的教学灵感，使我突然省悟到，在浮躁的追问中未能解决的种种问题，往往会在某种特定的宁静之境中豁然开朗，有时甚至还会产生前所未有的思维视角和原创性发现。这不正是一个语文教师自身的心灵解放和生命解脱吗？原来，放下真的可能意味着自在啊！

光阴荏苒，白驹过隙，"傻瓜事件"过去了一年多，我也渐至于淡忘这个事件本身，自然包括对化解之道的淡忘，时间真是一副最好的镇静剂，而镇定常常意味着对记忆的不再记忆。

终于有一次，也是机缘巧合，又有人约请我上《我的战友邱少云》，我陡生精神，淡忘的记忆立刻恢复为一种清晰而尴尬的呈现，而最让我期待的，莫过于看到"傻瓜事件"的再度发生，毕竟，我的"思之思之，又重思之。思之而不通，鬼神将通之。非鬼神之力也，精气之极也"的智慧觉醒，尚未经由实践的最后检验。倘使这一"觉醒"能在课堂上经受一番真实情境的淬砺，又倘使这一回归至善的教学智慧在新的课堂情境中真的催生出一个教育奇迹，那该是一番多么幸福又多么深沉的高峰体验啊！

于是，我对此课的流程预设不再做出任何调整和修改，一如"傻瓜事件"时的教学设计，我刻意地来了一番故伎重演。登上讲台，满怀期待又略显紧张的我和一班新的学生一起再次走进了邱少云的故事。这真像是一次课程教学的探险，又像是一次教育伦理精神和实践智慧的寻宝。

《我的战友邱少云》的教学流程进展得出奇的顺利，正一步一步地向着"傻瓜事件"的那个拐点逼近，此前，没有任何迹象表明类似的"傻瓜事件"将在这堂课上、将在这个班级再度发生，因为，学生的表现近乎"完美"——没有发生任何游离于我的教学预设的行为，没有留给我一丝施展课堂机智的空隙。我的内心变得有些失落，甚至开始沮丧，我心想：完了！类似这样的"傻瓜事件"怕真是一次百年未遇的意外。我以羞愧和丧失声誉的代价换来的一次智慧的觉醒，怕是再也没有用武之地了。

正在我胡思乱想、心不在焉的当头，一个小个子男生站了起来，面对《打击侵略者》的视频剪辑，铿锵有力地说道："邱少云，假如我是你，我就打几个滚先将火灭了，说不定这个时候山上的敌人正在睡觉呢。"

全场一片愕然！气氛顿时凝固，所有人的目光都齐刷刷地聚焦到我的身上。"傻瓜"又出现了！意外原来真的可以轮回！一样的语出惊人，一样的全场愕然。而唯一不再轮回的自然是我，因为此刻的我俨然已是一个"苦海无边、回头是岸"的觉者。我内心的喜悦难以言表，盼星星，盼月亮，只盼着"傻瓜事件"再登场。今天，此刻，当下，我终于盼到了！

在全场的一片寂静中，我不露声色地沉默了足足十秒钟。自然，这十秒钟不是用来思考所谓的化解之道，倘若真需思考，十秒钟怕是很难有鬼神会来通知的。这十秒钟，我是用来掌控课堂情绪的节奏，也是借以调整自己行将出招的精神状态。是时候了，我这样对自己说。于是，我清了清嗓子，开始了两个同样忐忑不安的灵魂之间的第一次话语接触：

"孩子，你不希望邱少云死，是吗？"我的声音缓慢而低沉，但字字灌注着我的全部声气。男孩郑重其事地点了点头。

"我理解你的心情，将心比心，谁想死啊？谁不希望自己能好好地活着，是吧？"男孩再次点头，脸上泛起一层被人理解的幸福和得意。

"这样的希望，不光你有，大家也有。不光大家有，我相信，在邱少云的内心深处也一定有——我要活下去。"男孩目光炯炯地对视着我，看得出，他的情感之门正在敞开，他正在小心却又大方地拆除着最后一道心灵的壁障并将我悦纳。

一个富有机智的人表现得具有良好的分寸和尺度感，因而能够本能地知道应该进入情境多深和在具体的情境中保持多大的距离。此刻，我发现自己已经完全找到了这种感觉。于是，我话锋一转，说道：

"但是，作为一名军人，一名以服从命令为天职的军人，此时此刻，面对残酷的战斗形势，面对自己的危险处境，我相信，一定还会有另一种声音在他的内心深处响起。大家听，另一种更加强烈、更加坚定的声音在对他说……"一次短暂而又漫长地等待，我清楚，成败与否在此一举。班上陆续有学生举起手来，三个，五个，九个，马上形成了如林的局面。

"我听到有声音这样对邱少云说，邱少云，你可不能动啊！你一动，身后的整个班、整个潜伏部队都将被敌人发现，战友们将会遭受重大伤亡，如果我一个人的牺牲能够换来战友们的平安，我死也是值得的。"这是一个长得特别灵秀的女孩的发言，听课席中开始有了些微的议论，直觉告诉我，现场的这一效果正在被理解、被认同、被共鸣。

"我听到有声音这样说，邱少云，战友们在望着你，朝鲜人民在望着你，祖国人民在望着你，你是好样的，你一定能够坚持住的。"我有理由相信，以前学过的《黄继光》这一课对他的影响颇为深刻。这孩子，在为邱少云的壮举赋予一种更为宏阔的精神背景和力量源泉。我所期待着的课堂情势正在被学生的发言一步一步地推向高潮。

"我还听到有一种声音在这样对邱少云说，邱少云啊邱少云，你不是希望自己成为一个真正的钢铁战士吗？烈火可以烧毁你的身体，但烈火永远烧不毁你坚强的意志和伟大的精神，你将在烈火中得到永生！"

"哗！"台下一片掌声，热烈而持久。我兴奋得再也矜持不住了，一脸阳光灿烂地握住了那个孩子的手！此刻，任何夸赞、任何评价似乎都是多余的，甚至苍白的，唯有这不言之言、不赞之赞才是高山流水、直抵心灵的美妙对话。一个富有机智的人似乎能感受到什么才是最恰当的行动。

即便此刻有人将孩子们的表现斥之为伪圣、矫情，我也依然愿意坚信这是人性之光的自然闪现。正如周国平面对刚刚出世的女儿所作的表白那样，"你改变了我看世界的角度"。

当儿童成为我们的精神信仰，也许，成人真的能够用五岁的智慧解决人生的各种问题。

第四辑

追求语用学习的意蕴

发现语文

"见"是发现，"不见"则是遮蔽。

"语文"的发现，总是伴随着"非语文"的发现。一如老子所言：有无相生，难易相成，长短相刑，高下相盈，音声相和，先后相随。

要发现"语文"，就得在"语文"跟"非语文"之间划出一条边界来，以我 30 年教语文的经验，这绝对是一件吃力不讨好的事儿。几年前，"语文意识"为我发现"语文"帮了大忙。所谓"语文意识"，"就是在阅读和写作过程中，对如何正确运用语言文字的一种自觉关注。"（王尚文先生语）

换句话说，"语文"的发现，就是"正确运用语言文字"的发现，这几乎成了当前语境下划定"语文"跟"非语文"的唯一标准。那么，觉醒后的语文意识将帮助我们发现怎样的"语文"呢？

还是举例说明吧。

人教版小学语文五下的教材中，有一篇《儿童诗两首》的课文，其中的第二首叫《童年的水墨画》，作者系张继楼先生。诗是这样写的：

街头

听不见马路上车辆喧闹，
哪管它街头广播声高。
书页在膝盖上轻轻地翻动，
嘴角漾着丝丝抹不掉的笑。
阳光从脚尖悄悄爬上膝盖，
也想看"黑旋风"水战"浪里白条"。

溪边

垂柳把溪水当做梳妆的镜子，

山溪像绿玉带一样平静。

人影给溪水染绿了，

钓竿上立着一只红蜻蜓。

忽然扑腾一声人影碎了，

草地上蹦跳着鱼儿和笑声。

江上

像刚下水的鸭群，

扇动翅膀拍水戏耍。

一双双小手拨动着浪花，

你拨我溅笑哈哈。

是哪个"水葫芦"一下钻入水中，

出水时只见一阵水花两对虎牙。

我曾经听一位老师上过这一课，15分钟不到，课就上完了。课后研讨，那位老师说，这首诗对五下的学生来说，实在是太简单了。除了这个"漾"字需要讲一讲、"蹦跳着笑声"需要点一点，还有那个"水葫芦"需要问一问，真没什么可学的。

说实话，若是从诗的内容理解的角度看，那位老师所说也不算太离谱。但这是一堂语文课，语文在哪里？内容的简单一定意味着语文的简单吗？当我们在"语文意识"的烛照下去发现这首诗的"语文现象"时，情况远不是"太简单"所能定性的。

发现一：原来《童年的水墨画》是一首组诗。在小学语文教材中，这可是头一回出现。既然是组诗，它自然就有一些跟"单诗"（"单诗"一词为本人生造，完全是为了方便跟"组诗"区别，至于定义嘛，不说反而更清楚）不一样的地方。譬如：它是由三首小诗组合而成的，这听起来像废话，但啰唆一下却很有必要，毕竟这个"三"是一切组诗的形式基础；再譬如：三首小诗貌似各自独立，实则不然。具体展开说，我们至少能发现组诗的三大基本特点：

第一，诗的主题是高度一致的，无论是街头的读书之乐，还是溪边的钓鱼之乐，抑或江上的戏水之乐，都被"童年之乐"这个主题拥抱着。说是儿童诗，其实更容易发生兴趣的倒往往不是儿童，而是成人。依眼下儿童的生活体验，这样的乐趣对他们而言，不见得就是乐趣。而于成人，譬如我自己，面对这首诗，总是读一回喟叹一回、读一回神往一回、读一回又不免伤感一回。人生大抵如此，当初只道是寻常，回首方悟滋味浓。

第二，诗在结构上也是一致的，"街头""溪边""江上"，清一色以地点为题，倘若把"江上"改为"戏水"，诗意看起来倒是明朗许多，但却坏了组诗的规制，终究是不行的；又如，每首小诗都是六行三句，句末押韵，虽然三首小诗没有一韵到底，倒也无伤大雅，至少比通通不押韵的读起来要有诗味。如果其中的一首小诗多了一行，或者少了一行，看起来似乎无伤大雅，但要较真起来，终归还是不像样。不像谁的样？当然是组诗的样。组诗在外形上好"整饬"，如同排比，内部的小诗之间是不喜错落的。

第三，不光结构，细究起来连写法也是一致的。譬如每首小诗都写到"笑"，街头读书，读到赏心处，嘴角漾着笑，这叫微笑；溪边垂钓，钓到得意处，笑声都跟着蹦起来，这叫欢笑；江上戏水，戏到畅快处，哈哈大笑、再无顾忌，这叫酣笑。"笑"成了这首组诗的主线，尽管在"笑度"（"笑度"一词为本人生造，义近广度、深度、高度等，指笑所表现出来的开心程度）上呈现逐级递升的趋势。其二，每首小诗的第一句，通常写环境，如街头的车辆喧闹、广播声高，溪边的垂柳梳妆、溪水平静等；第二句通常写事件，如书页在膝盖上轻轻地翻动，钓竿上立着一只红蜻蜓，一双双小手拨动着浪花；第三句通常是事件细节的一个特写，全诗的情趣和意境往往浓缩在这个特写上，这也就是所谓的诗眼了，如阳光也想看，拟人处意趣盎然，如草地上蹦跳着鱼儿和笑声，将听觉和视觉打通，别有一番情味，又如"水葫芦"出水时只见一阵水花两对虎牙，信手拈来的借喻，两对虎牙的特征刻画，将童年的烂漫和快乐皴染得淋漓尽致。当然，组诗的写法在细微处尚有些许变化，如第三首小诗的第一句就没有写环境，而是直奔事件，想来这既跟整首诗的节奏变化有关，如果三首小诗的写法高度一致，难免会有板滞之嫌，也跟情绪的生发有关，戏水乃是整首诗的情绪高峰，当快乐的情绪喷薄而出时，若是硬生生地横插一个环境描写，诗意上反而显得隔了。

发现二：诗题《童年的水墨画》，很有些嚼头。"水墨画"自然是一种借喻的说法，并非真的在诗中有什么水墨画。但即便是借喻，总还是有特征上的关联在。这就得先了解一下水墨画的特征，水墨画都有些什么特征呢？第一，便是作画工具的纯粹，纯粹用水墨作画，墨色是唯一显化的颜色，偶尔会有例外，用一点极中国的朱砂、石青等，但一定只是点缀，不会大片涂染。墨为色，水是魂，水墨画的精髓全在一个"水"字上。第二，写意不写实。用明代徐渭的话来说，水墨画是"不求形似求生韵"的。因为不求形似，所以用笔往往极简约、极凝练，形在似与不似之间；因为但求生韵，所以所画之物极传神、极生动，有境界自成高格，所谓的"画中有诗"，多指水墨画。

那么，我们现在来品一品这"诗中有画"，《童年的水墨画》是否也契合了水墨画的这些特征呢？先来看第一个特征，其色为墨不太好说，全诗除了"黑旋风"沾点墨色，其余的硬要往墨色上靠，不免"冬烘"。但就"其魂为水"言，全诗倒真是用了意的。溪边是水，以静为主；江上是水，以动为主。可谓一派水色、水汽淋漓。最为用意的，当数第一首小诗，明明没有水的，作者偏要在书里翻出一片水浪来，"黑旋风"水战"浪里白条"。仿佛是怕有些个比较"二"的读者不明就里，作者还煞费苦心地在"战"前泼上一个"水"字，以示此诗的"水性洋画"。不仅如此，用意之妙更在别处：由街头到溪边再到江上，离水愈来愈近，仿佛作画，开始用水少而精，点到为止，越往后用水越大胆，终至于大片泼洒、汪洋恣肆，此其一；其二，街头"水战"与江上"水战"遥相呼应，一虚一实、一静一动，非匠心者怕难有这等妙思。

以上所说，还只在一"水"字上。水墨画还有一大特点，即"写意为上"，用笔极凝练，用意极丰赡。我们读"街头"，意趣全在一"光"字上，阳光从脚尖悄悄爬上膝盖，时光很从容、岁月极静好，生命的态度投射在阳光上，仿佛阳光也成了一位安静的读者；我们读"溪边"，情味全在一"声"字上，扑腾一声，草地上蹦跳着鱼儿和笑声，于是，笑声也有了生命的质感和姿态；我们读"江上"，神韵则全在一"形"字上，一阵水花两对虎牙，一个大大的特写，就这样定格在出水的瞬间，也定格在读者的心上，每每回味，总会对童年的稚气与天真忍俊不禁。作画讲究"炼意"，作诗又何尝不是如此？"百锻为字，千炼成句"想来绝非虚言，好的诗意是炼出来的。

发现三：这毕竟还是一首儿童诗。"儿童"在这里不仅是一段特殊年龄的生物学标识，更是人类接触世界、理解世界、对话世界的一种特殊方式，因此，"儿童"从本质上讲是一种文化的存在。《童年的水墨画》，是儿童的精神世界与他所处的现实世界相互接触、理解和对话的结果。在这首诗中，抒写的情感是儿童式的，无论读书的微笑、垂钓的欢笑，还是戏水的酣笑，都是一种干净而纯粹的快乐，儿童绝不掩饰自己的喜怒哀乐，儿童的情感总是直接的、直觉的，也因此是最为真诚的，笑也简单、哭也简单，不像成人会有太多的压抑和变形。我们读这首诗，情绪很容易受到感染，就是因为儿童以他们天性的率真和至诚让我们彻底放下内心防卫，我们终于可以全然敞开自己的生命去接纳和感受那份已经逝去的童年之乐。

不光情感，诗的想象也是儿童式的。在儿童通过想象而诗化的世界里，花儿会笑、鸟儿会唱、草儿会舞、鱼儿会说……读《童年的水墨画》，类似的儿童式想象总能让我们击节称奇，譬如：连阳光也想看"黑旋风"水战"浪里白条"，阳光在这里成了儿童生命的延展，这是典型的儿童式想象，即所谓的"诗性智慧"；再譬如：草地上蹦跳着鱼儿和笑声，笑声在这里成了儿童生命的舞者，那一刻，儿童的整个世界只有生命在活蹦乱跳；又譬如：像刚下水的鸭群，扇动翅膀拍水戏耍。孩子是鸭群，手臂是翅膀，这种联想，以明喻或借喻的手法，展现着儿童式思维的最基本特征。

当然，诗是语言的艺术，情感和想象总是通过语言来实现的。这首诗的语言，就更是儿童式的。语言的整体风格，浅近平实，明白如话，一读就知道是首儿童诗，但这并不妨碍诗的意境和韵味。细嚼起来，浅近的语言中蕴含着颇为深远的情味和意趣，如嘴角的笑是"漾着"，笑如水波似的，细细地、一圈一圈地漾开来。"漾着"一词既暗合了"水墨画"的韵致，也传神地摹写了那份长长的读书兴味，极见功力。再如，钓竿上立着一只红蜻蜓，"立着"看似浅近，其实很有味道。若改为"站着"，则嫌太重，不如"立着"轻盈；若改为"停着"，则嫌太实，不如"立着"空灵；若改为"歇着"，则嫌太露，不如"立着"含蓄。而"立着"一词，正如水墨画的烘托之法，其意在让读者真切感受那一刻的平静，享受不急不躁、从容等待的垂钓之乐。

以上所述，便是所谓"语文"的发现。就诗的内容而言，确乎很"儿童"，简单到只需通读一遍，意思再无隐晦之处。但就诗的"语文"来说，断乎不是读上一遍、两遍就能完全明了的。从语文的角度考量这首诗，小学生可读、中学生可读、大学生甚至研究生也未尝不可读，语文是个无底洞。

我并不赞成将上述关于语文的发现一股脑儿地塞给学生，尤其是阅历不深、思维不强的小学生。发现"语文"是一回事，将所发现的"语文"加工成可接受的教学内容则是另一回事，前者是阐释学的，后者是课程论的。但这绝不意味着可以凭此借口，放弃一个语文老师对"语文"的无止境的发现。试想，一个从未发现过"语文"的语文老师，焉能上好语文课？一个从未在发现"语文"的过程中享受过体验和思考乐趣的语文老师，焉能带孩子们在语文课上享受发现语文的乐趣？一句话，以其昏昏，如何使人昭昭？

但是，"见"总是意味着某种"不见"，就在我为语文的发现沾沾自喜的时候，更纠结的问题却接踵而来。其一，纯粹的阅读（不关注任何语用的阅读，也是最自然的阅读）就一定是"非语文"吗？其二，在未能正确理解语言文字的前提下，我们对语言文字运用的关注究竟能走多远吗？其三，看得见的运用（诸如谋篇布局、遣词造句、写作方式、修辞手法等）倒还不难，看不见的运用（诸如言说动机、创作激情、言语智慧、炼意构思等）又该如何关注呢？

这样说来，语文的发现远非上述内容所能涵盖。"语文"和"非语文"，剪不断、理还乱；"非语文"和"语文"，欲说还休、欲说还休。我甚至担心，过早地为"语文"和"非语文"划界，有可能作茧自缚、画地为牢，未必是一件好事儿。一如我们观赏水墨画，但知有水处是水，却不知无水处皆是水，而那才是水墨画的神。

语文之神，居于何所呢？见与不见，它都在那里。

文本秘妙：语用学习的密码

什么叫文本秘妙？文本秘妙和语用学习有什么关系呢？

一、发现文本秘妙

带着这样的疑惑和期待，我们先来解剖一只"麻雀"吧。什么叫文本秘妙呢？我们看这篇课文——

长城

远看长城，它像一条长龙，在崇山峻岭之间蜿蜒盘旋。从东头的山海关到西头的嘉峪关，有一万三千多里。

从北京出发，不过一百多里就来到长城脚下。这一段长城修筑在八达岭上，高大坚固，是用巨大的条石和城砖筑成的。城墙顶上铺着方砖，十分平整，像很宽的马路，五六匹马可以并行。城墙外沿有两米多高的成排的垛子，垛子上方有方形的瞭望口和射口，供瞭望和射击用。城墙顶上，每隔三百多米就有一座方形的城台，是屯兵的堡垒。打仗的时候，城台之间可以互相呼应。

站在长城上，踏着脚下的方砖，扶着墙上的条石，很自然地想起古代修筑长城的劳动人民来。单看这数不清的条石，一块有两三千斤重。那时候没有火车、汽车，没有起重机，就靠着无数的肩膀无数的手，一步一步地抬上这陡峭的山岭。多少劳动人民的血汗和智慧，才凝结成这前不见头、后不见尾的万里长城。

这样气魄雄伟的工程，在世界历史是一个伟大的奇迹。

这篇课文，如果请中央电视台的某个主持人来朗诵，你会请谁呢？有人请赵忠祥，可以；有人请朱军，肯定不行。要我请，我就请《国宝档案》的解说人——任志宏。为什么？因为文章的情感基调决定着任志宏凝重、内敛的声音表现力是朗诵这篇课文的最佳人选。其实，我说的这一点，已经触及文本秘妙了。

那么，这篇课文究竟隐藏着哪些文本秘妙呢？

我觉得，"结构"是它的第一个秘妙。从文章的整体来看，先写什么？见闻；后写什么？联想。除了见闻和联想还有别的什么吗？没了。文章一共4个自然段，一、二两段写见闻，三、四两段写联想。通篇先写见闻后写联想，这是文本在结构上最大的秘妙。如果你的眼睛只盯着《长城》的内容，那么，你是不可能发现这个秘妙的。

"章法"是它的第二个秘妙。这篇文章有什么章法呢？它的章法就是典型的"起承转合"。大家看，第一段，起——"远看长城，它像一条长龙，在崇山峻岭之间蜿蜒盘旋。"第二段，承，"承"就是承接、承续，顺着"起"的内容和语势写下去——"从北京出发，不过一百多里就来到长城脚下。"第三段，转，"转"是转折、转换，就章法而言，转是最难写的部分——"站在长城上，踏着脚下的方砖，扶着墙上的条石，很自然地想起古代修筑长城的劳动人民来。"还写长城吗？不写了；写什么呢？修筑长城的劳动人民。无论从内容还是从语势上看，这都是一种转折、转换。第四段，合——"这样气魄雄伟的工程，在世界历史是一个伟大的奇迹。"在这里，"合"起到一个总结、提升的作用，"伟大的奇迹"正是点睛之笔，文眼在此。

"语言"是它的第三个秘妙。《长城》的话语风格可以概括为两个关键词，第一是"平实"，第二是"精确"。不要以为平实很容易哦，"绚烂至极归于平淡""清水出芙蓉，天然去雕饰"，那是一种很高的语言品位。"平实"中见出"精确"来，就更难了。朱光潜先生说语文的精确、妥帖绝非易事，它需要尖锐的敏感，极端的谨严和极艰苦的挣扎。比如"站在长城上"，很平实。如果把它改成"走在长城上"，行吗？不行。"走"不庄重，不敬畏。面对伟大的奇迹，你的感觉是什么？肃然起敬。所以，你必得

"站着"，而不是"走来走去"。再看这个"踏着脚下的方砖"的"踏"字，改为"踩"，行吗？你踩的是谁呀？是我们的长城啊！"踩"轻浮，"踏"庄严，这就是"平实"中见出的"精确"。再看第三个"扶"字，"扶着墙上的条石"，敬重之情油然而生。不信，你换一个，"摸着墙上的条石"，你摸谁呀摸？！行吗？不行。简简单单三个字，背后的情味是什么？是对长城的无限崇敬。作者显然是怀着一种朝圣般的心情看长城、写长城的。平实的语言，表达的情感却是如此精确、妥帖，这就是高品位的文字。

"基调"是它的第四个秘妙。我仔细统计过全文的标点符号，全是逗号、句号、逗号、句号，中间倒是出现过两个顿号，除此之外，还是逗号、句号、逗号、句号，不曾出现一个叹号。就句式的角度看，文本只有陈述句，没有疑问句、祈使句和感叹句。这说明什么呢？说明全文的情感基调是高度内敛和凝重的。其实，文中有些语句是可以改写成感叹句的。譬如："远看长城，它像一条长龙，在崇山峻岭之间蜿蜒盘旋"可以改为"远看长城，它多像一条长龙，在崇山峻岭之间蜿蜒盘旋！"再譬如："多少劳动人民的血汗和智慧，才凝结成这前不见头、后不见尾的万里长城"可以改为"多少劳动人民的血汗和智慧，才凝结成这前不见头、后不见尾的万里长城啊！"还譬如："这样气魄雄伟的工程，在世界历史上是一个伟大的奇迹"可以改为"这样气魄雄伟的工程，在世界历史上真是一个伟大的奇迹啊！"三个叹号一加，感情似乎变得强烈了，但是，全文的情感基调却因此被冲淡、被破坏了。说白了，还是作者对长城的情感态度问题。长城是伟大的奇迹，就这样默默矗立了数千年，坚强、刚毅、庄重，它不需要任何人扯着嗓子喊"来看啊！快来看啊"，这叫"吆喝"，是小摊小贩的行为。长城的静默，才能显出它的雄伟和恢宏。因此，文本这种情感基调是最切合长城的特征的。

"顺序"是它的第五个秘妙。它的宏观顺序当然是先写见闻、后写联想。但是，就中观和微观的层面看，文本的写作顺序一样值得我们加以关注。我们看：写见闻，"远看长城"，其实这个"看"字应该换一个字眼儿，远"望"长城，是吧？然后呢，就写"来到长城脚下"，这叫由远到近。再看，写联想，"站在长城上，踏着脚下的方砖，扶着墙上的条石"，这是现实。"想起古代修筑长城的劳动人民来"，这叫历史。写联想，由现实到历史，一种自然而然的逻辑顺序。

"句法"是它的第六个秘妙。《长城》一文的句法当然有很多秘妙，我觉得最有特点的是两处：第一，是它的数据说明。第二，是它的还原比较。这篇文章中出现了太多的数据，比如："一万三千多里""一百多里""五六匹马""两米多高""三百多米""两三千斤重"等等，大量的数据运用说明什么？精确，精准。长城如此神圣，不允许你对它有丝毫的扭曲和夸张，它是什么就是什么，它甚至不需要形容词。这是句法上的第一个特点。再看第二个特点，"那时候没有火车、汽车，没有起重机，就靠着无数的肩膀无数的手，一步一步地抬上这陡峭的山岭。"这种写法叫还原比较。哪里是"还原"呢？"无数的肩膀无数的手，一步一步地抬上这陡峭的山岭"。这是作者看到的吗？不，这是作者想到的，这叫"想象还原"。把五百年前、一千年前的画面和场景通过自己的想象还原出来。还原以后呢？比较。"那时候没有火车、汽车，没有起重机"，这叫比较。通过还原比较，我们深切地感受到长城施工的艰难。无数肩膀，无数双手，无数汗水，无数鲜血，无数个生命才筑就了举世闻名的万里长城。所以说，长城不是条石筑成的，是我们的祖先用他们的血肉之躯筑成的。

"长城"是它的第七个秘妙。我不知道各位对长城之长是如何理解的，"长城"的秘妙不在"城"，因为城到处都有，而在"长"。事实上，长城之长既是空间的又是时间的，而无论是空间之长还是时间之长，我们可能都缺乏充分的解读。比如"从东头的山海关到西头的嘉峪关，有一万三千多里。"这是写长城的空间之长。我们以为长城只有一万三千多里，其实错了，长城从战国时候开始修，修到秦，修到汉，修到唐，修到宋，修到明，康熙不再修长城了。前后一共修了多少呢？十万多里啊！纵横十万里，这是空间之长。还有时间之长，长城是古代修筑的，世界上没有哪个民族像中华民族一样用将近两千年的时间来修筑一道军事防御设施。上下两千年，这是时间之长。所以，长城之长，既是一个空间的概念，也是一个时间的概念。

"奇迹"是它的第八个秘妙。都说长城是一个伟大的奇迹，那么，奇迹体现在哪儿呢？第一是它的"气魄雄伟"，"像一条长龙，在崇山峻岭之间蜿蜒盘旋"写出的正是这种气魄。第二是它的"构造精巧"，细细研究长城的构造，我们发现，垛子就像盾牌一样可以躲避敌人的进攻，瞭望口可以安全地观察敌情变化，射口可以用来放箭射敌，城台则可用于屯兵，打仗的时候城台之间可以互相呼应。看似简单的设计，实则具备观察敌情、攻击敌人、躲避进攻、互相支援等多种军事防御功能，可谓匠心独具、举世无双。第三是它的"施工艰难"，完全凭人力在陡峭的山岭上修筑起如此巨大的工程，不可谓不艰难。第四是它的"工程浩大"，据计算，如果用修筑长城的砖头和条石，筑成一道宽 1 米、高 5 米的墙，这道墙可以环绕地球 1 周多。

"图腾"是它的第九个秘妙。编者为什么选《长城》？《长城》被放到"世界遗产"这个主题单元当中，而且是作为第一课出现的。很显然，长城不是一个简单的建筑工程。那么，长城是什么？是文化遗产。从文化的角度看，"长城"是中华民族的一个重要的历史记忆和精神图腾。那首家喻户晓的歌曲《我的中国心》中，不是有"长江长城，黄山黄河"的歌词描写吗？《长城》一文的开头，用长龙比喻长城，显然也有深意在。长龙长城，既有形似更有神似。龙是中华民族的图腾，是我们先民诗性智慧的创造。长城同样是中华民族伟大的创造，经过数千年的绵延和积淀，它已经成为我们民族凝聚人心、有别外族的又一个文化图腾。这种神似，才是更加本质的东西。试想，将长城比作"长蛇""巨蟒"又会如何呢？

"主题"是它的第十个秘妙。《长城》一文的主题是什么？怀古，睹物思人。余秋雨先生指出：中国传统文学的最大抒情主题，不是爱，不是死，而是怀古之情、兴亡之叹。《过秦论》是怀古，《阿房宫赋》是怀古，《前赤壁赋》《后赤壁赋》是怀古，《甲申三百年祭》也是怀古。作为一种文学传统，我们同样在《长城》一文中看到了它的印记。当然，《长城》的怀古已经有了现代人的视野和观念，那就是——人民才是创造历史的动力。

对《长城》的文本秘妙我做了上述分析，一共抠出了 10 条。当然，细究之，肯定不止 10 条的。现在，通过解剖麻雀，我们大体上可以对"文本秘妙是什么"做一个简单的梳理和概括了。

那么，什么是文本秘妙呢？

从表达的角度看，文本秘妙就是"人人心中有，个个笔下无"的文本特征。我们平时在阅读中，常有这样的体验：哎呀！这个不正是我想说的吗？他写的怎么跟我心里想的一模一样啊？但是，我却写不出来。因为，个中秘妙非我所能知、所能会。

从接受的角度看，文本秘妙就是读者既感到熟悉又感到陌生的文字表现与存在。完全熟悉的文字表达不是秘妙，完全陌生的文字表达也谈不上秘妙。在熟悉与陌生之间，你找到了秘妙的存在。

从比较的角度看，文本秘妙就是文本与众不同的特色与个性，是文本的"这一个"而不是"这一类"。注意，是这个文本独有的个性，个性越鲜明，秘妙越精彩。

从语言的角度看，文本秘妙就是隐藏在话语背后的语言创造和价值。文本秘妙是一种语言的创造，不管是怎样的秘妙，一定栖身于不朽的文字中。

二、确立语用核心价值

但是，问题又出来了。啊呀！这么多的秘妙，你叫我怎么办呀？难不成"饭馆里端菜——和盘托出"吗？那也得看看这是一桌怎样的菜呀，满汉全席，饕餮大餐。别说学生吃不消，咱做语文老师的又有几人吃得了呢？

确实，这是一个非常关键又非常棘手的问题。文本秘妙解决了文本"有什么"的问题，但是，"有什么"不可能、也不必要全部转化为"教什么"的问题。这就需要我们对文本秘妙进行深入处理和加工，哪些可以转化为教学内容，哪些可以暂时悬置起来，哪些可以相互整合为一个独立组块？这就是我紧接着要讲的"确立语用核心价值"的问题。

关于"语用核心价值"，郑桂华老师在《语文有效教学：观念·策略·设计》一书中有过独到而精辟的阐释。她指出："一篇课文在存在许多教学价值点的情况下，教学设计不仅应该关注文本的核心价值，更要抓住'语文核心价值'。重点挖掘课文隐含的语文学习价值，重点训练学生对语言的感受能力和表达能力，重点完成语文课应该完成的教学目标，而适当弱化文本中可能隐含的其他教育价值，比如科学普及价值、社会生活认知价值、思想品德养成价值、生活能力指导价值等，一句话，尽量把'语文课'上成真正的'语文'课。"

那么，如何甄别和筛选各项文本秘妙中的"语用核心价值"呢？

第一，看一看这个秘妙有没有语用特征。

什么叫语用特征呢？概言之，就是"用语言文字去表达"，就是言说、书写。如果我们从动词的角度来看语用，就能准确地把握"语用特征"了。明白了语用特征，我们回头来看一看《长城》的10条文本秘妙。第一条是"结构"的秘妙，语用特征明显；第二条是"章法"的秘妙，语用特征明显；第三条是"语言"的秘妙，语用特征明显；第四条是"基调"的秘妙，语用特征明显；第五条是"顺序"的秘妙，语用特征明显；第六条是"句法"的秘妙，语用特征明显。第七条是"长城"的秘妙，涉及对长城之长的理解，属于内容和含义层面的秘妙，语用特征不明显；第八条是"奇迹"的秘妙，涉及对"奇迹"内涵的解读，语用特征不明显；第九条是"图腾"的秘妙，涉及长城在文化精神层面上象征意义的解读，语用特征不明显；第十条是"主题"的秘妙，涉及对"怀古意蕴"的现代阐释，语用特征不明显。通过上述分析和判断，我们可以把后面4条秘妙先拿掉。

第二，看一看这个秘妙有没有文本个性。

所谓"文本个性"，就是在同类文本中，这一秘妙是否属于这个文本独有的特征，就是文本的"这一个"。这种个性化的特征可能是显性的，也可能是隐性的，但是一旦被解读出来，往往就被公认为是该文本的主要特征。

我们来看一看剩下的6条秘妙，它们都有着明显的语用特征，但是，哪些是这个文本特有的个性，哪些却是同类文本共有的特征呢？第一条是"结构"的秘妙，从整体上看，先写见闻后写联想。据我所知，先写见闻后写联想的文章不少，比如巴金的《鸟的天堂》，其中就有不少先写见闻后写联想的，如"那翠绿的颜色，明亮地照耀着我们的眼睛，似乎每一片绿叶上都有一个个新的生命在颤动"。但这只是局部的、语句的写法，而非全部、整体的写法。因此，在整体上采用"先写见闻后写联想"的结构方式，确实是《长城》文本独有的个性。第二条是"章法"的秘妙，起承转合，章法极其严谨、整饬，这在散文中是极其罕见的。倒是古诗中，尤其是七绝中经常看到这类章法。比如王之涣的《凉州词》，"黄河远上白云间"，起；"一片孤城万仞山"，承；第三句什么呀？转了，"羌笛何须怨杨柳"，用一个否定句式转到笛声的意象上来，这个叫转。七绝最难写的就是这一句，转。转得不好，就一落千丈，掉下去了。转得好就是"山重水复疑无路，柳暗花明又一村"，转出一种新的境界来。最后是合，"春风不度玉门关"。再比如苏东坡的《饮湖上初晴后雨》，"水光潋滟晴方好"，起；"山色空蒙雨亦奇"，承；后面要转啦，不能再写湖光山色了，写什么？"欲把西湖比西子"，转了，转出一个新的境界来，"淡妆浓抹总相宜"，这叫合。这类章法，古诗中常见，但是现代散文却不常见。因此，"章法"也是《长城》独有的个性特征。再往后面看，第三条是"语言"的秘妙，平实、精确。类似这样的语言风格，显然不只是《长城》才有，我们读过的很多文本都有这种风格倾向，譬如叶老的《爬山虎的脚》、丰子恺的《白鹅》等，都属于这类语言风格，因此，这一条不能算。第四条是"基调"的秘妙，感情凝重、内敛，这类基调的文本我们见得也不少，像《十六年前的回忆》《我的伯父鲁迅先生》等，因此，这一条也不能算。还有，第五条的"顺序"、第六条的"句法"，都能在别的文本中经常看到，因此，它们也不能算。于是，就"有没有文本独特的个性"来看，就剩一、二两条秘妙了。

第三，看一看这个秘妙有没有统领功能。

什么叫统领呢？就是从这个秘妙出发，能整体地把握文本的内涵，能提纲挈领、纲举目张，能牵一发而动全身。我们来看剩下的这两个秘妙，先说"结构"吧，从整体看，先写见闻后写联想，因此，从这个秘妙出发，就能将全文的内容一网打尽，显然，它有统领的功能。再说"章法"，按"起承转合"的思路来解读全文，既是可行的，更是高效和简约的，因此，它同样具有统领的功能。看来，"有没有统领功能"这一梳理标准还不足以让我们最终确立哪个秘妙具有语用核心价值。

第四，看一看这个秘妙有没有迁移价值。

什么叫迁移？拿来让孩子学习、模仿，举一反三，能在新的语境和情境中运用这一秘妙。我们先看"结构"，让学生模仿"先写见闻后写联想"这一结构方式进行构思谋篇，可以吗？应该是可以的，特别是对高段学生。"语文课程标准"第三学段对习作就提出了这样的目标："养成留心观察周围事物的习惯，有意识地丰富自己的见闻，珍视个人的独特感受，积累习作素材。"那么，这一条就可以判定为有迁移的价值了。再看"章法"，让学生的文章写出"起承转合"的套路来，不是不行，而是偏难，也许对尖子生可以，但是对于面向全体学生，则要求拔高了。因此，这一条就不能算了。

至此，我们就很清楚地发现，结构上的"先写见闻后写联想"是《长城》这个文本的语用核心价值。我们常说"一课一得"，常说要抓住重点，常说"伤其十指不如断其一指"，但在日常教学中，往往是凭经验设计。现在，有了这样一个相对科学的筛选和甄别机制，那么，这些经验之谈就有可能真正迈向语文课程方法论的轨道了。

三、围绕语用核心价值展开设计

现在，我们可以大胆放心地围绕这个"语用核心价值"展开我们对《长城》的教学设计了。我们将《长城》的教学构思分成这样三个大的板块——

第一个板块是"品读形象"。围绕"先写见闻"的"见闻"展开教学，主要抓两个问题：第一，看到了什么？"看到什么"指向作者的"见闻"；看到这样的长城，作者涌起了怎样的感情？"怎样的感情"指向见闻背后的文化意蕴。第二，是哪些字眼和语句流露着这种感情？这是由思想内容出发重新返回到语言文字上来，关注语言、擦亮语言、揣摩语言，走的是一个完整的来回。第一板块集中解决"见闻"的问题。

第二个板块是"追思历史"。围绕"后写联想"的"联想"展开教学。主要抓三个问题：第一个，想到了什么？又涌起了怎样的情感？"想到什么"指向作者的"联想"。第二个，哪些字眼和语句流露着这样的感情？时刻不忘回归语言本体。第三个，写长城，只写看到的行吗？为什么？写作者的联想好处是什么呢？这里，引导学生发现"见闻"和"联想"之间的认知逻辑和情感逻辑是至关重要的。否则，见闻归见闻、联想归联想，井水不犯河水，那就不行了。

第三个板块是"抒写英魂"。长城的见闻与联想之间是什么关系呢？前面大量写条石写方砖写建筑材料，后面写劳动人民怎么把这些材料运送到崇山峻岭上，两者之间有密切的逻辑关系，这是作者的一种写法。还有没有别的写法、做别的联想呢？细读之，我们发现，有的。譬如：文本中还大量出现这类字眼儿："瞭望""屯兵""堡垒""射击""打仗"等，看到这些字眼儿，你会作何联想呢？会想到古代修筑长城的劳动人民吗？不会。想到什么呢？想到狼烟四起，烽火连天，马嘶人喊，刀光剑影；想到"秦时明月汉时关，万里长征人未还"；想到"羌管悠悠霜满地，人不寐，将军白发征夫泪"。是不是？因为，长城是军事工程，是防御设施，是戍边镇关、保家卫国的。我们也会自然地想起那些在长城上下戍守边关的将士们。于是，你就可以引导学生用文字做出这样的联想：站在长城上，扶着成排的垛子，望着高耸的城台，很自然地想起那些坚守边关的将士们＿＿＿＿＿＿＿。在这里，读写之间得到了有效互动。撑起这一互动的正是文本秘妙中的语用核心价值：先写见闻后写联想。

我们都说语文教学要告别内容分析。怎么告别呢？我以为文本秘妙是告别内容分析的一把金钥匙，所以，指向文本秘妙的语用教学是坚守语文本体的语用教学！指向文本秘妙的语用教学是走向优质高效的语用教学！指向文本秘妙的语用教学是促进专业成长的语用教学！指向文本秘妙的语用教学是充满浓浓诗意的语用教学！让我们用自己的慧眼去发现文本秘妙、确立语用核心价值吧！

从 "语感" 到 "境感"

《花钟》一文，说明了不同的花会在不同的时间开放以及其中的科学道理。语言准确、生动、富有变化。课文的第一自然段是这样写的——

> 鲜花朵朵，争奇斗艳，芬芳迷人。要是我们留心观察，就会发现，一天之内，不同的花开放的时间是不同的。凌晨四点，牵牛花吹起了紫色的小喇叭；五点左右，艳丽的蔷薇绽开了笑脸；七点，睡莲从梦中醒来；中午十二点左右，午时花开花了；下午三点，万寿菊欣然怒放；傍晚六点，烟草花在暮色中苏醒；月光花在七点左右舒展开自己的花瓣；夜来香在晚上八点开花；昙花却在九点左右含笑一现……

针对这段课文的某些语用特点，编者设计了这样一道课后练习题：

> 课文用不同的说法来表达鲜花的开放，我们来填一填，再体会体会。
>
> 牵牛花 <u>吹起了紫色的小喇叭</u>
>
> 蔷 薇 _____　　睡 莲 _____
>
> 万寿菊 _____　　烟草花 _____
>
> 月光花 _____　　昙 花 _____

从这个练习的内容来看，编者的语感显然聚焦在开花的各种不同写法上，且不同的写法有着鲜明的修辞特点。因此，仅从语感的角度看，这个设计无可厚非。

但是，如果我们从境感的视角看，这段文字又有怎样的表达特点呢？

第一，正如编者所见，课文对开花的表达选择了不同的说法。

文章按照开花时间的先后顺序，一共列举了九种花，除了午时花、夜来香直接使用"开花"一词来表达外（这也是编者在练习设计中有意删除这两种花的原因所在），其余的花都选择了不同的说法：

牵牛花开花被表达为"吹起了紫色的小喇叭"；

蔷薇开花被表达为"绽开了笑脸"；

睡莲开花被表达为"从梦中醒来"；

万寿菊开花被表达为"欣然怒放"；

烟草花开花被表达为"在暮色中苏醒"；

月光花开花被表达为"舒展开自己的花瓣"；

昙花开花被表达为"含笑一现"。

有意思的是，这些表达方式同出一辙，即都使用了在修辞上被称之为"拟人"的手法。也有人认为月光花"舒展开自己的花瓣"不能认定为拟人，理由是"舒展"只是一个动词，人和物都可以使用。这样说，当然也通，但到底还是"冬烘"了点。细究起来，"舒展"固然是一个表示展的动词，"舒"和"展"从构词方式看虽然属于同义互训，即"舒"者"展"也、"展"者"舒"也，但是与"展开"比，它多少总还带点情绪色彩在里面，舒服的、自由的、从容的。因此，"舒展开自己的花瓣"也可以认定为拟人。

一般而言，拟人的表达通常富含文学性，因此也常常给人以生动的、形象的、灵活的文字体验。

编者之所以设计这个练习，用意大抵也在这里。但问题的关键恐怕还不在这里，同样是拟人，为什么牵牛花之"拟"和蔷薇之"拟"却大有不同呢？为什么月光花被"拟"成这样而昙花却被"拟"成那样呢？这是我们要进一步思考的问题。

第二，不同的说法只为彰显不同的花有着不同的特征。

试想，牵牛花开花可以表达为"从梦中醒来"吗？蔷薇开花可以表达为"吹起了紫色的小喇叭"吗？同理，万寿菊开花可以表达为"含笑一现"吗？昙花开花可以表达为"欣然怒放"吗？

显然都不行。通过置换对比，我们不难发现，之所以"拟"成这样而不"拟"成那样，背后是隐含着表达意图的。这意图，便是对某种花的特征的准确模拟。

说昙花"含笑一现"，那是因为昙花开放的时间极短，故有"昙花一现"之喻。

说牵牛花"吹起了紫色的小喇叭"，一是因为此花的颜色多为紫色或白色，二是因为此花开放时的花冠常常呈现为喇叭状。

说睡莲"从梦中醒来"，纯粹是因为此花的花名叫"睡莲"，因为是"睡莲"，才有"从梦中醒来"一说。如果把"蔷薇"写成"从梦中醒来"，就显得有点莫名其妙了。

因此，拟人之生动、形象只是一种表象，背后的实质乃是准确地拟写出花的某种特征来。

说明性的文字，"准确"常常是它的表达底色。生动也罢，形象也好，倘若失却了"准确"这一底色，则任何所谓的文学性努力都将付诸东流。

第三，同样写开花，有的说法生动些、有的说法平实些，行文就有节奏感。

一个词用得好不好，一句话写得好不好，单单拈出这个词、这句话来说事，没有意义。只有将这个词、这句话置于特定的语境之中，好坏优劣才能有所判别。

在前述那个练习设计中，编者之所以删除"午时花"和"夜来香"，个中缘由极有可能就是认为"开花"这种说法太过平实，不值一学。而这样的审美观点，也是广大一线语文教师的普遍意识。由此给学生造成的印象是："开花"写得不好，只有像"吹起了紫色的小喇叭""绽开了笑脸""欣然怒放""含笑一现"才写得好。这种从小形成的语言经验，对于学生今后的语言发展乃至思维和精神的发展往往会产生相当负面的影响。

如果一定要按照这种文字的审美逻辑，那么，午时花的开花不妨改写成"中午十二点左右，午时花在阳光下露出迷人的笑容"，而夜来香的开花则不妨改写成"夜来香在晚上八点吐出浓郁的芳香"。这样写不是不可以，把这两句话代入整个语段中，也许确能博得"多么生动、多么形象"的赞誉之辞。但是，如果我们细细地读一读这段修改后的文字，总给人一种甜腻、媚俗的感觉，再严重一点说，会有粉饰造作、累赘拖沓之嫌，而原文所显见的那种当雅则雅、当俗则俗、曲而有致、直而不白的文字节奏则已荡然无存。

这种节奏感，只有在整个语境中，在文字与文字的相互关系中，在语言的各种落差形成的张力中，才能有所体会和感悟。

也许，就"开花"一词本身而言，确乎直白了些、平实了些，但当这两个词间隔地进入到整个语境之中，其实际产生的表达效应已经不是"开花"这个词本身所能界定得了的。正是它本身的直、白、俗、平，给了整段文字以呼吸的间歇、涌浪的平静，正是这两个最不被待见的字眼，将整段文字照顾得张弛有度、疏密有致、富有音乐的节奏美。

第四，同样写开花时间，有的用"左右"，有的不用"左右"，用意也在避免文字的板滞。

如果我们单独拈出某一种花来，一个用"左右"，一个不用"左右"，那么，在解读上就有可能出现两种不同的情况。

譬如，我们拈出这一句："凌晨四点，牵牛花吹起了紫色的小喇叭"。这句话一旦离开原来的生存语境，则我们的解读会变成：牵牛花的开花非常准时，不早不晚，掐着点在凌晨四点开放。

而我们拈出另一句来："五点左右，艳丽的蔷薇绽开了笑脸"。这一句的解读则会是：蔷薇开花的时间是一个区间，它可能比五点早一点开放，也可能比五点晚一点开放，当然也可能正好在五点开放。

但是，这两句话如果重新回归它们生存的语境，则上述两种解读必有一真、必有一假。真的是"区间"说，假的是"准点"说。因为，在这个语境中，用"左右"和不用"左右"，在解读上应该一致，即都应该按照"左右"来理解。为什么有些开花时间没有使用"左右"也必须按照"左右"来解读呢？理由只有一个，那就是它们都在同一个语境中。因为在同一个语境中，上文省略的下文能够补充、上文显示的下文可以隐匿，语境具有强大的组织功能、解释功能和生成功能。

也有人说，万一人家缺乏语境意识，不用"左右"难免导致误解，为了准确和保险起见，还不如为所有时间的词统统加上"左右"呢。统统加上"左右"固然保险，但带来的弊端也是显而易见的，就整段文字的节奏而言，难免显得板滞沉闷。有的用"左右"，有的不用"左右"，化板滞为跳脱、变僵直为灵动，这正是作者行文的秘妙所在。而这种秘妙，只有在语境中才能保有。

第五，写开花选用两种句式，其意也在避免行文的板滞。

我们分析文中九种花的写法，不难发现，前六种使用了一种句式，后三种使用了另一种句式。写前六种花的句式可概括为："什么时候什么花开放"。譬如："凌晨四点，牵牛花吹起了紫色的小喇叭""五点左右，艳丽的蔷薇绽开了笑脸""七点，睡莲从梦中醒来"等。这些句子都是按照上述格式来表达的。

但最后三种花则使用了另外一种句式，即："什么花在什么时候开放"。譬如："月光花在七点左右舒展开自己的花瓣""夜来香在晚上八点开花""昙花却在九点左右含笑一现"。

虽然这两种句式没有大的差异，但从句子行进的节奏看，第二种句式读起来要显得相对从容些、舒展些。

为什么九种花不使用同一种句式呢？为什么第一种句式使用了六次，而第二种句式只使用了三次呢？为什么要把时间前置的句式放在前面，而把花名前置的句式放在后面呢？

我们通过细细品读就不难发现，之所以这样写，主要还是出于对文字节奏的一种审美考量。首先，如果九种花全都使用同一种句式，则读起来难免板滞、拘谨；其次，两种句式不是五五开，而是六四开，同样是在刻意回避板滞、僵化的行文节奏；最后，把花名前置的句式放在后面，显然也是出于对整段文字在行将结束之际的语势拿捏，因为，行文越到后面语速势必会逐步放缓，而花名前置的句式读起来要比前一种句式从容些、舒展些，恰与行文的语势相吻合。

对此，我们必须再次强调，文字的节奏感（语感）只有置身于整个语境（境感）才能体察得到。其实，稍稍懂点语用学的老师都清楚，语境、话语和意义是语用学的三大基石。但就当前语用教学的实际情况看，"语境意识""语境视野"远未走进我们的教学一线，为语用而语用、语用重新被翻版为语言文字的训练，比比皆是，严重困扰着语用教学的推进。

　　由"不同的说法来表达鲜花的开放"这一语用练习，引发出我们对整段文字的语用特点的考察。所不同的是，教材编写的这个练习是在肢解了整段文字的语境之后所做的安排，因此，这样的练习往往只见树木不见森林，只要技术不要灵魂。而我们则强调在语境视野下凝望和审视上述语用现象，从中不仅发现树木，更关注整片森林；不仅有技术分析，更有灵魂烛照。

　　为此，我们建议重新修改教材中的这一语用练习：

　　1. 仔细观察课文中这些写鲜花开放的词语，你发现了什么？

牵牛花 吹起了紫色的小喇叭　　　

蔷　薇 绽开了笑脸　　　　　　

睡　莲 从梦中醒来　　　　　　

万寿菊 欣然怒放　　　　　　　

烟草花 在暮色中苏醒　　　　　

月光花 舒展开自己的花瓣　　　

昙　花 含笑一现

　　2. 仿照课文中这些写鲜花开放的词语，请你改写课文中另外两种花的开花。

午时花 　　　　　　　　　　　

夜来香 　　　　　　　　　　　

　　3. 课文为什么不这样来写午时花、夜来香的开花呢？

　　4. 仔细观察课文中写鲜花开放时间的词语，你发现了什么？

凌晨四点

五点左右

七点

中午十二点左右

下午三点

傍晚六点

七点左右

晚上八点

九点左右

　　5. 同样是写鲜花开放的时间，为什么有的用"左右"，有的却不用呢？

导向文字表达的语用

语用的发生，一般经历这样一个过程：环境和语用主体之间产生激荡、互动，语用主体有了表达的欲望和思想，这便是所谓的"语用立意"；在表达欲望和思想的驱动下，语用主体在语言表达和意义建构之间产生激荡、互动，形成某种表达逻辑，这便是所谓的"语用构思"；按照逐步明晰的语用构思，语用主体通过实际使用语言文字，将生命所触发的表达欲望和思想完全显化出来，这便是所谓的"语用表达"。

概言之，语用立意、语用构思、语用表达，构成了一个完整的语用发生过程。

按照语用的这一发生机制，我们认为，语用教学事实上存在这样三个层次：第一个层次是显性层次，和"语用表达"基本对应，即我们经常在课堂上看到的让学生实际使用语言文字，我们把这个层次称为"直接之用"；第二个层次是柔性层次，和"语用构思"基本对应，即根据文本的语用特征和个性，让学生感受、理解一些基础的语用知识和策略，积累一些基本的语用材料和碎片，但并不一定实际使用语言文字，我们把这个层次称为"储备之用"；第三个层次是隐性层次，和"语用立意"基本对应，即看起来似乎跟语用教学没有任何关联，课堂上就是纯粹的阅读，阅读的取向主要也不在"写作本位"上，唯精神思想是取。这个层次既无直接之用，亦无储备之用，但却深刻影响着语用主体的精神生命、思想灵魂，我们把这个层次称为"无为之用"。

语用教学的第一个层次便是"直接之用"，目前课堂上我们看到的最常见的语用教学便是这种直接之用。而直接之用的基本表现形式便是"写"，即练习用文字表达。语用教学中的"写"，也表现出多种目的和功能的交织与共存。

一、为写而写与为读而写

有的"写"，目的本身也在"写"，即通过写让学生感受、运用一些写的门道与规律。如《花钟》第一自然段，老师要求学生仿照课文中的写法特点，写一写别的花的开放。这"写"，就有着明确的学习"写"的意图在里面：第一，写开花要用不同的说法，如：欣然怒放、含笑一现、从梦中醒来等；第二，写开花要使用拟人的手法，如：吹起了小喇叭、绽开笑脸、睁开惺忪的睡眼等。

有的"写"，客观上虽也起到了练习文字表达的作用，但其教学意图多半还是在促进和深化阅读理解上。如《老人与海鸥》的结课部分，让学生想象写话：看到老人的遗像，这些海鸥们会想些什么、说些什么呢？这"写"，意在深化海鸥与老人的那种不是亲人却胜似亲人的情感关系，进而触及人与自然和谐相处的深层内涵。

在语用教学中，两种旨趣的写都有其存在的理由和意义。但从本体的角度看，若能将两种旨趣统一起来，则效果可能倍增。

二、有格之写与无格之写

有的"写"，带着明确的"写"的尺度和规定，是照着"格"在写。如《望月》一课，在读完课文"江中月"这一部分后，要求学生写一个自己赏月的片段。其"格"如下：第一，仿照课文或者其他作家的写法写自己的望月体验，如借景抒情、比喻等修辞手法的使用，观察点的有序转换等；第二，要求学生结合自己的表达恰当选择下述词语：

月亮　月光　月丝　月圈　月华　月色　月景

安详　静静　款款　渐渐　隐隐约约

吐洒　洒落　照亮　闪烁　朗照　满盈

镀上了一层银色的花边　嵌在暗蓝色的天空

清幽旷远　清新娴静　如流水一般　像笼着轻纱的梦

以上两"格"，明确而具体地规定了此次语用的基本要求，于学生而言，既是一种语用导向，也是一种语用规约。

以下是我执教《望月》的一个片段，教学内容就是定格写月。

师：好的，孩子们，请停下你手中的笔。不管你有没有写完，写多写少，这个都不重要，重要的是当你在提笔的那一刻，你的眼前仿佛真的浮现了那个夜晚，那轮明月，以及月光照耀下的各种美好的景物。谁来跟大家分享你笔下的月亮？

生：（朗读自己的写话）中秋节的晚上，圆盘般的月亮投下淡淡的浓浓的月光，自己仿佛被月光拥住了，内心充满了静意。几丝淡淡的云絮仿佛也被月光拥住了。

师：短短几句话，用了两个"拥"，一次月光把自己拥住了，一次云絮被月亮拥住了。看来，你是一个经常被拥抱的孩子。（众笑）

生：（朗读自己的写话）圆圆的月亮挂在天空，身边飘着白白的云，让人感觉朦朦胧胧，富有诗意，月亮低头躲在云层后面，一会儿又突然跳了出来，像顽皮的小孩一样。

师：听得出，有贾平凹写月亮的味道。一个"跳"字，分明就是拟人的手法，很生动，很有童趣！

生：（朗读自己的写话）月亮隐隐约约地嵌在暗蓝色的夜空，淡淡的云絮绕着月亮跳起舞来，那时的月光是安详的，使我沉浸在其中。

师：你看，活学活用啊！你们发现没有，在他的文字当中有两个字是从刚刚的大作家笔下学到的，其中一个是——

生：嵌。

师：还有一个是——

生：绕。

师：不是，是——

生：安详。

师：没错，安详。有个小建议，最后一句的"使"可以删去，变成"我沉浸在其中"就好了。

有的"写"，则没有类似的尺度和规定，属于自由写、放胆写。如《二泉映月》一课，在解读阿炳的坎坷人生时，要求学生想象写话：十多年的黑暗生活，十多年的卖艺生涯，十多年的疾病折磨，十多年的幸福向往。一句话，十多年的坎坷经历。请用你自己的想象，用自己的心灵走进阿炳的那个时代，走进阿炳的那段生活。你看，也许在一个烟雨蒙蒙的早晨，阿炳正干着什么？也许在一个大雪纷飞的黄昏，阿炳在干着什么？也许因为他双目失明而撞上了一摊水果，你看到了什么？也许他在破旧不堪的房子里，你看到了什么？来，把你看到的画面、看到的形象、看到的情景写下来，写成几句话。

在语用教学中，两种要求的"写"当视学情、文情和课情的不同，灵活使用。有格的，当巧妙隐去"格"的痕迹，让语用学习更自然些；无格的，当努力渗透文字的门道和规律，使语用学习更扎实些。

三、因文练写与因理练写

有的"写"，思想、题材等来自文本语境，既深化了读，也促进了写，可谓一举两得。如《长城》一文，前面大量写条石、方砖等建筑材料，后面写劳动人民怎么把这些材料运送到崇山峻岭上。两者之间有密切的逻辑关系，这是作者的一种写法，这种写法就是"见闻与联想"。那么，读《长城》还有没有可能产生别的联想呢？细读之，当然有。譬如：文本中还大量出现这类字眼儿："瞭望""屯兵""堡垒""射击""打仗"等，看到这些字眼儿，你会作何联想呢？会想到古代修筑长城的劳动人民吗？不会。会想到什么呢？想到狼烟四起，烽火连天，马嘶人喊，刀光剑影；想到"秦时明月汉时关，万里长征人未还"；想到"羌管悠悠霜满地，人不寐，将军白发征夫泪"……因为，长城是军事工程、防御设施，是戍边镇关、保家卫国的。于是，课堂上就有了这样的写话设计：站在长城上，扶着成排的垛子，望着高耸的城台，很自然地想起那些坚守边关的将士们＿＿＿＿＿＿＿＿。这"写"，思想、题材完全来自课文语境，写法、要求也一样取自课文范例，写与读在这里得到有效互动。

有的"写"，则完全是一种技法迁移，所写内容的思想、题材等与原文语境几无关联。如《鸟的天堂》中写第二次去"鸟的天堂"，是一种"点面结合"的写法，即先整体的写鸟多，再详写某一种鸟。学了这种写法，让学生写一写"群鱼竞游""百蝶飞舞"等场景；又如《观潮》的写作顺序为"观潮前——观潮时——观潮后"，这一思路格式具有相当的普适性，让学生按照这一思路格式写一写雷雨、球赛、看戏、上公开课、学游泳等。这些"写"，即为因理而写。这"理"，大多指向语用之道。

因文、因理，各有巧妙不同。作为语用教学，既要入乎文内，以观其理；又要出乎文外，以通其变。

四、写后有评与写后无评

有的"写"，写后有讲评。讲评标准，无外乎内容和形式两个维度。有的侧重于内容，如情感是否真挚、形象是否真实、思想是否独到等；有的侧重于形式，如是否按之前的表达要求写话、用词是否准确、各种修辞手法的使用是否妥帖等。

有的"写"，写后没有讲评。没有讲评，多半是出于课堂氛围和情境的需要。讲评的理性和轨迹，有可能冲淡甚至破坏课文的审美语境和情感逻辑，在鱼和熊掌不能兼得的困境下，往往有教师会舍弃讲评一环。也有的虽然没作当下讲评，但往往会有后续跟进。

有评无评，也不过是相对而论。有些评，是小用；有些无评，可能成大用。谁又能否认，那种真诚、投入的倾听，以及倾听中的眼神交流，何尝不是一种无痕的点评呢？

直接之用，在当前的语用教学中所占比例正在提升。有的课，甚至以超过一半的时间作为直接之用。这对彻底摆脱以阅读分析为基本取向的语文教学而言，无疑是好的、积极的、有实效的。但问题的关键恐怕不在用的比例，写得多并不意味着一定就能写好、写巧、写妙，关键在于这样的写是否真正触及到了学生的言语生命动机，即所谓"情动而辞发"。这

"情"，可能因课文的内容而起，可能因教师的引导而起，可能因学生的回忆而起，可能因同学的共鸣而起；可能是某种感动，可能是某种困惑，可能是某种兴趣，可能是某种觉悟。总之，这情来自学生内心，是真诚的，有感而起的。

迈向积极语用

所谓"积极语用"，是基于表达主体独立人格和自由思维，以个性言说、独立评论和艺术创生为形式特征，因而富于创造活力的主动完整表现型言语行为。通俗地说，就是学生能够主动说写，按照美的方式说写，说写内容是经过自己独立思考和体验的。

相对于"积极语用"的，则是"消极语用"，这也就是我们常说的"茶壶里煮饺子——有嘴倒（道）不出"。其实，积极语用首先要解决的是茶壶里有饺子，即学生首先要有语言和材料的积累、生活的体验、生命的思考；其次，这些"饺子"得处于"煮"的状态，有冲动、有活力、有能量；当然，这一切都必须通过"道出来"才算数，用自己的嘴（笔），更用自己的心。

人们常说，"腹有诗书气自华""读书破万卷，下笔如有神""熟读唐诗三百首，不会写诗也会凑"，这些经典名句一语道出了积极语用的"饺子"问题，也就是"储备"问题。储备之用在目前的课堂上时有所见。其表现形式通常为两类：一类是储备语用材料，如摘录好词佳句、背诵经典诗文等；一类是储备语用知识，如语用的文章学知识、文体论知识、逻辑学知识、修辞学知识、美学知识等等，这些语用知识，大多属于程序性、策略性的知识。

一、为写而读：指向运用的语料储备

学生的阅读积累，通常存在两种状态。一种，背过了，记住了，但一到表达的时候，这些东西就统统被抛到了九霄云外，这是所谓的"消极积累"；一种，正好相反，不但熟读成诵、烂熟于心，而且，想用就用、随时会用，用得自然、用得生动、用得恰到好处，这就是所谓的"积极积累"。显然，指向运用的"积极积累"，为积极语用奠定了扎实、高效的语言储备。

1. 主题式积累。在一个中心话题的指向和统整下，积累丰富的语言信息。例如：围绕"春"这个主题，可以积累有关"春"的成语、"春"的格言、"春"的诗词、"春"的歌曲、"春"的散文等。

2. 情境式积累。将学生已然积累的各种语料运用到一种新创设的语境中去。这种使用，可以是原汁原味的和盘托出，也可以是浑然一体的推陈出新。对学生而言，它既是熟悉的，又是陌生的。正是这种陌生化的语境，强化了学生对积累的使用意识。

3. 比较式积累。将相同题材、相同主旨的语料集中在一起，作比较式的积累，同中求异、异中求同，进而加深对各自语料特点和个性的感知和积累，并从中悟到一些遣词造句、谋篇布局的精妙所在。

4. 复现式积累。对于直接通过背诵积累的语料，如果不加以一定数量和频率的复现，学生会随着遗忘曲线的规律，自然忘却。因此，通过多种途径复现这些语料，对于促进学生的烂熟于心乃至言随意动，都有相当的影响和效果。

5. 探究式积累。让学生在一个框架、一条线索的指引下，自觉搜寻相关的语料，通过筛选、归类、整理，进入自己的积累库存。如围绕"宽容"这一人文小课题的研究，学生就能将宽容的名言警句、宽容的感人故事、发生在自己身上的宽容体验、同学老师对宽容的看法等语用信息储备下米。

6. 试误式积累。在阅读积累中，运用"完形填空"的方式，让学生通过前后对比，一方面感受经典作品的文字运用之精妙，另一方面加深和强化学生对文本秘妙的感知和记忆，从而促进学生更积极地投入积累。

很多情况下，我们往往是为"积累"而"积累"，很少考虑"积累"的终极意义。其实，阅读积累只是一个手段、一种过程，它的最终目的还是运用。因此，引导学生将"消极积累"转化为"积极积累"，促进积累的产出性，实在是提高语用教学效率的重要环节。

二、读中悟写：走向融合的语识储备

学生该储备哪些必需的语用知识？又该怎样储备这些语用知识呢？我们以彭才华老师执教的《凡卡》一课为例加以阐释。

（一）反复：语用知识的发现与提取

《凡卡》一课，从语用角度看，留给我们印象最深的当属"反复"这一语用知识的提取和落实。"反复"，既是一种常用的修辞格，偶尔也会作为一种谋篇布局的特殊笔法加以使用。当"反复"作为一种修辞格时，它指的是作者在行文时重复使用同一词语、句子或句群的特殊语文现象。"反复"的语用意图，或在于加强语势、抒发强烈情感，或在于厘清行文脉络、增强语言的节奏感。

《凡卡》一文，"反复"是作为一种修辞格出现在契诃夫的笔下的。那么，《凡卡》一课，是如何将这一语用知识纳入阅读课的教学目标和内容，并加以有效落实的呢？

第一，在矛盾中发现语识。在厘清《凡卡》全文的脉络之后，教学转入了对"反复"这一语文现象的聚焦。凡卡的信中，反复出现"求爷爷带他回乡下"的词语和句子，其中，"亲爱的爷爷"出现了四次，"带我离开这儿"出现了三次。在这里，教师并没有直截了当地告诉学生，这叫"反复"，这样写，是为了加强语势、抒发凡卡强烈的悲苦之情、祈求之愿。而是采用了类似"欲扬先抑、抑后再扬"的比较方式，通过补充契诃夫自己的创作名言"简洁是天才的姊妹"，于无疑处激活学生对此一语用现象的疑问和困惑。一句话，"反复"这一语识是在教师创设的矛盾情境中由学生自己发现的。显然，由问题情境引发的语用知识是真实的，因而也是建构的、和学生的认知体验融合在一起的。

第二，在体验中感悟语识。要解读、掌握"反复"这一语用知识，关键在于学生对凡卡的悲惨生活和强烈的祈求心愿有一个设身处地、感同身受的理解。语用知识，只有融入了学生对文本所刻画的人物命运的真切体认，才能被活生生的、而非机械死板的掌握。所以，当"反复"作为一种语用矛盾被揭示之后，教学就此宕开一笔，刚刚聚焦的"反复"现象被暂时悬置起来，师生的目光转而投向"凡卡连狗都不如的生活"。对于凡卡的生活，教师引领学生进行了紧锣密鼓、敲骨吸髓般的细读体验，这就为贴肉贴心般的感悟"反复"这一语识积蓄了充足的情感能量。这一环节的实施，既从源头上为学生建构"反复"这一语识指明了方向，也从根本上拒绝了以理性分析、简单灌输来落实语用知识的方式。唯有体验，知识才能内化为学生生命的某个要素，从而深深地扎根于个体的精神土壤，这是知识活化的不二法门。

第三，在回旋中巩固语识。到了揭示矛盾阶段，语言的反复、表达的反复已经瓜熟蒂落一般成为凡卡的生命之辞，也成为学生的情动之辞。在学生通过切己体察、移情体验、回旋美读等方式深切地感悟和体认到凡卡的悲惨命运之后，那一声声"亲爱的爷爷，带我离开这儿"的恳求、祈求、苦苦哀求，已经化作了每位学生巨大的同情和悲悯之辞。貌似啰唆的反复，才是最真、最强、最具感染力和穿透力的生命话语！老师创设情境引领学生一遍又一遍地诵读凡卡的反复之辞，大雪无痕般地运用着反复、回旋的课堂技巧和艺术，使学生一次又一次地感受到"反复"这一修辞格的语言表达力量。教学看似没有刻意安排"巩固"这一环节，但是，谁又能质疑这样一种回旋的教学安排对于"反复"这一语识所起到的复习和巩固作用呢？

（二）融合：语用知识的领会与运用

《凡卡》一课，对于"反复"这一语用知识的发现和提取是苦心孤诣的，但这只是问题的一个方面。事实上，我们从来不缺少所谓的"语用知识"，我们真正所缺的，恰恰是以何种方式、何种策略、何种类化的模式传授语用知识，这种传授是基于真实情境的、主体建构的、融入生命的，是能有效促成"语识"向"语感"转化的。老实说，回到从前的那种理性化、机械操练化的方式只能是死路一条。

第一，语识与形象感悟相融合。知识本身是在剔除了生活的种种纷繁复杂、有血有肉的细节之后的抽象概括，但是，知识的产生却始于感性、始于细节、始于生活的纷纭多姿。同时，知识也只有融入了生活的种种现象、细节和变幻莫测的真实情境后才能最终被学生深刻理解、牢固掌握。在《凡卡》的教学中，"反复"这一语识的传授是和凡卡这一人物形象的感悟合二为一的。一遍遍的"带我离开这儿"，话语的背后是凡卡的凄凉境况、悲惨命运，更是凡卡于凄惨遭际中怀抱着一点希望的苦苦挣扎。这里，"反复"的反复呈现，是与凡卡这一人物形象的种种细节融合在一起的，是现象本身的一体两面。

第二，语识与情感体验相融合。"反复"与其说是一种语用现象、修辞现象，毋宁说更是一种情感现象、思想现象。是的，当人物的内心世界悲苦到无法排遣又不得不排遣的时候，种种所谓的抒情方法、技巧、艺术就会随了情感自身的逻辑应运而生，在这里，真正反复的并非一串相同的词语、句子，而是一再伤害、一再折磨、一再煎熬着凡卡这个人物内心世界的情感。由此，我们就不难理解在"引发矛盾"与"揭示矛盾"这两个环节之间，老师要插入"体味生活"这个与"反复"语识的掌握并无直接关系的教学环节，而且，此环节在整堂课的章法处理上显然是一处"详写"，教师的课堂生成可谓浓墨重彩、泼墨如云，至该环节的收煞处，学生对凡卡所过的"连狗都不如的生活"确实有了某种切肤之感。一句话，蕴含着高浓度情感的"语用知识"只有用情感的方式才能被学生切实的理解并掌握。

第三，语识与审美建构相融合。语用知识的掌握，说白了不外乎两种基本方式：一种是基于理性、通过理性，最终以理性结果加以存储的方式；一种是基于感性，通过感性、最终以感性色彩加以领悟的方式。我们说，前一种是"科学的"，后一种是"审美的"。《凡卡》一课，对于"反复"这一语识的落实，显然走了审美的路子。首先，教师在课堂上刻意回避了对"反复"这一修辞格的概念性解释，甚至连"反复"这一术语也是通过"反复听到""反反复复听到"这样一种教学情境话语神不知、鬼不觉地嵌入学生的理解视野，回避直白、回避告诉、回避简单灌输，正是"审美化教学"所秉持的课堂规则。其次，"反复"这一语识的教学，被精致地融入某种一唱三叹、回旋复沓的课堂节奏中，这种课堂节奏，有着音乐一般的气质、诗一般的神韵，这种节奏本身就是某种教学元素的一再反复。在同一语言的反复诵读中、在同一情感的反复渲染中、在同一生活的反复体验中，学生不知不觉地理解了"反复"、掌握了"反复"，语用知识与课堂的审美建构在此取得了一种艰苦但不失优雅的融合。

总之，储备之用虽未直接使用，但无论是指向运用的语料储备，还是走向融合的语识储备，都间接地为实际的文字使用提供了精致的建筑材料和优雅的建筑工艺。基于积极语用的储备，是一种改变气质、增加底蕴的语用学习，较之直接之用，它来得更深刻，也更为关键。

阅读的高贵

语用教学的最高层次乃是无为之用。我们通常将纯粹的阅读与写作本位对立起来，以为只有吸纳没有吐诉，于写作无补。殊不知这种貌似无用的吸纳，却有可能深刻影响和改变语用主体的生命质量和精神品位。而语用之用，从根本上说乃是生命之用、精神之用。因为，语言说到底乃是人的精神家园。

诚如复旦大学汪涌豪教授所言："不要说有些书读了没用，这个世界有许多书本来就与实用无关，只为情趣存在。也不要说有些书离现实太远，换个角度，其实它离你的理想很近。至于还有些书对你现在帮助不大，但可能对你的终身都会有影响。"

从这个角度看，我们认为旨在陶冶情操、涵养精神、塑造灵魂的阅读乃是语用的核心所在。也正是在无为之用这个层面上，阅读本位和写作本位得以统一。

一、阅读的精神嘶鸣与立意的高度

一个人的阅读史常常就是他的精神发育史。而一个人的精神高度往往决定着他在言语世界的立意高度。因此，从根本上说，言语和精神是同构互生的。

教学《丑小鸭》，学生常常被"丑小鸭"这个童话意象所感动。对此，作家梅子涵有过一番充满诗意的阐释：

丑小鸭变成了一只天鹅，首先在于他逃离了鸭场。面对鸭场里一天糟于一天的生活，他只能惹不起还躲不起了。他"飞过篱笆"，飞过篱笆对他的一生起到了决定性的作用。

这是一个转折，否则他会一辈子待在鸭场里。看别人的脸色，听别人闲言碎语，让人推一把，啄一下，说你长得这么丑。

道路在篱笆的外面。道路又通向了后来的湖。在路上小鸭是辛劳的也是艰难的，但是艰辛的路使他通往了湖。篱笆里面是不幸，道路是过程，湖是结局。

湖上的喜剧解释了飞过篱笆的意义，在湖上，小鸭有了施展的机会，有了表现自己的本性、自己的真正的身份、自己的美丽的机会，因为他的同类们就在他的边上，美丽的发现是需要印证的，需要标准，湖上的白天鹅就是小鸭的印证，就是小鸭被证实为不是小鸭的标准，丑成了误会。

美丽成了丑，是由于篱笆的限制；丑成了美，是由于走出了篱笆。

梅子涵的解读，不仅仅是从文学本身，而是从生命哲学的高度对丑小鸭的精神启示做出了诗意阐释。从语用的视角看，学生面对的正是某种高贵的精神。试问，哪个孩子的心中，没有丑小鸭般的压抑和渴望呢？阅读丑小鸭，从中发现一个新的我、真正的我、高贵的我，不正是对学生精神发育的某种印证吗？精神的高度，决定着文字的高度。

二、阅读的思想超拔与立意的深度

没有思想的深邃，就不可能有文字的犀利；没有思想的宏阔，就不可能有文字的旷远。文字所趋，实乃思想引领。因此，纯粹的阅读往往是一趟思想的行旅、心灵的洗礼。

课文《普罗米修斯》改编自古希腊神话，引导学生细读文本，就会发现，将普罗米修斯这一神话形象定格为"英雄"是滑稽的，甚至是荒唐的。

众所周知，普罗米修斯盗火是因为他爱人类！在古希腊神话中，人是普罗米修斯一手造出来的。正如中国神话语境中，女娲是人类共同的母亲；

普罗米修斯则是西方语境中人类共同的父亲。

因为爱，普罗米修斯才会来到人间；因为爱，普罗米修斯才会看到悲惨；因为爱，普罗米修斯才会下定决心；因为爱，普罗米修斯才会奋不顾身地盗火。这一点，只要稍加敏感，学生就有体认。

故事中盗火场面虽有细节，但并不铺叙，只是一笔带过。"受难"才是这一神话文本的主体。有时，爱会给你带来痛苦！但是，你就因此放弃爱吗？普罗米修斯的回答是，为了爱，永不放弃！因为爱，甘愿忍受无尽的痛苦！这是普罗米修斯这一形象带给学生的震撼之处。

"为人类造福，有什么错？"是质疑、是反问，斩钉截铁，不容置疑。为人类造福是人伦之爱，更是天伦之爱，是无须推理、无须证明的真理之爱。西方谓之"博爱"，东方谓之"慈悲"。文化在这里是互通的，因为人性本无二致。"神话"说到底还是"人话"。

受难中，最为惊心动魄的场面无疑是"鹫鹰啄食天神肝脏"这一细节。这种超乎常人的想象，不正暗示着超乎常人的痛苦吗？这痛苦，写得极其血腥和惨烈，生不如死！这场景，即为地狱！"我不下地狱，谁下地狱？"博爱的极致便是自我牺牲！

这地狱般的生活，在古希腊的神话传说中是"三万年"。三万年的生不如死，三万年的不屈不挠，只为一个字——爱！

《普罗米修斯》是神话，是一个"爱的神话"。万世沧桑，唯有爱才是永远的神话。

学生阅读《普罗米修斯》，就这样被爱洗礼着、感染着，在爱的神话中，他们思考和体验着千古不易的宇宙法则：爱别人，也被别人爱，这就是一切！

由"英雄"升华至"博爱"，于学生而言，是一次思想的拔节。文字的深度，实为立意的深度。言语和思想，从来就是互为依存、实则一体的。

三、阅读的情感丰赡与立意的温度

阅读对人的精神影响是多方面的，沉入文字，我们常常因此感动得泪流满面，正如彭程在《流泪的阅读》中指出的那样："流泪实际上是一种能力，是我们的灵魂仍然能够感动的标志。不应该为流泪羞怯，相反，要感到高兴欣慰。古典悲剧正是通过使观众流泪，达到净化其灵魂的目的。"

在《小珊迪》的故事中，学生首先遇见的便是一个贫困交加的同龄人——珊迪。面对贫穷，同情和怜悯是学生的普遍反应。但读完整个故事学生才发现，这并非作者想要传递的情感。因为，珊迪的形象并不定格在贫穷二字上。贫穷，只是珊迪性格的一张底片、一种背景。

读罢故事，学生知道了珊迪死亡的原因：他换好零钱往回跑的时候，被马车撞了。

学生当然不能因此去谴责那个车夫，这看起来似乎是一场意外发生的交通事故。但是，细读故事，学生就迅速地被这个"跑"字揪住了心。这个"跑"，是从珊迪的口中亲自说出的。正是这个"跑"，客观上酿成了这场车祸，夺去了珊迪的命。

那一刻，学生忍不住想要问一问：他为什么不走而要跑呢？学生甚至设想，如果珊迪换好零钱往回走，那么，车祸就不会发生。但是，会有这种可能吗？答案是否定的。珊迪不会走，珊迪一定会跑，这是由他的性格逻辑所决定的。

因为，珊迪知道，故事中叔叔的眼神对他始终是怀疑的、戒备的；因为，他还知道，在多数人的眼中，像他这样的孩子、这样的人是被列入小偷、骗子、社会渣滓之流的；因为，他更知道，只有在最短的时间内将零钱还到那位叔叔的手上，他才能证明自己的清白和诚实，他才能坚守自己的尊严和良善。"跑"是珊迪性格的必然选择！

就在"跑"的那一刻，珊迪成就了自己人性中最高贵、最灿烂的那个部分，而他因此也付出了代价——生命！

那一刻，学生流泪了！不是同情，而是敬意！

刘勰说："夫缀文者情动而辞发，观文者披文以入情。"鲁迅说："创作原本根植于爱。"苏霍姆林斯基说："没有一条富有诗意的感情和审美的清泉，就不可能有学生全面的能力发展。"遇见珊迪，学生因此对诚实和良善有了更为切肤的体验，心地在那一刻变得更为柔软。文字的温度，从来就是生命之光的折射。唯有丰赡的情感滋养，才能绽放出文字的花朵。

四、阅读的灵魂自由与立意的广度

阅读对学生的成长而言，往往是一种灵魂的牧养。他们驰骋在广袤的文字大地，发现着自己的发现、惊叹着自己的惊叹、困惑着自己的困惑、回味着自己的回味，正所谓"一切水印一月，一月印一切水"。

学生读赵丽宏的《望月》，便能充分享受这样一番灵魂的自由。

《望月》从"夜深人静"写起。"夜深人静"四字，点出一种时候、一种氛围、一种心境，于是，望月的背景由这四个字而显出一种寂寥的诗意来。

千江有水千江月。月在天，也在江。一轮明月，化作"千点万点晶莹闪烁的光斑"，化作"芦荡、树林和山峰的黑色剪影上的银色的花边"。月光是点，月光是线，月光随物赋形、无处不显。

月亮是安详的，一如望者的坐姿。洒向长江的月光，却是灵动的。闪烁、跳跃，那是月的充满活力的脉动；伸展，起伏，那是月的深呼吸。

小外甥的出现，让笔触由自然之月转向人文之月，章法为之一变。舅舅与外甥你一句我一句地背诵起吟月之诗，在夜深人静的时候，在月光下的江轮上，这本身就极富诗意。

如果说，望月是对现实、当下、眼前之月的一种对话，那么，背诗则是与过去、历史、从前之月的一种凝望。在中国文化语境中，月亮从来就不是孤立于人的生命之外的存在。月是乡愁、月是高洁、月是禅悟、月是团聚、月是宁静、月是圆满、月是生命流转的一种精神底子。

背诗之后的谈论月亮，再次给读者带来惊喜。"月亮是天的眼睛"，可谓神来之比。这一比，不仅让作者惊讶，也令读者惊叹。但惊叹之余，读者又不得不感慨：一个眼睛如此明澈、阅读如此广泛、心灵如此敏感、想象如此富有灵性的孩子，对月亮作此一比，又有什么可以惊讶的呢？

此时的月亮，既非当下的自然之月，也非过往的文化之月，而是直指人之心性的想象之月。

月亮终于消失，但凝望却不曾离去。

细读之，妙不可言。此刻凝望的，正是心中之月。也因此，幻想的翅膀无拘无束、凌空翱翔。结尾的省略号，把望月的境界推向了一种禅意的空灵。

愈是一流的作品，愈是抒写纯粹的形而上的诗意。《望月》便是这样的作品。

在《望月》中，学生观察江中月、回忆诗中月、想象心中月，最终望见的，亦不过是自己的那轮生命之月。文字陶冶着性情，语言窖藏着灵魂。耳濡目染、潜移默化，无为之用终将滋养出一个崭新的言语生命。

叩问语用学习的深层意蕴

近几年来，随着 2011 年版《语文课程标准》（修订稿）的颁布实施，"学习语言文字运用"已经愈来愈成为一线语文教师的自觉追求。但是，对于"语言文字运用"这一核心概念，却少有人做科学、系统、深入地研究。事实上，对于"语言文字运用"我们不能简单地做望文生义的解读，以为课堂上让学生动动笔、写写话、练练文就是"语言文字运用"了。

我以为，语用学习至少存在这样三个维度：第一个维度指向语用的知识和技能，这是我们平常最为关切、也最为用力的地方；第二个维度指向语用的过程和方法，这个维度正在越来越引起语文教师的重视；第三个维度指向语用的情感、态度和价值观，古人讲"缀文者情动而辞发"，而我们目前的语用教学，大多关注了"辞发"这个维度，也就是最为显性的语用知识和技能，但鲜有人能深入"辞发"背后的那点生命意蕴——"情动"，情不动，辞何以发？即便发了，也不过是"少年不识愁滋味，为赋新词强说愁"的无病呻吟罢了。"情动"，正是语用学习的深层意蕴，"辞发"则是灵魂伸展的最自然不过的舞蹈。

下面，以我执教的《孔子游春》一课为例，就语用学习的深层意蕴做一点学理上的思考和阐释。

一、基于语境：人文和语文的统一

"语境"是语用学的一个重要范畴。离开语境，语言文字的运用就失去了存在的意义和价值。从文体语境的视角看，《孔子游春》一课当属于历史小说。作为改编后的历史小说，《孔子游春》有两个基础的语境因素，一是小说的历史背景，二是小说的人物形象，而这两个因素统一于"孔子"这一核心人物。

在《孔子游春》中，我们将孔子这一主人公的形象定位为"老师"，不刻意拔高孔子在学生心目中的地位。那么，作为"老师"，课文是如何加以塑造和刻画的呢？事实上，如果我们细读文本的话，就不难发现，孔子游春，全面体现了孔子作为一位老师的教育思想和智慧。其中，"赏春"一段体现了孔子的"境教"思想，即通过环境教育弟子；"论水"一段体现了孔子的"言教"精髓，即通过言语教育弟子；"言志"一段体现了孔子的"身教"智慧，即立身示范教育弟子。而境教、言教和身教构成了孔子作为一位老师的完整语境。

《孔子游春》一课，我是按照"老师"—"课堂"—"课文"—"课题"—"老师"的思路加以设计和展开的。其中，第一环节的"老师"是角色定位，第二、第三、第四环节是对"老师"这一形象的多维度感知，第五环节的"老师"是角色升华。不难发现，上述五个环节统摄于"老师"这一语境中。

（一）在语境中感受孔子的境教思想

学生在"老师"这一语境的统摄下，首先寻找的是孔子的"课堂"，即课文中"赏春"一段。独立地看，这段关于泗水春景的描写，似乎跟孔子的教育关系不大。但是，当学生从"老师"这一语境出发，就能敏锐发现其中所深蕴着的孔子"境教"的思想。学生首先拿孔子的这一"课堂"跟自己所熟知的"课堂"做比较，就发现了两者之间的巨大反差。而在这一巨大反差中，学生却被深深地卷入了孔子这一与众不同的"课堂"，感受其春风化雨般的教育魅力。他们在孔子课堂中发现了"乐学"的要义：轻松、自在、无拘无束、潜移默化。这一发现，对学生而言不仅是思想内容上的一次洗礼，同时也是对这段文字诗性品质的美妙领略。

（二）在语境中领悟孔子的言教精髓

学生在"老师"这一语境的统摄下，还顺理成章地发现了孔子的"课文"，即课文中的"论水"一段。孔子动情地凝望着泗水，意味深长地当着弟子的面谈论起"水"，看似不经意，实则匠心独具、用心良苦。在这篇诗一样的"课文"中，孔子以"君子比德"的思维对弟子们因势利导、循循善诱，譬如："水奔流不息，是哺育一切生灵的乳汁，它好像有德行。水没有一定的形状，或方或长，流必向下，和顺温柔，它好像有情义。水穿山岩，凿石壁，从无惧色，它好像有志向。万物入水，必能荡涤污垢，它好像善施教化……"在不知不觉中弟子们受到了一次深刻的人生启迪和教育，这也是孔子作为老师的高明之处，正如《学记》所言："君子之教，喻也。道而勿牵，强而勿抑，开而勿达。"

（三）在语境中体会孔子的身教智慧

学生在"老师"这一语境的统摄下，最终揭示出孔子的"课题"，即课文中的"言志"一段。言志，也集中展现了孔子身教的生命智慧。通常，在一般的课堂教学中，"赏春""论水"和"言志"是作为三个相对独立的内容加以梳理的。其实，这三者之间完全可以用"老师"这一语境加以融通。尤其是"论水"和"言志"，从学习的角度看，是"知"和"行"之间的逻辑关系，即由"知"到"行"，"知""行"合一。孔子的言教，明确了"君子"的标准和规范，而紧接其后的身教，则是将"君子"之德落实在自己的志向和行动上。课文中，孔子对弟子们充满深情地诉说起自己的人生理想："我就盼望着有那么一天，所有人在晚年的时候都能够安享幸福，朋友之间都能够相互信任，年轻的子弟们都能够怀有远大的理想。"这一大同社会的理想，不要说当时的弟子们，即便是现代人听了也会产生高山仰止的敬意。

我们不难发现，在《孔子游春》一课中，有三条若隐若现的教学线索，一条是文本的题材线索：赏春—论水—言志；一条是教学的组织线索：课堂—课文—课题；一条是孔子的育人线索：境教—言教—身教。这三条线索，在课堂上之所以能够水乳交融、浑然一体，完全是因为我们将其自觉地统摄于"老师"这一整体语境中。

而"老师"这一整体语境，正是全文的灵魂所在。这位老师，作为中国历史上一个伟大的生命，他的高度、宽度、深度，尤其是穿越历史的长度，让多少中国人为之感叹、为之折服、为之向往。这位老师，以他高贵的灵魂之光，照亮了中国文化的广袤天空，指引一代又一代中国人的道路。

二、超越平面：显性和隐性的贯通

在我看来，学习语用不是一个平面的问题，而是一个有层次的递进过程。学习语用，至少可以分成三个层次：直接之用，即让学生直接运用言语文字，这是显性之用，我们通常理解的语用，往往停留在这个层次；储备之用，即让学生积累必要的语识（语用知识）、典范的语料（语用材料），这一层次虽没有直接之用，却为直接之用准备了建筑材料和建筑工具，是柔性之用；无为之用，即让学生纯粹地阅读，不涉及直接之用，也不关乎储备之用，看起来似乎跟指向写作的语用没有任何瓜葛，其实不然，纯粹阅读恰恰通过思想的启迪、精神的淬砺、情感的陶冶、心灵的升华等影响和塑造着学生的语用人格，进入从深层次上促进学生语用素养的提升，这是隐性之用，是真正意义上的大用。

（一）联想与感悟——直接之用

《孔子游春》教学中有一个"直接之用"的设计，即：在学习孔子"课文"的那个环节中，让学生遵照"孔子观水"的基本思路：看到（水）——想到（人），继续编写这篇关于"水"也是关于"君子"的课文。

学生由"水不舍昼夜，浩浩荡荡地流向大海"联想到"君子的梦想和毅力"；由"水善于帮助万物，但从不与万物争功夺利"联想到"君子的无私和仁爱"；由"水淡泊宁静，总是默默地处在最低的地方"联想到"君子的谦卑和内敛"；由"水包容万物，不分高贵与低贱、美好与丑陋"联想到"君子的宽容和平等"。

这样的写话练习，既考查了学生对水的品性的理解，也锻炼了学生遣词造句的准确和精炼，同时还渗透了作文的类比思维，是一次相对集中而有效的语用实践。其实，这一直接之用的学习，已经将人文价值的关切渗透其中了。任何语用，离开了人文这一灵魂，就成了行尸走肉。

（二）熟记与领会——储备之用

根据编者的要求，课文的第2、8两个自然段要求熟读成诵。熟读当然需要反复，否则无法成诵。但问题的关键在于，如何避免机械、呆板的反复，使熟读成诵融入课文语境，彰显其多重价值，如：审美的、情感的、认知的、策略的等等。

在《孔子游春》一课中，我是将上述两个自然段的背诵和课文的整体语境融为一体的，学生是在不知不觉的朗读、美读、复读、诵读中下意识地完成积累任务的。以"赏春"这一段的熟读成诵为例，教学大体经历了这样几个环节：第一步，请学生找出孔子的"课堂"，这是对经典语料的发现；第二步，请学生比对当下的课堂，发现孔子"课堂"的独特之处，这是对语料特征的分析；第三步，将"赏春"这段文字分行排列，让学生感悟其诗一样的文字和诗一样的境界，这是对语料情感的体会；第四步，以纲要信号提示的方式，引导学生诵读部分语料；第五步，揭示课文"联想和见闻"的写作思路，同时授之于写法、读法和背法，使学生发现语料背后的逻辑结构，完成语言图式的积累。

可以看到，在这样一个熟读成诵的过程中，学生既能积累课文中的经典语段，内化精致的语言图式，又能掌握必要的语用知识和策略，为以后的言语迁移提供生动的范式和策略，可谓一举两得。更重要的是，这样的储备，同时也是一种诗意情怀的濡染。学生徜徉在大自然这个无与伦比的课堂里，"寂然凝虑，思接千载；悄焉动容，视通万里。吟咏之间，吐纳珠玉之声；眉睫之前，卷舒风云之色。"这是何等的享受和陶冶啊！

（三）陶冶与浸润——无为之用

《孔子游春》一课，并不将阅读目标指向单一的写作，相反，我们在教学设计和处理中，高度重视文本的人文价值和思想内涵，即主张文字内容和文字形式的辩证统一。

《孔子游春》通篇贯穿着水。教学的陶冶和浸润，也以"水"为基本意象，进而营造出春风化雨般的意境。就课堂教学的展开看，可以分成三个层次：第一层次引导学生关注"自然之水"：泗水的波澜起伏、活泼欢快、不知疲倦地向前奔腾，以及泗水对两岸万物的滋养：桃红柳绿、草色青青、森林茂密等，与之对应的是孔子的境教；第二层次引导学生发现"人格之水"：水是真君子，有德行、有情义、有志向、善施教化，它是孔子眼中的水，更是孔子心中的理想人格，与之对应的是孔子的言教；第三层次引导学生感悟"文化之水"：孔子的因势利导像水的善施教化，子路与朋友共享福的志向像水的有情义，颜回不为自己表功的志向像水的谦卑、内敛，当然，还有更多的弟子也在向水学习，与之对应的是孔子的身教。

这三个层次的教学，似乎跟直接之用和储备之用无关，但是学生在语言的陶冶和文字的浸润下，潜移默化、自然似之，其思想、情操、心灵乃至整个生命在不知不觉中受到水一样的滋养。也许，一课两课还不足以显示其对语用人格的影响力，但是集腋成裘、聚沙成塔，相信假以时日，学生的气质精神一定会由量变逐步转向质变的。

总之，语用学习仿佛一座冰山，直接之用看得见、摸得着，是冰山显露在海平面的一角，无用之用看不见、摸不着，却是冰山隐没在海平面的巨大基座，稳稳地托起冰山的一角，而储备之用则时隐时现，与海平面齐平，却受了海浪影响有起有伏，向上连接冰山的一角，向下暗示冰山的巨大基座。语用教学，唯有将三个层次同时纳入教学视野，才能真正收统合综效、互动互赢之功。而将三个层次融合贯通的，正是语用学习的深层意蕴。这是精神的嘶鸣、思想的撞击、情感的激荡、生命的高扬，用我敬重的潘新和先生的话来说，"也是人的确证"。

没有美：语文空无一物

近读《读字》，见作者对"大"字如是品读：

> 正面站立的人形，本义可能是指成年人。古时胎儿为"巳"，小孩为"子"，侧立为"人"，"大"字则是手脚伸展、顶天立地、能担当的大人。

显然，"大"字取象于人，但其义却在表示抽象概念的大小。古人为什么要用正面站立的人表示"大"呢？对此，作者先引用《盘古开天》这个神话故事，然后意味深长地写到：

> 天地相距九万里，而盘古日长一丈，高达四万多里，这种顶天立地、开天辟地的形象，够不够得上一个"大"字？

真没想到，简简单单一个"大"字，蕴含了如此之美的形象和哲理。

由此，我想到了"大"字的教学。据查证，"大"是现行小学语文教材（人教版）中出现的第四个生字。学"大"，字义没的说，读音也早已耳熟能详，至于形，一横一撇一捺，不难。当然，为了扎实起见，组个词是必需的，"大小""大米""大爷"什么的，倘或有孩子脱口而出"习大大"，你也不必大惊小怪。还有，照着田字格认认真真练写三五遍也是大有裨益的。为了更扎实些，你也大可使用诸如"一横平正写中间，撇长捺扬分两边"的口诀。

按说，这样的教学似已滴水不漏。但我总觉得，缺了点什么。

东坡有诗道："论画以形似，见与儿童邻。作诗必此诗，定知非诗人。"他的意思再明白不过，只论形似，定非好画；拘于字面，绝非好诗。因为，那样的画那样的诗是没有神的。

我所常见的"大"的教学，形似已足，字面也在，所缺者，神也。而那《读字》中的"大"，荒荒油云，寥寥长风；天地与立，神化攸同。真是无与伦比的美，让人感动。

这种美，透着一股精气神，传递着祖先造字时的生命体验，透露着音形义一体的汉字作为符号背后的智慧与情怀，它正是语文之神！

近年来，随着《语文课程标准》（2011 年版修订稿）的深入研习，"学习语用，指向本体"愈来愈成为我们的课程共识。但同时，"为了语用而语用"的焦虑也一直困扰着一线教学。语文天然所具的审美特质和过度强调"语用"实用价值的追求似已形成了一种水火不容的矛盾。两者博弈，两败俱伤。汉字之美、文学之美、精神之美乃至语文教学艺术之美几乎都因怕被冠以"非语文"的帽子，而被老师们悄然放逐了。

事实上，"语言文字运用"不过是一种事实描述，而语文绝非一门描述事实的课程，语文从本质上说是一种价值选择。因此，我们必须追问：运用语言文字，何以为之？运用语言文字，意欲何为？

我以为，第一问是语文学习的起点，第二问是语文学习的终点。

就起点而言，孩子们真正要学习的内容是"以何种方式运用语言文字"。答案是，"按照美的规律运用语言文字"，而这，正是语文学习的全部秘妙。也是在这个意义上，陶本一先生主张语文学习的目的是"掌握语言艺术"。

《桂花雨》的开头有这样一段文字——

> 桂花树的样子笨笨的，不像梅树那样有姿态。不开花时，只见到满树叶子；开花时，仔细地在树丛里寻找，才能看到那些小花。可是桂花的香气，太迷人了。

那么，这段文字中蕴含了怎样的美的规律呢？

我们读这段文字，明白作者其实要写的是桂花的香气。而且，就全文的语境看，桂花的香气贯穿始终，是这篇散文的核心意象，因为乡愁的抒写和寄托全在桂花的香气上。既然写香气是作者的意图所在，干吗要写桂花的样子、叶子和那些小花呢？而且，从文字的表层形象看，还把桂花的样子、叶子、小花写得丑丑的。你看，"样子笨笨的"，还拿梅树来对比说事，"不像"一词所要传递的无疑是一份遗憾；而"只见满树叶子"的"只见"，显然是在嫌弃满树叶子的单调无趣；本来写到花，应该可以美上一美了吧，但不，那些小花是需要仔细寻找的，"才能"一词，表达的是一些麻烦、一些不满。

看，明明要写的是"香气"，却先写了样子、叶子和小花；这也就罢了，还偏要把它们写得丑丑的，怎么看怎么不舒服。为什么？其实，这里面就有一个美的规律在——欲扬先抑。这种手法的好处是，使情节多变，形成波澜起伏，造成鲜明对比，容易使读者在阅读过程中，产生丰富的联想，留下深刻的印象。所以，当我们读到最后一句"可是桂花的香气，太迷人了"，便会有一种强烈的触动和眷注，峰回路转，原来是风景这边独好！

其实，文章末尾的这一处也是按照"欲扬先抑"的笔法来写的——

　　杭州有一处小山，全是桂花树，花开时那才是香飘十里。秋天，我常到那儿去赏桂花。回家时，总要捧一大袋桂花给母亲。可是母亲说："这里的桂花再香，也比不上家乡院子里的桂花。"

所不同的是，这里的"抑"变成了"小扬""低扬"，你看，"香飘十里""常到那儿去""总要捧一大袋"，自然是写杭州的桂花很香。但母亲的一句"这里的桂花再香，也比不上家乡院子里的桂花"，则是在"小扬"铺垫之后的"大扬""高扬"，显然，文字表达的意图依然还是家乡的桂花之香。正所谓"月是故乡明"，这乃是情感逻辑使然。

在这里，先抑后扬是一种美的规律和方式，按照这种美的方式运用语言文字，准确而妥帖地表达作者的思想情感，这才是语文学习的真正起点。

就终点而言，我们必须追问"运用语言文字做什么"，这是语文课程的终极关怀。如果，运用语言文字只是为了掌握字词句段篇，却不能丰盈一个人内在的言语生命；如果，运用语言文字只是为了提高听说读写书，而不是更真诚、更自由地去表达和创造自己的思想之美、体验之美、心灵之美，那么，运用语言文字对孩子而言又有何用？

我在重庆执教《桃花心木》的时候，遇到过这样一段意料不到的插曲。课的尾声，在学生充分感悟到生活本身充满了各种不确定之后，一位女生站起来说："老师，我想用诗歌来表达我对'不确定'的理解，而且我可以七步成诗。"于是，那女孩站起来，走一步，说一句诗，走了七步，有了这样一首《七步诗》：

> 我们可以欺骗别人，却无法欺骗自己
> 我们走进枝繁叶茂的五月，未来将不再是个谜
> 向上的路，总是坎坷又崎岖
> 要想保持最初的幸福，真是不容易
> 有人悲哀有人欣喜
> 当我们跨越了一座真正的高山
> 也就跨越了一个真实的自己

这个孩子叫李玉妍，是重庆九龙坡区第二实验小学六年级的学生。孩子作完诗，全场轰动。课后有人质疑，这首七步诗是否是孩子课前准备的。我问过这个班的语文老师，她说，没有，这孩子平时就喜欢作诗，类似的七步诗已经不是第一次了。我想，那一刻，李玉妍以她的美的文字成就了她自己的诗意人生。在这里，文字语言的运用，已经不是外在于孩子的生命，它就是生命本身。正是在这个意义上，潘新和先生主张语文学习的目的乃是"引领诗意的言语人生"，"通过言语表现进行创造性的自我实现以建构精神家园"才是语文的本体。

汉字本就是"有意味的形式"，更遑论文学与教育的艺术。美是语文的本体，它从不外在于语文；美也是语文的终极旨归，它在意义的最深处给语文以自由、澄明与轻盈。没有美，语文必将空无一物。

从美出发，回到美，这是语文的诗意轮回，也是言语人生的凤凰涅槃。

文字背后是人心

课文《搭石》中有这样一段话：

> 每当上工、下工，一行人走搭石的时候，动作是那么协调有序！前面的抬起脚来，后面的紧跟上去，踏踏的声音，像轻快的音乐；清波漾漾，人影绰绰，给人画一般的美感。

老师这样教学这段话：

请学生按照"一二三四，二二三四"的节奏鼓掌打拍子，学生合着拍子朗读这段话，先指名朗读，再全班齐读。

播放童声版的"跑操"音乐，学生随着音乐用脚踏出节奏，边踏边读这段话，随后理解"协调有序"。

让学生说说这样走搭石的感受，再说说哪些词句最能表现这样的感受，点出"清波漾漾，人影绰绰"。

组织学生讨论："清波漾漾，人影绰绰"是写景的文字，表现了什么？最后得出结论：写景是为了表现美。

现场的朗读效果很好，无论是合着拍子还是随着音乐，这段文字都读得像极了歌词，节奏分明，协调有序。教学点聚焦在写景处，体会这样写景的好处正是极具语用特征的学习内容。

课上得很"语文"，很"语用"，很"本体"，只可惜，"人"不见了！

明眼人都知道：一行人走搭石一定不是为了好看，为了表演；一行人走搭石的时候一定不会有音乐伴奏，一定不会有人指挥；自然，一行人走搭石也一定不会有人围观、有人鼓掌喝彩。

回到课文，乡亲们只是知道：搭石原本就是天然石块，踩上去难免会活动，走得快才容易保持平衡。乡亲们更是知道：走搭石不能抢路，也不能突然止步，如果前面的人突然停住，后边的人没处落脚，就会掉进水里。

这些，乡亲们都知道。

乡亲们都知道，才会这样走搭石，才会有"清波漾漾，人影绰绰"的画面。

一定不能忘记，走搭石的是人，是不仅想着自己、也想着别人的人，是通情达理、民风淳朴的乡亲们。倘若是一队土匪、一伙强盗走搭石，他们一定也会这样走，但决计走不出"清波漾漾，人影绰绰"的画面来，极有可能出现的倒是"冷风飕飕，鬼影幢幢"景象。

蒋勋说，过得像个人，才能看到美。这"清波漾漾，人影绰绰"本是人看出来的，不是风景表现美，这话说反了，而是美的人方能见出这样的风景来。再往究竟处说，心外无物，有此心方有此景。

潘新和先生说，语文课程是一门学习以言语表现服务人生，彰显人、人类存在价值，培养写作者、立言者的课程。

是的，言语和人，文字和人，从来就是一体的。

回到《搭石》那段话。请思考："协调有序"的背后谁在指挥？答案只有一个：每个人的心，那颗想己亦想人的心。那颗心，是乡亲们在代代相传的民风中熏习而成的。正是那颗心，无声地指挥着乡亲们走搭石的动作；正是那颗心，无声地演奏着轻快的音乐；也正是那颗心，无声地映照着"清波漾漾，人影绰绰"的美景。

一定得有那样的人、那样的心，才始会有那样的文、那样的字。读那样的文和字，焉能抛弃文字背后那样的人和心？学生倘若不能在语文课堂里体认到那样的经验，以为文就是文，人就是人；文只是文，人只是人，那么，他们获得的永远只是技能本身、工具本身，他们也永远不会意识到拥有技能、工具的意义和价值。

倘若真像《搭石》一课所上，那么，知道了"借景抒情"又有何用？知道了"风景表现美"又有何用？知道了"清波漾漾，人影绰绰"整饬的节奏感又有何用？

"人"若不见了，语用何用？

第五辑

从灵魂返乡到
文化知音

为什么读经典

为什么读经典？

我曾经为陈琴的《经典即人生》一书写过这样的推荐语——

> 本色为素，故有素月；单纯为素，故有素朴；向来为素，故有素志。素读者，本色之读、单纯之读、向来之读也。经典素读，为民族文化传灯，为幸福人生指月，功德无量！

我也曾经在自己主编的《经典诵读：中华优秀传统文化系列读本》写过这样的序言——

> 怀着敬意，我们编写这套"读本"。
>
> 这里是经典的星空。闪耀其间的，是中华民族的心灵之光，它们烛照着一代又一代中国人从蒙昧中走来、向着文明和美好一步步迈进。从《弟子规》到《千字文》，从《笠翁对韵》到《龙文鞭影》，从《大学》《中庸》到《论语》《孟子》，从"经部""史部"的采撷到"子部""集部"的拾贝，经典如繁星闪烁、一片璀璨。它们之中，有的智慧灼灼，有的慈祥皎皎，有的雄辩如银河落九天，有的深邃似月涌大江流。沐浴在经典星光中的你们，是温润的；抬头仰望经典星空的你们，是优雅的。愿星星点灯，在温润和优雅中伴随你们一起成长。
>
> 这里是文化的长河。道是它的源头，也是它最终的归宿。从道出发，祖国文化浩浩荡荡、横无际涯、百舸争流、千帆竞秀。在这里，你会懂得不偏不倚的为人处世之道，你会领悟修身、齐家、治国、平

天下的高尚情怀，你会向往"举世而誉之而不加劝，举世而非之而不加沮"的逍遥境界，你会逐渐拥有"为天地立心，为生民立命，为往圣继绝学，为万世开太平"的崇高使命和气度。如果说鱼跃需要海阔、鸟飞需要天高的话，那么，中华民族博大精深的文化就是你生命跨越和飞翔的海天。

这里是神圣的大地。大地之上，肖然屹立着一个又一个高贵而精致的灵魂，孔子、颜回、曾参、荀况、孟子、子思，左丘明、司马迁、班固、陈寿、司马光、刘向，老子、庄子、墨子、孙子、列子、韩非子，屈原、陶渊明、李白、杜甫、韩愈、苏轼……你在这片神圣的大地上以诵读的方式遇见他们。诵读，就是倾听这些灵魂的呼吸，慢慢地，你就和这些灵魂的呼吸保持着相同的节律；诵读，就是和这些灵魂对话，或惊叹、或震撼、或省悟、或疑惑、或共鸣、或回味，慢慢地，你就和这些灵魂相知、相亲、相伴、相随；诵读，就是以这些灵魂为镜子，重新发现自己、照亮自己，慢慢地，你发现自己变得更自信、更深邃、更智慧、更慈悲、更有底气，慢慢地，你的生命开始洋溢喜悦、轻松、安详、宁静。

当然，在你没有真正走进这套"读本"前，一切都只是空谈。

让我们怀着敬意，一起走进这套"读本"。

是的，经典是我们的文化之源、精神之根、生命之魂。在浩如烟海的书籍前，我们不禁要问：哪些作品曾经把种子留在了我们身上？哪些作品能为我们的想象力打下深刻的印记，把种子的能量蓄积于我们的深层记忆中？哪些作品让我们内心安静地"确立"过自己？

这所谓的种子根性、想象印记、心灵安顿的品质特征，便是文化经典的特征。《大学》《中庸》如此，《论语》《孟子》如此，《老子》《庄子》亦是如此。如果说这还是从作品的视角理解经典，那么，如果从读者的角度看，我们是否还可以这样感怀经典：一部你未曾读过就令你内疚的书，一个民族没读过会令整个民族汗颜的书，一代人没读过就令一代人失根的书。这样的作品一旦缺席，就会令整个社会文化生态链断裂。是的，这是经典的生命温度、文化高度、精神深度在直面它的每一个读者身上的秘响旁通、伏采潜发。

当代中国人，已经忘了自己的本来面目。去年八月，龙应台在北大百年纪念讲堂作了题为《文明的力量：从乡愁到美丽岛》的演讲。她说："台湾所有的小学，你一进校门当头就是四个大字：'礼义廉耻'。进入教室，简朴的教室里面，墙壁上也是四个大字：'礼义廉耻'。如果一定要我在成千上万的格言里找出那个最基本的价值基座，大概就是这四个字。"这四个字，曾经是一代又一代中国人的精神信仰。

而坚信"'家''国'支点在文化"的前国家图书馆馆长任继愈先生在接受记者采访时，曾经说过这样一番耐人寻味的话："中国有很多传统美德，说'己所不欲，勿施于人'，你换一个'己所欲，施于人'行不行？你爱吃辣椒，不能让别人也吃辣椒。对待朋友应该是这样，对待家人也应该是这样；人与人之间是这样，国与国之间也是这样。所以，经典的东西很有价值，是经得起推敲的。"

经典的价值不止于此，卡尔维诺在《为什么读经典》中就深刻指出："经典作品是一些产生某种特殊影响的书，它们要么本身以难忘的方式给我们的想象力打下印记，要么乔装成个人或集体的无意识隐藏在深层记忆中。""这种作品有一种特殊效力，就是它本身可能会被忘记，却把种子留在我们身上。"

是的，经典有着巨大的种子能量。读经典，就是要把文化的种子播撒在学生的精神土壤上，静待花开。终有一天，受过经典熏习的孩子们都会在人生成长的某个节点上"归来笑拈梅花嗅"的，因为，那里才是中国人的精神家园。

经典怎么读？一言以蔽之，纯粹地读。读在这里既是手段，更是目的；既是起点，更是旨归。在这里，读可以理解为记诵，将所读经典作永久的、终生的记忆，是一个人素养能量的原始积累。它跟一般的阅读积累不一样：经典积累更以背诵为目的，是为了获得种子之功。

众所周知，中国经典皆为文言文本。对小学生而言，文言学习说到底就是"以熟为本"还是"以知为本"的问题。学文言，传统的方法是多读，熟读成诵、以熟求通。西学东渐之后，有人就开始质疑，质疑的焦点集中在两个方面：一是死记硬背，二是低效费时。于是，就有不少人设想多快好省的方法，想来想去，想出一个"以知为本"的方法。所谓"知"，就是了解文言的词汇和句法的规律，不仅知其然，更知其所以然。而后，就能以知为纲、统摄全目、理路贯通、一通百通。这个方法省时高效吗？张中行先生在其《文言和白话》一书中，有过公允之论。他指出："这想得很好，如果真能行之有效，那就更好。但是这条路像是并不平坦。"其实，说"并不平坦"还算客气，相比于"以熟为本"，这条路才是低效费时的。这是因为：第一，所谓规律，总是烦琐枯燥的，要学生弄懂记牢，本身就是吃力不讨好的；第二，所谓规律，总是抽象概括的，而学生面对的文言却是具体形象的，以概括绳具体，常常令他们茫然无措。对此，张中行先生又一针见血地指出："这是因为只记了术语，而没有熟悉文言的表达习惯；而某词某句在某处表达什么意义，是由表达习惯决定的。""习惯决定意义，因而想确切理解词句的意义，就不能不通晓习惯。想通晓习惯，显然，除熟之外没有别的办法。"

唐德刚先生在回忆自己早年语文学习经历时，发过这样一通感慨："学龄儿童在十二三岁的时候，实在是他们本能上记忆力最强的时期，真是所谓出口成诵。要让一个受教育的青年接受一点中西文学和文化遗产，这个时候实在是他们的黄金时代——尤其对中国古典文学的学习与研读，这时如果能熟读一点古典文学名著，实在是很容易的事——至少一大部分儿童是可以接受的；这也是他们一生将来受用不尽的训练。这个黄金时代一过去，便再也学不好了。"

现代文学大师巴金老人在世的时候，有一次接受记者采访。记者问他："巴老，您的语言那么好，那么符合语法规范，您的语法是怎么学的呢？"巴老的回答完全出乎记者的意料："我没学过语法。"记者说："不可能啊，我认真研读了您的作品，几乎没有不符合语法规范的。"巴老说："我真没学过，直到现在还不知道什么叫语法呢！"这个记者很疑惑："那么《家》《春》《秋》这些小说，您是怎么写出来的？"巴老说："我把《古文观止》背诵过之后，就写出来了。"

《古文观止》是清人吴楚材、吴调侯于康熙三十三年选定的古代散文选本，由清代吴兴祚审定并作序，序言中称"以此正蒙养而裨后学"。此书虽为当时的蒙童和古文爱好者所选编，但一点没有媚俗气息，这些不朽的经典中，蕴含着丰富的历史知识、成熟的人生经验、艰深的文章美学，乃至博远的宇宙哲理，可以说《古文观止》是中国古代最优秀的散文荟萃。

巴金从小将整部《古文观止》读到烂熟于心，就形成了一种内在的、高品位的语感图式，一如清人唐彪所言"大抵观书先须熟读，使其言皆若出于吾之口。继以精思，使其意皆若出于吾之心，然后可以有得尔"。读经典贵熟不贵知，道理就在这里。如果读书只是浏览扫描、匆匆而过、浮光掠影、蜻蜓点水，即便意思都懂、文理都通，到了要用的时候，脑子还是一片空白，没用。

这种读法成年人很难做到，但15岁以下的孩子却一点也不费力。中国古代的私塾就是采用这种方法，日本在二战之前也一直沿用这种方法。事实上，日本、韩国以及中国在近代或当代取得重大成果的人，几乎都受过这种熏陶。据日本的教育部门统计，日本战前获得诺贝尔奖的15个人中，个个都是以诵读中国的"四书五经"为启蒙教育的。

俗话说："少成若天性、习惯成自然。"这样的文化种子一旦得到播种，孩子的精神之花就会随着各自的造化而绽放。

陈琴曾经跟我讲到过这样一件事儿：她有个学生，孩子他爸是研究经济学的，经常跟高端经济学学者在一起讨论。有一次孩子他妈在陈琴的QQ空间里面留了一段话，说今天孩子他爸表扬了孩子，因为聊天时讲到中国的食品问题，大家都觉得现在的食品没有哪一样能让人放心敢吃的。孩子当时也在场，就插话说因为那些做食品的人没有读过《大学》，读过《大学》的人是绝对不会做的。他爸说这些做生意的人很多都是研究生毕业的，怎么会没有读过"大学"。孩子说是古代"四书"里面的《大学》，《大学》告诉我们："生财有大道，生之者众，食之者寡，为之者疾，用之者舒，则财恒足矣。仁者以财发身，不仁者以身发财。未有上好仁而下不好义者也，未有好义其事不终者也，未有府库财非其财者也。"尤其是"仁者以财发身，不仁者以身发财"，充满仁义的人，他有一分钱会用一分钱去做善事，会让他的声名更加远大，不仁者铤而走险，冒着生命危险去发财。这个学生的所悟之道，正是经典的所传之道啊！

古人讲童蒙养正，正者，正道也、正见也、正行也、正精进也，读经典，无疑是童蒙养正的绝佳路径，因为，传道养性是其灵魂，承续文脉是其愿景，以读为本是其不二法门。北宋大儒张载有言："为天地立心，为生民立命，为往圣继绝学，为万世开太平。"也许，张载的"四句教"是对为什么读经典的最经典的注脚吧。

古诗教学的实践智慧

我们知道，古诗教学不同于散文、小说、童话的教学，甚至也不完全同于现代诗的教学。我们主张，古诗教学应该做到"三个为重"：以诗性为重、以意象为重、以共感为重。认清了古诗教学的价值取向之后，我们也就可以明确古诗教学的基本策略。

第一，既然以诗性为重，那么它的基本策略就应该是"会心诵读得其韵"。古诗教学基本的方法就是诵读，当然现在讲诵读，是普通话语境下、是现代汉语语境下的诵读，已经不是传统意义下的吟诵了。或者说，对传统意义上的吟诵，也要进行现代重构。

第二，既然以意象为重，那么基本的教学策略就应该是"澄心直观得其象"。所以我反复强调，古诗要"举象"，"举"就是打开，就是呈现，就是营造。不仅要"举象"，还要"造境"。只有在举象、造境的基础上，孩子们才能够真正领会诗之三昧。

第三，既然以共感为重，那么我们教学的基本策略就应该是"潜心涵咏得其意"。这个"意"，不是意思，不是意象，而是意象所承载着的人的情感、人的心理，是意韵，是共感。

一、诗性：会心诵读得其韵

在古诗教学中，诵读、吟诵是对诗最大的保护。诵读的整体性、音乐性、当面接触的直观性，都在小心翼翼地保护诗作为一个生命的存在。当然，诵读得讲究方法，不是傻傻地读，不是小和尚念经有口无心地读，诵读必须糅合到诗的整体意境中去。因此，诵读既是对诗的倾听，也是对诗的再阐释、再创造。曾经置身于历史语境中的诗，就这样活在了诵读的当下。

王自文老师参加全国第六届小学语文青年教师阅读教学大赛，上的是《古诗两首》（《题临安邸》《秋夜将晓出篱门迎凉有感》），获得了一等奖。之所以取得成功，我觉得主要原因：第一，这堂课在古诗教学的模式上有突破；第二，对古诗教学的诵读作了一些独到处理，而且现场效果确实很好。

这两首古诗的教学，诵读不是一次到位，不是作为教学的一个环节，而是融入教学的全过程，从头到尾穿插着、贯穿着、糅合着。诵读成了这节课最基本的策略，以诵读为主线穿插着氛围的烘托、背景的介绍、诗眼的挖掘以及意境的构建。

这两首诗同时呈现在你面前的时候，它有一种单独一首诗所不具备的冲击效果，第一首林升的《题临安邸》："山外青山楼外楼，西湖歌舞几时休？暖风熏得游人醉，直把杭州作汴州。"这首诗写了一种人，什么人？游人。这里的游人专指当朝的达官贵人。一种人出来了，身份明确了。而陆游这首诗呢，也写了一种人，什么人？遗民，北宋王朝灭亡之后遗留在中原大地上的子民，不是遗留，是遗忘！是遗弃！这两种人搁在一起的时候就产生一种张力，他们有因果联系：遗民，为什么被遗？因为游人。所以我们看到两种人是两种完全不同的状态。第一种游人，什么状态？一个字：醉，"暖风熏得游人醉"。是陶醉吗？沉醉吗？都不是，是烂醉如泥，是纸醉金迷，是醉生梦死！遗民也是一种状态，是泪，是以泪洗面的泪，血泪斑斑的泪，甚至是欲哭无泪的泪。第一种人在干什么？在享受，在腐败堕落，在贪图安逸。遗民呢，在望，在眼巴巴地望，遗民泪尽胡尘里啊。

陆游写完这首诗以后过去了十多年，他去世之前，还写过一首诗："死去元知万事空，但悲不见九州同，王师北定中原日，家祭无忘告乃翁。"也就是说这十多年，他像那些遗民那样天天在望，月月在望，年年在望，一年过去了，五年过去了，十年过去了，一直在望，要撒手归西了，写下了这首诗：家祭无忘告乃翁，算是留下一个遗嘱吧。可惜，陆游的遗愿没有实现，一百五十多年以后，南宋朝廷被元朝灭了。

这堂课有一个步骤设计很巧妙，老师引领学生反复诵读：十年过去了——"遗民泪尽胡尘里，南望王师又一年"；五十年过去了，黑发人都已经熬成了白发人了，但是——"遗民泪尽胡尘里，南望王师又一年"；一百年过去了，一百五十年过去了……直到南宋小朝廷被元朝灭亡的那一天，在中原大地上，我们依然看到——"遗民泪尽胡尘里，南望王师又一年"。这是诵，反复地诵，有情感的蓄势，有情境的拓宽，更有内涵的加深。

还有一个设计也很精彩。老师引导学生：看到北宋的遗民生活在水深火热中，作为一个有良知有热血的人，在杭州，在临安，你情不自禁地要去问一问那些游人，要去问一问那些达官贵人，你们在干什么？请你指着那些游人的鼻子问一问——"山外青山楼外楼，西湖歌舞几时休?"请你指着那个大奸臣秦桧问一问——"山外青山楼外楼，西湖歌舞几时休?"请你指着那个终日莺歌燕舞、醉生梦死的无道昏君问一问——"山外青山楼外楼，西湖歌舞几时休?"悲痛、悲怆、悲愤全在这一问中。不用多说，不用多讲，够了，这样诵读，得的不仅仅是声音，更是声音所传递和负载的意蕴。

古诗教学的诵读，要讲究整体性，要讲究节奏性，要融入教学的整个过程中去，千万不要只把它当作其中的一个环节。我甚至还认为，对古诗所有的理解，所有的感悟，都要化作每一个孩子发自肺腑的诵读。那是一种心灵的共鸣、情感的共振，那是两个灵魂的精彩相遇、互致问候。这样的古诗教学，才是充满生命活力的教学。

二、意象：澄心直观得其象

诗一定要把象呈现出来，状难言之物要历历如在目前。正如朱光潜先生所言，诗要"见"出一种境界来。这"见"，便是诗的意象；通过"象"，我们才能抵达诗之三昧。

《红楼梦》第四十八回"滥情人情误思游艺　慕雅女雅集苦吟诗"中写香菱向黛玉学诗。黛玉叫香菱先去读读青莲、老杜、摩诘的诗。过了一段时间，香菱来向黛玉汇报。黛玉问她有啥心得，她说："依我看来，诗的好处，有口里说不出来的意思，想去却是逼真的。有似乎无理的，想去竟是有理有情的。那感觉像是嘴里含了个几千斤重的橄榄。"几千斤重的橄榄，回味无穷啊！黛玉说："你举两个例子给我听听。"香菱就开始举例说明，第一个例子，"大漠孤烟直，长河落日圆"，王维的诗句。下面是香菱的原话："想来烟如何直？日自然是圆的。这'直'字似无理，'圆'字似太俗。合上书一想，倒像是见了这景的。若说再找两个字换这两个，竟再找不出两个字来。"香菱聪明啊！就这一句话，她已经懂了诗的"三昧"。香菱的话里，最要紧的是一个字——"见"，"倒像是见了这景的"。见，就是对诗歌意象的还原，同时被还原的，还有诗歌的生命境界。

我执教纳兰性德的《长相思》，花的力气最多的，就是举象造境，就是对诗歌核心意象的还原。

教词的上阕，我在黑板上写了一个"身"字。

我说："纳兰的身，身体的身，身躯的身，他的身到过哪些地方？"这是举象。我一口气叫了八个孩子，前面叫一个，后面叫一个，中间叫一个……第一个孩子站起来说："纳兰的身在路上。"他答完我让他站着。第二个孩子站起来说："纳兰的身在向着山海关的路上。"方向有了，答对了，我也让他站着。第三个孩子说："纳兰的身已经在山海关了。"我发现第三个孩子的思路已经僵化了，就引导说："你们再读读词的上阕——山一程，水一程，身向榆关那畔行。看到什么啦？"两个逻辑重音，一个落在"山"，一个落在"水"。有孩子明白了："哦，老师，我知道了，纳兰的身在山上。"怎样的山？"崇山峻岭，悬崖峭壁，羊肠小道，布满了荆棘，山中还有豺狼虎豹出没其间。"这个象就出来了。除了山，还经过哪儿？又站起来一个："纳兰的身在船上。"是的，船在河上、水上，你看到了怎样的河？怎样的水？"波涛汹涌、激流澎湃，那水浑浑黄黄，掉下去就看不见人影，很险恶！"纳兰往东北走，季节又在冬天，水肯定不会是学生还原的那个样子。但是，生活的真实和文学的真实是两码事，孩子们这样想象是完全可以的。

好了，八个孩子发言完毕，都直直地站着。我说："孩子们，课堂里站着八个孩子，八个孩子就是八个点，八个点把它们连在一块儿，你看到的是一条线，这条线就是纳兰的身经过的路线。他的身经过了崇山峻岭，他的身经过了大河小川，他的身经过了荒郊野岭，而此刻他的身正在军营的帐篷里。想一想，如此征途，艰难吗？艰难。辛劳吗？辛劳。疲惫吗？疲惫。把这种感觉读出来——"山一程，水一程，身向榆关那畔行，夜深千帐灯。"此刻，孩子们读的不是文字，而是象，一个一个充满了生活细节和生命气息的象。

教词的下阕，我在黑板上写了一个"心"字。

我说："那你们可知道，此时此刻，纳兰的心，心情的心，心愿的心，他的心又在哪里？"我一连叫了六个孩子，"在哪里？""故乡。""在哪里？""老家。""在哪里？""故园。"故乡，老家，故园，假如到此为止，那还只是在诗的门口徘徊。因为，此刻的"故园"在孩子心中还只是两个字，两个抽象的符号，没有象的显现，没有生活的细节，也没有生命的气息。一句话，还是死的。

我刚才说过，古诗教学要澄心直观得其象。

于是，我用多媒体呈现了一幅画：秋天，火红的落叶，正是秋色很浓的时候，一位妇女在家门口刺绣。一针一线，用的是什么？不是丝绸的"丝"，是相思的"思"，画的意境很美。画出现的同时，配有背景音乐——《琵琶语》，琵琶声款款响起，淡淡的思念、淡淡的哀怨，随着空灵的女子的哼唱，飘向了山一程水一程的远方。我说："如果有可能，你去纳兰的故园走一走，看一看，你会看到怎样的画面？怎样的场景？"于是，沉浸在画面和音乐中的孩子们，开始用自己的想象一帧一帧还原着故园的意象。

生1：我看见了纳兰性德的家乡鸟语花香，纳兰性德的家人在庭院中聊天，小孩子在巷口玩耍嬉戏，牧童赶着牛羊去吃草，姑娘们就在门口绣着花，放学归来的孩童们，放下书包，趁着风，放起了风筝，还有的用花编成花环戴在头上。家乡一片生机勃勃。

师：好一幅乡村乐居图啊。这是他看到的，你们看到了哪些？

生2：我看到了晚上，月光皎洁，星星一闪一闪的。他的亲人坐在窗前，望着圆圆的月亮，鸟儿也不再"叽叽喳喳"地叫，只听见外面"呼呼"的风声，花儿合上了花瓣，亲人是多么希望纳兰性德能回到家乡与他们团聚啊。

师：一个多么宁静多么美好的夜晚。你看到了——

生 3：在一个晴朗的日子里，妻子正绣着锦缎，孩子们在门外的草地上玩耍，一会儿捉蝴蝶，一会儿又玩起捉迷藏的游戏。汉子们正挑着水，一家人做好饭后，围在一起，喝酒聊天。

师：故园的生活真是其乐融融啊！

这就是举象，这也是造境。诚如朱光潜先生所言："无论是欣赏或是创造，都必须见到一种诗的境界。这里'见'字最要紧。第一，诗的'见'必为'直觉'。诗的境界是用'直觉'见出来的，它是'直觉的知'的内容而不是'名理的知'的内容。'见'所须具的第二个条件是所见意象必恰能表现一种情趣。凝神观照之际，心中只有一个完整的孤立的意象，一无比较，无分析，无旁涉，结果常致物我由两忘而同一，我的情趣与物的意态遂往复交流，不知不觉中人情与物理互相渗透。情景相生而且相契合无间，情恰能称景，景也恰能传情，这便是诗的境界。"孩子们一旦融入这个意境，就能和诗人心心相印了。

三、共感：潜心涵咏得其意

我说的"意"不是"意思"，也不是"意象"，而是"意韵"。"意韵"是象背后的东西，是言外之意，是弦外之音。诗，最难把握、最难琢磨的还不是"象"，因为"象"是可以呈现的。还要再上升一个境界，那个境界叫什么呢？"华枝春满，天心月圆。"你注定只能远远地看，却永远无法接近、无法触摸。诗到究竟是思，是对人生、对世界、对宇宙的根本了悟。

我们来看苏轼的这首《饮湖上初晴后雨》。吟咏西湖的诗歌非常之多，但是最出名的就是这一首了。东坡的这首诗把西湖的气象和神韵都写出来了，而且极具原创价值。我说的原创价值，就体现在"欲把西湖比西子"的"比"上，这叫千古一比。前不见古人，后不见来者，再也没有人能超越这千古一比。从今往后，西湖又多了一个妩媚的称谓——"西子湖"。

那么，"欲把西湖比西子"的这一"比"，究竟好在哪儿呢？这就需要我们潜心涵泳得其意。

第一，从神韵上看，西湖和西子的美都在一个"宜"字上。大家看西湖，"水光潋滟晴方好"，晴天的时候，好！"山色空蒙雨亦奇"，雨天也是好，晴天雨天都是好！这叫"相宜"，这叫全天候的美。我们再看西施，"淡妆浓抹总相宜"，"淡妆"，不施粉黛，天生丽质，怎一个"美"字了得！后来到了吴王那里，精心妆扮，那是"浓抹"，还是美啊！淡妆是美，浓抹是美，所以西施的美也是全天候的。

第二，从气韵上看，西湖和西子的美都跟"水"紧密相关。西湖的美当然在水，水光潋滟，跟水有关；山色空蒙，还是跟水有关。所以，水是西湖的魂。其实整个杭州文化的精髓，也在"水"，全世界再找不出第二座城市，能像杭州一样同时拥有水的五大形态——江（钱塘江）、河（京杭大运河）、湖（西湖）、海（东海杭州湾）、溪（西溪）。我们再看西施，也和"水"有关。西施之美，叫沉鱼之美：她到江边浣纱，鱼就围过来看她，哎呀，怎么那么漂亮啊！鱼儿都羞得不好意思，"唰"都沉到江底去了，这叫"沉鱼之美"。

第三，从风韵上看，西湖和西子的美，都不是壮美，也不是艳美，而是清美。西湖之美，在它的清澈、清纯；西施之美也在她的清纯、清丽。"欲把西湖比玉环"，行吗？不行，玉环太肥了；"欲把西湖比飞燕"，行吗？也不行，飞燕太瘦了。比来比去，只有西施。"欲把西湖比西子"最恰当。

第四，从情韵上看，两者之美，都在一个"柔"字。西湖在哪儿啊？江南。江南好，风景旧曾谙。西施在哪儿啊？江南。江南出美女。江南的美，不同于塞北的美，那是粗犷和野性的美，而江南，则是温柔恬静的美。西湖和西子，都有江南文化滋养下的那种特有的气质。

第五，我们还可以从音韵上看，两种美的命名，第一个字都叫"西"：西湖，西子，这是修辞意义上的"双声"，读起来有一种特别的音韵之美。

从神韵到气韵，到风韵，到情韵，最后到音韵，西湖和西子，简直就是绝配，就是天作之合。我说苏东坡的"比"是天才之"比"，是千古一"比"，这一比之后的丰富意蕴，自然需要我们去细细地嚼、慢慢地品。

不在实用　而在文化

近日，翻读日本学者加藤喜一新书《中国的逻辑》，其中有两段文字赫然映入眼帘，令我这个身为语文教师的中国人不胜感慨：

> 名字与语言是自我认同的核心。倘若"00后"的小朋友已经有了英文名字，并用它经营自己就有些危险了，必须加以警惕，因为这很有可能逐渐失去自己作为中国人的思维观念。
>
> 中文是文化底蕴很深厚的语言，外国人不好接触，只懂语言远远不足，必须了解背后的文化，这叫做"学语文"。

很遗憾，对中文和母语教育有着如此冷静而深刻见地的中国人，实在不多，其中也包括语文教师。

大家知道，1949年之前，"语文"称作"国语"和"国文"。从"国文"到"语文"，一字之差究竟意味着什么？"国文"者，堂堂一国之文也！它是中华民族五千年的文明之根，每一个中国人的精神之根、文化之根。王丽在《语文丢失了什么》一文中说得掷地有声："国文唤起的是我们潜意识深处对国家民族文化的认同感；它使我们从拿起母语课本的第一堂课——开启蒙童的第一天起，就意识到'我'是中国人。"

"国文"之文，不外"白话文"和"文言文"这两类。那么，从文化之根的角度审视，谁更有实力、更有资格担当这一使命呢？我想，答案是毋庸置疑的。文言是中华民族经典思想、经典文化最优雅最适切的寓所。三千年的文明血脉，二千九百年横亘在文言这片神圣的土地上。文言才是中国人的文明之根、精神之根、文化之根。

《诗经·大雅·文王》中有一句诗："周虽旧邦，其命维新。"细究起来，"旧邦"代表了文化传统，而"维新"则是指对传统文化的更新和再造。其实，由"旧邦"开出"新命"，原本就是中国文化的传统。

但是，自鸦片战争以降，尤其是在全球化愈演愈烈的今天，"旧邦"正被我们弃若敝屣，而"维新"几乎成了全盘西化的代名词。"旧邦"与"新命"的撕裂，成了当代中国最为深切的文化之殇。

文化之殇，首先是语言之殇。洪堡特指出："每一种语言都包含着一种独特的世界观"，"民族的语言即民族的精神，民族的精神即民族的语言，二者的同一程度超过了人们的任何想象。"但是，有着三千多年历史的民族语言——文言文，却在近代中国猝然断裂，与之同一的民族精神正危若朝露。

于是，我们不禁要问，"能像范仲淹一样无私，'居庙堂之高则忧其民，处江湖之远则忧其君'，也能像王安石一样无畏，'不畏浮云遮望眼，只缘身在最高层'；入世可如岳飞，'三十功名尘与土，八千里路云和月'，也可躬耕陇亩如诸葛亮，'非淡泊无以明志，非宁静无以致远'"（熊芳芳语），这样的民族情怀还有承继的纽带、生发的土壤吗？

就中国文化而言，文言文不仅仅是走进民族精神的钥匙，说到底它就是家园本身，在其家中住着整个中华民族。

但现状却是，在整个小学语文课程体系中，几乎没有文言文教学的丁点地位。

就课程目标来看，《义务教育语文课程标准（2011年版）》（以下简称"课标"）一直到第四学段才对文言文学习提出了这样的目标："诵读古代诗词，阅读浅易文言文，能借助注释和工具书理解基本内容。注重积累、感悟和运用，提高自己的欣赏品位。"至于第一到第三学段，即整个小学阶段，文言文教学目标完全付诸阙如。

就课程内容来看，人教版小学语文教材从五年级开始，总共只选用了4篇文言文，分别为《杨氏之子》（五下）、《伯牙绝弦》（六上）、《学弈》（六下）、《两小儿辩日》（六下），4篇文言文加在一起总数还不到400字。就教材分量看，连点缀点缀都说不上。

再就课程评价来看，"课标"所提要求为"评价学生阅读古代诗词和浅易文言文，重点考察学生的记诵积累，考察他们能否凭借注释和工具书理解诗文大意。词法、句法等方面的概念不作为考试内容"。我们联系整个课标语境，就不难发现，这样的评价要求也只能在第四学段落实。

而"课标"的几个附录，则一如既往地反映出文言文教学在整个小学语文课程体系中的无足轻重。《附录1：关于优秀诗文背诵推荐篇目的建议》明确指出："1—6年级的背诵篇目都是诗歌。"《附录2：关于课外读物的建议》中，干脆对文言文作品的阅读只字未提。

从1906年废科举之前的私塾读经到现代语文的全面普及，短短的110年时间里，曾经作为古代学子唯一教材的文言文在当代小学语文教学中几近消亡。

感怀触绪，长歌当哭。

乌申斯基说过："人类一代一代地把深刻的内心活动的结果，各种历史事件、信仰、观念，已成陈迹的悲哀与欢乐，都收入祖国语言的宝库中。简言之，精心地把自己的精神生活的全部痕迹都保存在语言中。语言是一条最生动、最丰富和最高尚、最牢固的纽带，它把古往今来世世代代人民连成一个伟大的、历史的活生生的整体。"对中华民族而言，文言文正是这样一条长达三千多年历史的伟大纽带。

诗人余光中在其散文《听听那冷雨》中对汉字所保存的民族精神生活的全部痕迹作过这样一番诗性的描述："杏花。春雨。江南。六个方块字，或许那片土地就在那里面。而无论赤县也好神州也好中国也好，变来变去，只要仓颉的灵感不灭，美的中文不老，那形象，那磁石一般的向心力必然长在。因为一个方块字是一个天地。太初有字，于是汉族的心灵，祖先的回忆和希望便有了寄托。"

文言乃是民族文化的根源。伽达默尔指出："语言根本不是一种器械或一种工具。因为工具的本性就在于我们能掌握对它的使用，"而"我们永远不可能发现自己是与世界相对的意识，并在一种仿佛是没有语言的状况中拿起理解的工具。毋宁说，在所有关于自我的知识和关于外界的知识中我们总是早已被我们自己的语言包围。"是的，文言包围中华民族的思想情感长达三千多年，经史子集概莫能外，它在"岁月一何易，寒暑忽已革"的历史变迁中早已化作了民族精神的地质层。因此，学习文言的过程，是与一代又一代民族先人的灵魂相遇的过程。"从中你可以触觉到灵性飞扬的民族文化精魂、触摸到起伏消长的民族文化血脉、体验到跌宕开合的民族文化情感、感应到奔腾不息的民族文化精神"（曹明海语）。

文言乃是儿童精神的底色。弗洛伊德认为人的早期经验会对一生的发展产生决定性的影响。刘晓东指出："任何早期的哲学性质的冲动往往会影响人的一生：一生的世界观和人生道路的选择。"其实，何尝只是哲学冲动，该时期的阅读旨趣和经验同样会对儿童一生的发展产生决定性影响。当然，儿童时期的文言阅读，不同于对动漫的冲动、对游戏的兴趣，它是一种高雅的文化志趣。越是高雅的志趣，往往越远离日常生活，越需要文化的支撑和传统的浸润。西方人让儿童阅读《荷马史诗》，阅读《圣经》，我们为什么就一定要以不感兴趣为理由，让儿童忘记《诗经》、忘记《论语》、忘记老庄、忘记禅呢？如果一个民族普遍缺乏高雅的文化志趣，其精神的创造力必将日渐萎缩。诚如韩军所言："母语教育，说到底，实际就是'人的精神培植'，就是'丰富人的精神经验、丰富发展人的生命个性的教育'，是一种'本民族文化的教化'。"

文言乃是语言发展的血脉。以为现在的学生只要会写白话文就不需要再读文言文了，这是一个巨大的认知误区。何以端在其编著的《老三届之老课文》的一篇附记中这样写道："我见一些前辈，仅读过几年私塾，但文辞古雅，毛笔竖行的书法优美，很羡慕。"无独有偶，陆俭明在其《按照学习书面语的规律教语文》中也谈道："我们的老师辈，不管是工科、理科、文科，他们的语文功底都很好，为什么功底很好？得益于私塾。他们从小阅读背诵了大量的书面语材料，从《三字经》《弟子规》到《论语》《诗经》《孟子》等等。"文言乃是白话的母体、底片，两者的修辞、语法、词汇是一脉相承的。更为关键的是，我们的母语乃是全世界文化底蕴最深厚的语言，正是以这种语言文字为基础，才构成了我们的文化共同体。文言所世代累积的民族心理、民族思维、民族审美、民族情感等深层语法结构，从根本上影响和决定着现代语文的基本特征和底层结构。因此，以文言为底子，才能更好地掌握白话。

精神重建：文言启蒙课程构想

文言启蒙课程不应以掌握实际知识、训练各种技能为根本，而应以文化的陶冶与传承为根本，这是文言启蒙教学有别于普通教学的根本所在。

因此，文言启蒙课程的终极目的在于人格之陶冶。具体而言，文言启蒙教学当致力于以下三大目标的达成：

第一是价值观陶冶：认同中国传统文化的核心价值，在传统文化中涵养学生良好的人格品质，形成共同的价值取向。

第二是文化观濡染：关注中华民族的优秀传统文化，加深对祖国五千年文化传统的认识、了解和吸收，不断提升学生的传统文化素养。

第三是语言观建构：感受母语（主要指汉语言文字）的丰富和优美，加大对母语中经典文本（主要文言文本）的积累，提高学生的母语运用能力，全面打好母语基础。

一、文言启蒙课程的选文标准

文言启蒙课程的选文质量，在很大程度上决定着整个文言启蒙课程的品位。每一个文言文本，既是母语表达的典范，也是传统文化的渊薮，更是民族精神的家园。

（一）人文性：导向民族文化的核心价值

文言文本蕴含着中国独特的文化传统，体现着中国古人对自然、宇宙、生命的思索与体验，呈现出独特的价值诉求。首先，它注重道德的自我养成，在此基础上强调家国情怀；其次，它讲究"一天人，合内外"，注重人的心灵与自然、宇宙相通；再次，它强调"礼乐教化""情景合一"，要求人们在各种礼乐与仪式中，体会"执事以敬"的庄严，并在"情景合一"中获得审美体验。文言选文首先要瞄准这样的民族文化灵魂。

（二）趣味性：关切儿童的心灵体验

选择什么样的文言文本一定折射着什么样的儿童观。一方面，我们必须尊重儿童精神的发展特征。如：主客混沌、游戏天性、物我合一、诗性智慧、名实不分、黄金记忆、万物有灵等，这就要求我们在选择文言文本时，应注重内容的有趣、义理的浅近、篇幅的短小，以吸引儿童的心灵。另一方面，我们又必须信任儿童精神的成长潜能。康德认为："在人身上，有许多没有长成的胚芽。我们的职责就是要合理地发挥其自然天赋，以促进这些胚芽的成长，并保证他实现自己的命运。"天津六岁女孩李尚荣的惊人才华，充分表明儿童在文言学习上的巨大潜能。因此，在文言文本的选择上，我们又必须突破成人眼中的"难易观"。

（三）典范性：积淀精致蕴藉的文言语感

张中行在《文言和白话》中认为："两三千年来，文言用它无尽藏的表达手法的宝库，为无数能写的人表达了他们希望表达的一切，并且如苏轼所说：'意之所到，则笔力曲折，无不尽意。'""文言"一词的本意，就是指修饰的语言。所以，文言的写作尤其讲究炼字、炼意，欧阳修的"逸马杀犬于道"以及"仕宦而至将相，富贵而归故乡"的文言创作嘉话，正是对文言语感最精致、最微妙的把握。因此，在文言文本的选择上，我们不仅要聚焦其文化品位、精神含量，同时也要讲求其文字的功底和魅力。

（四）多样性：横跨经史子集各类文本典籍

文言积累了丰富的文化遗产。以《四库全书》为例，见于《四库全书总目提要》的，有3503种，合79330卷，又存目6819卷，合94034卷，两者相加则达10322种，计173363卷。可见，文言典籍的量确乎大得惊人。

另一方面，文言典籍所载内容同样包罗万象、应有尽有。"四库"所言的经史子集，还只是粗略地按内容性质来分，若是细分下去，则上自天文、下至地理、三教九流、无所不包。如马端临《文献通考》所分：田赋，钱币，户口，职役，征榷，市籴，土贡，国用，选举，学校，职官，郊社，宗庙，王礼，乐，兵，刑，舆地，四裔，经籍，帝系，封建，象纬，物异，共二十四类。这像是很全面了，其实深究起来，也不过是浩瀚典籍的冰山一角。因此，文言文本的选择，内容一定要广，类型一定要有代表性。

二、文言启蒙课程的编排序列

以年级为单位编写，一个年级编一本。

按主题单元编写，每个年级编 8 个单元，每个单元一般编 4 篇文言文。一本读本使用一个学年，每个学期按 16 周计算，一学年为 32 周，原则上每周诵读 1 篇文言文。前四个单元配合第一学期，后四个单元配合第二学期。

小学一至六年级文言启蒙课程序列

年级	单元主题	选文题目
一年级	1. 远古的人	《女娲造人》《神农化民》《钻木取火》《构木为巢》
	2. 孝为先	《孝感动天》《扇枕温衾》《怀橘遗亲》《煮粥焚须》
	3. 学习的秘密	《乐学》《勤学》《怎么学》《学什么》
	4. 好榜样	《朱詹吞纸》《王冕夜读》《承宫拾薪》《车胤囊萤》
	5. 有趣的汉字	《外太公》《利市》《日饼》《各人唉一口》
	6. 怎么办	《破瓮救友》《曹冲称象》《王戎识李》《望梅止渴》
	7. 可爱的小动物	《蚂蚁》《萤火虫》《蟋蟀》《蜜蜂》
	8. 该不该这样做	《滥竽充数》《截竿进城》《郑人买履》《邯郸学步》

二年级	1. 祖先	《黄帝》《颛顼》 《高辛》《唐尧》《虞舜》
	2. 那些神奇的传说	《大禹治水》《刑天》 《共工怒触不周山》《精卫填海》
	3. 你从没见过的动物	《烛龙》《鲲鹏》《凤凰》《夔牛》
	4. 古老的智慧	《揠苗助长》《守株待兔》 《狐狸和乌鸦》《狐狸和葡萄》
	5. 如何交朋友	《己所不欲勿施于人》《子贡问友》 《道不同不相为谋》《君子交友》
	6. 说说读书这些事儿	《读书千遍其义自见》《善学者》 《七录》《铁杵磨针》
	7. 有意思的人	《子猷种竹》《霹雳破柱》 《王蓝田性急》《管宁割席》
	8. 慢慢走，欣赏啊	《苏公堤》《会稽美》 《满井游记》《右溪记》
三年级	1. 动物也有情	《孔雀爱尾》《翠鸟移巢》 《犬报火警》《义猴之墓》
	2. 风流少年	《道韫喻雪》《子猷夜访》 《杨氏之子》《元方善对》
	3. 天地之道	《天道无言》《天命可畏》 《自助天助》《日月君子》
	4. 最是书香能致远	《怀素练字》《凿壁借光》 《司马光好学》《欧阳修苦读》
	5. 鬼故事	《两鬼相遇》《活见鬼》 《不怕鬼》《蔡书生》
	6. 成语大观园	《南辕北辙》《画蛇添足》 《惊弓之鸟》《卧薪尝胆》
	7. 父与子	《曾子杀彘》《陈谏议教子》 《父子性刚》《愚蠢的父子》
	8. 古代超人	《后羿射日》《嫦娥奔月》 《女娲补天》《夸父逐日》

四年级	1. 江南忆，最忆是杭州	《浙江潮》《冷泉亭记》《与朱元思书》《记九溪十八涧》
	2. 疯狂动物城	《鹦鹉扑火》《蛙与牛斗》《朝三暮四》《狐假虎威》
	3. 桌边案头皆情趣	《南方嘉木》《扶琴之乐》《黑白之间》《蔬食第一》
	4. 诗礼乐	《诗礼乐》《诗教》《礼教》《乐教》
	5. 童子功	《邴原泣学》《司马光讲书》《范仲淹苦学》《人生小幼》
	6. 绝技是这样炼成的	《胸有成竹》《入木三分》《口技》《纪昌学射》
	7. 左手"战"，右手"和"	《鹬蚌相争》《一鼓作气》《岳飞大败"拐子马"》《围魏救赵》
	8. "神探"驾到	《县官智断撞车案》《钱若赓断鹅》《盲人窃钱案》《陈述古辨盗》《赛跑定案》
五年级	1. 仁	《问仁》《仁者》《为仁由己》《老吾老，幼吾幼》
	2. 论学	《学弈》《孙权劝学》《师旷论学》《蜀鄙二僧》
	3. 新笑林	《豆腐》《白鼻猫》《知母贝母》《我有马足》
	4. 真正的朋友	《鲍叔牙》《包惊己》《羊角哀》《荀巨伯》
	5. 感人至深的故事	《程门立雪》《苏武牧羊》《涌泉跃鲤》《牛郎织女》
	6. 有灵魂的建筑	《陋室铭》《岳阳楼记》《滕王阁序》《沧浪亭记》
	7. 智慧之思	《临江之麋》《塞翁失马》《自相矛盾》《杞人忧天》
	8. 家书抵万金	《诫子书》《慎交游》《与子俨书》《有礼有节》《字谕纪鸿儿》

六年级	1. 君子	《问君子》《君子品格》《君子与小人》《君子三乐》
	2. 风花雪月	《秋声赋》《爱莲说》《湖心亭看雪》《记承天寺夜游》
	3. 历史的天空	《完璧归赵》《西门豹治邺》《赤壁之战》《前出师表》
	4. 知音	《高山流水》《季札观乐》《广陵散》《知音》
	5. 天地有大美	《兰亭集序》《三峡》《春夜宴诸从弟桃李园序》《前赤壁赋》
	6. 四大民间传说之源	《西湖三塔记》《梁祝史传》《齐杞梁妻》《汉董永》
	7. 名山记	《登泰山记》《游庐山记》《峨眉山行记》《游雁荡记》
	8. 人生的思索	《大学》《报任安书》《修身》《三种之境界》

三、文言启蒙课程的例文编写

文言启蒙课程的例文编写，要有利于学生理解文言文本的义理和内涵，要有利于学生逐步形成文言文阅读的基础能力，要有利于学生养成积累文言典籍的良好习惯。为此，要坚持"多读文少做题、多积累少问答、多自悟少灌输"的基本法则，编写的基本体例为：选文—注释—译文—品读—链接。

下面以四年级第一单元《冷泉亭记》为例，谈谈例文的编写。

冷泉亭记（节选）

[唐] 白居易

东南山水，余杭郡为最。就郡言，灵隐寺为尤。由寺观，冷泉亭为甲。亭在山下，水中央，寺西南隅。高不倍寻①，广不累丈，而撮奇②得要，地搜胜概，物无遁形。

春之日，吾爱其草薰薰③，木欣欣，可以导和纳粹，畅人血气。夏之夜，吾爱其泉渟渟④，风泠泠⑤，可以蠲烦析酲⑥，起人心情。山树为盖，岩石为屏，云从栋生，水与阶平。坐而玩之者，可濯足⑦于床下；卧而狎⑧之者，可垂钓于枕上。矧⑨又潺湲⑩洁沏，粹冷柔滑。若俗士，若道人，眼耳之尘，心舌之垢，不待盥涤，见辄除去。潜利阴益，可胜言哉！斯所以最馀杭而甲灵隐也。

[注释]

①倍寻：两寻，相当于古尺一丈六尺。寻：古代以八尺为一寻。
②撮奇：聚集奇景。
③薰薰：草木的香气。
④渟渟（tíng）：水止不流动的样子。
⑤泠泠（líng）：拟声词，这里形容风清凉。
⑥蠲（juān）：消除。析酲（chéng）：解酒，使头脑清醒。
⑦濯（zhuó）足：洗脚。濯：洗。
⑧狎（xiá）：亲昵，亲近。
⑨矧（shěn）：况且。
⑩潺湲（chán yuán）：水流缓慢的样子。

[译文]

东南地区的山水胜景，要数杭州最好；在杭州，灵隐寺的景致最为突出；在灵隐寺中，冷泉亭自然数第一。

冷泉亭筑在灵隐山下，石门涧中央，灵隐寺西南角。它高不到一丈六尺，宽不超过两丈，但是这里集中了最奇丽的景色，包罗了所有的美景。可以说，在亭上，灵隐景物，一览无遗。

春天，我爱它花草的芬芳，树林的茂盛。在这里可以吸入纯净新鲜之气，使人心平气顺，使人气血舒畅。夏夜，我爱它泉水轻流，清风凉爽。在这里可以消去烦恼，解脱酒醒后的疲惫，激发游人的兴致。

山上的树林是亭子的大伞，四周的岩石是亭子的屏障，云从亭子的栋梁上生出，水与亭的台阶相齐平。你坐着玩赏，可用亭椅下清泉洗脚；你卧着玩赏，可在枕上垂竿钓鱼。再加上清澈的潺潺涧水，不息地缓缓在眼下流过。不论你是个凡夫俗子，或者是出家的人，你看到的听到的邪门歪道，你想着的要说的肮脏念头，不待那清泉洗涤，一见冷泉就能除去尘垢。不知不觉中给人的利益、好处说不完！

所以我说：冷泉亭，是杭州最优美的地方，是灵隐寺第一去处啊！

[品读]

在白居易的眼中，冷泉亭为灵隐寺第一去处。你觉得作者这样认为的理由是哪些？

（A）撮奇得要，地搜胜概，物无遁形。

（B）可以导和纳粹，畅人血气；可以蠲烦析酲，起人心情。

（C）坐而玩之者，可濯足于床下；卧而狎之者，可垂钓于枕上。

（D）若俗士，若道人，眼耳之尘，心舌之垢，不待盥涤，见辄除去。

[链接]

冷泉妙对

在浙江杭州灵隐寺前、飞来峰下，流水潺潺的溪洞旁边，有一座红柱黑瓦的冷泉亭。据说，该亭建于唐代。在冷泉亭里，有一副明代董其昌的题联：

泉自几时冷起
峰从何处飞来

清代著名学者俞樾，在同治七年（1868）九月偕其夫人来灵隐寺游玩。俞樾发现，这副联的上下两句，突兀发问，内含深意，引起人们的无限遐想。俞夫人要丈夫对一答联。俞樾沉思片刻，答道：

泉自有时冷起
峰从无处飞来

俞夫人听后，说道："我也有一答联。"于是吟诵道：

> 泉自冷时冷起
> 峰从飞处飞来

吟罢，二人相向大笑。过了几天，俞樾的次女绣孙回家探亲。父亲对女儿谈起了这事。绣孙思考了一阵，笑着对父亲说："我另有一副答联。"俞樾高兴地说："讲出来，我听听。"绣孙念道：

> 泉自禹时冷起
> 峰从项处飞来

俞樾不解其意，惊问："'项'字是什么意思?"绣孙笑道："项羽自许'力拔山兮气盖世'，如果不是项羽把山拔起，哪里会有此峰飞来?"
俞樾一听，大笑不止。

刘东在《再造传统：带着警觉加入全球》中指出："未来的文化模式既应是标准'现代'的，显出对于全球化的汲取与适应；又应是典型'中国'的，显出对历史传统的激活与承继。一天找不到它，社会就会日趋紊乱与失序下去，越来越充满戾气；而一旦真正确立了它，我们则可以像孔子那样，信心满满地预言'虽百代可知也'。"文言启蒙课程的探索，正是对"旧邦新命"传统在全球化语境下的再理解、再创造。

文言启蒙教学之"四读法"

文言启蒙课程的教学，首先要把握好出发点。从根本上讲，文言教学不应是一种守成与复古，而是为了解决我们自身的困惑和问题。因为我们所处的这个时代面临种种挑战和危机，我们才迫切需要文言教学，通过这种教学回到我们文化生命最本源的地方，从而更深切地理解自己，进而更本质地救赎自己。

其次，要以对话的方式展开文言启蒙教学。从根本上讲，文言教学只有在作为主体的学生通过移情、体验、理解等方式不断生成文化意义的过程中才能有效推进。因此，开放性、建构性、交互性就成了文言启蒙教学融入当代性和国际性的基本法则。

一、始于"悦读"，激活学习动力

孔子说过："知之者不如好之者，好之者不如乐之者。"在课始的悦读环节，教师要想方设法创设多种情境，激活学生学习文言的兴趣和动力。在这一环节中，教师不讲解，不提问，重点让学生捧起义言义本自由自在地读，或默读、或吟诵、或轻念、或朗读，以读得正确、读得流利为准则。在反馈的时候，教师采取多种形式进一步提升学生学习文言的兴趣和热情，具体做法有：小组对抗法、火车接龙法、游戏闯关法、积分奖励法、角色扮演法、学生领读法、错误提醒法、图文匹配法、擂鼓助兴法、配乐美读法等。在琅琅书声中，学生享受文言经典带给他们的种种乐趣。

在文言启蒙课程的教学实践中，我们意识到要将儿童视角贯彻到底，要真正落实和体现"乐学"精神，就必须高度重视课堂上的情境创设。

我们认为，教学情境是触发儿童乐学的基点，情境创设不应该只是教学过程中的一个固定环节。要不断触发儿童的乐学状态，就需要将情境的创生贯穿始终。

如教学《庄子将死》，我们创生了这样一个问题情境：

绝大多数人的天性是爱生恶死的，不仅害怕自己面对死亡，更害怕失去亲人的痛苦。但有一个人例外，他就是——庄子。他对死亡的观点与众不同，那么，他到底对死亡抱有怎样的观点呢？让我们一起走进国学课《庄子将死》。

如《荀子·非相》中有这样一句话："君子贤而能容罢，知而能容愚，博而能容浅，粹而能容杂。"这句话的大意是：君子贤能而能容纳无能的人，聪明而能容纳愚昧的人，知识渊博而能容纳孤陋寡闻的人，道德纯洁而能容纳品行驳杂的人。

教学时，我们安排了这样一个游戏情境：

教师出示一张有一个小黑点的白纸，让学生说说看到了什么。结果，学生都说看到了小黑点。接着，教师追问：除了小黑点，你还看到了什么？结果，有说啥都没有看到的，也终于有人说看到了小黑点之外的白纸。老师于是让学生结合课文原句说说自己的想法。

又如，《无违为孝》中有这样一段话：子夏问孝。子曰："色难。有事弟子服其劳；有酒食先生馔。曾是以为孝乎？"

为了帮助学生加深理解孝的内涵，我们设计了这样一个生活情境：

师：今天妈妈买了车厘子回来，数量不多，家里有爷爷奶奶爸爸妈妈和你，怎么分呢？

生1：我把车厘子洗干净，先给爷爷奶奶，再给爸爸妈妈，剩下的自己吃。

师：如果爷爷奶奶不肯吃，一定要让给你吃呢？

生1：那我就会这样说，你们不吃，我也不吃。

生2：我会告诉爷爷奶奶，车厘子很好吃，营养很丰富，他们就会吃的。

生 3：我会跟爷爷奶奶讲道理，有事弟子服其劳，有酒食先生馔。这样他们就会高兴地吃的。

总之，文言启蒙课程的教学，要立足儿童视角，激活儿童学习文言的兴趣和动机，逐步引领他们走向文化价值的内在理解。

二、基于"熟读"，做足涵泳工夫

文言教学和一般的语文教学有联系，更有区别。清人唐彪有言："大抵观书先须熟读，使其言皆若出于吾之口。继以精思，使其意皆若出于吾之心，然后可以有得尔。"文言启蒙教学贵熟不贵知，道理就在这里。如果对经典文本只是浏览扫描、匆匆而过、浮光掠影、蜻蜓点水，即便意思都懂、文理都通，到了要用的时候，脑子还是一片空白，没用。因此，"熟读"环节的关键在于"烂熟于心"。具体做法有：接龙读、打拍子读、师生交替读、复沓式引读、完形填空读、对读、纲要信号读、转换语境读、歌咏式读、听读等。

熟读不能仅限于课内，一定要延伸到课外，让学生在点点滴滴、时时处处的生活环境中感受、领悟、积累、迁移传统文化。

每天三诵。晨读 7：50—8：00；午诵 11：35—11：45；暮吟15：00—15：10。这样，学生能够确保每天有不少于 30 分钟的诵读时间；每周就能确保有不少于 150 分钟的诵读时间；每年就能确保有不少于 4500 分钟、相当于 75 个小时的诵读时间；小学六年就能确保有不少于 450 个小时的诵读时间。

每课一练。每节语文课的候课 3 分钟，学生要自觉背诵文言启蒙课程。这样，每周就会有不少于 20 分钟的诵读时间；每年就会有不少于 600 分钟、相当于 10 个小时的诵读时间；小学六年就会有不少于 60 个小时的诵读时间。

加上"每天三诵"，小学六年就会有不少于 510 个小时的诵读时间。

每周一课。每周一节文言启蒙课，每节课确保诵读时间不少于 25 分钟。

这样，每年就会有不少于 750 分钟、相当于 12 个小时的诵读时间；小学六年就会有不少于 72 个小时的诵读时间。

加上"每天三诵"和"每课一练"，小学六年就会有不少于 582 个小时的诵读时间。

每月一查。每个月的最后一周，查学生的文言诵读量。由教导处组织语文备课组教师，从"诵读量（指学习内容是否达到既定目标）、诵读质（指整体背诵效果是否准确、流利）、诵读面（指背诵通过的人数）"等三个方面对全校学生的文言诵读进行检查。

学期一赛。每个学期末，学校组织经典诵读大赛。评出每班的"状元""榜眼"和"探花"，评出每个年级的"状元班""榜眼班"和"探花班"，评出全校的"十大文曲星"。

英国哲学家怀特海说过，教育就是忘记了在学校所学的一切之后剩下的东西。文言启蒙课程的终极目的，正是那些"剩下的东西"，而那些"剩下的东西"正是让我们这些中国人之所以成为"中国人"的"文化种子""中国灵魂"。

三、贵在"悟读"，唤醒主体智慧

意大利作家卡尔维诺在《为什么读经典》中指出："经典作品是一些产生某种特殊影响的书，它们要么本身以难忘的方式给我们的想象力打下印记，要么乔装成个人或集体的无意识隐藏在深层记忆中。""这种作品有一种特殊效力，就是它本身可能会被忘记，却把种子留在我们身上。"而这，正是"悟读"文言的机制所在。在"悟读"环节，教师重点抓好对文言文本的"触发"和"联想"。具体做法有：创设生动情境、联系生活实际、提供鲜活事例、钩沉岁月往事、提取阅读经验、拓展阅读空间、制造认知冲突、浸入审美体验等。

上语文课《画杨桃》，讲到要实事求是的时候，学生突然发言："老师，我知道了，这是不是就是孔子说的'知之为知之，不知为不知'的道理？"

读完刘禹锡的《陋室铭》，学生写出了不同的感想和体会——

有的写道：君子居之，何陋之有？是的，我的生活当然需要物质条件，但更需要精神支撑。当一个人的精神生活充实的时候，苦一点、穷一点又有何妨呢？

有的写道：刘禹锡当时所处的环境非常艰难，但是他能够乐观地对待，写出了《陋室铭》这样好的文章，不正是"斯是陋室，惟吾德馨"的真实写照吗？

还有的这样写道：尽管只有"陋室"，但是"谈笑有鸿儒"，"可以调素琴，阅金经"，"无丝竹之乱耳，无案牍之劳形"。这种从容不迫、怡然自得的心态，是金钱买不到的。那些百万富翁、亿万富翁，很难成为精神上的富翁。

类似这样的醒悟，我们当然没有必要定位于所有的学生。但是，我们也绝不能低估和轻视学生学习经典、感悟人生的潜能。只要学生的"机会之窗"一旦开启，他们是完全能够悟入经典的灵魂世界的。

四、成在"化读"，积淀文化底蕴

台湾的薛仁明认为，国学的本质是"为己之学""体践之学"，体验之深浅、实践之多寡，才是谈论国学的大根大本。因此，作为国学经典教育重要途径的文言启蒙教学，最终归宿乃是人格的养成和提升。文言启蒙的真谛，不在义理的解读，也不在经典的记诵，而在日常生活中将文言文本所承载的种种观念"活出来"。从这个意义上讲，"化读"不再是文言启蒙教学的某一个环节，而是学生的生活本身。因此，文言启蒙课要在时间和空间的两个维度上不断延伸，以成就学生行为之养正、品格之养气、精神之养性。具体做法有：与升旗典礼相结合、与晨间出操相结合、与卫生包干相结合、与礼仪训练相结合、与班队活动相结合、与学科渗透相结合、与社会实践相结合、与家庭教育相结合、与社区活动相结合、与出国游学相结合等。

比如，四年级开始，班里学生要担任学校的一些工作岗位，所以晨读、午诵或者傍晚托管的时候，教室里总会有几个空位置。每次老师问到人，总有孩子会回答他们的去向。

有一次，一位老师吓出了一身冷汗。中午 12：10，开始午诵，教室里却还有一个空位，老师问：小金去哪儿了？谁也不知道。同桌说她吃完饭就匆匆地往后门出去了，这都过去半个小时了。老师让同学去找，操场，楼道，礼堂，甚至卫生间，该找的都找了，就是不见人影。这么大一个人就这么不翼而飞了，会不会在哪里晕倒了？会不会脚受伤了回不来？……一个个不祥的念头闪过老师的脑海。正当大家急得不知所措的时候，小金同学却优哉游哉地回来了。大家一问，才知道她在国学馆当整理员。虚惊一场！

这时，另一位被老师派去找小金的同学小华也跑回了教室，他一看小金已经在了，就满脸通红地说道："小金，你刚才去哪儿了？父母在，不远游，游必有方。你懂不懂？在学校，老师就是我们的父母，你知不知道，刚才找不到你，老师有多担心、多着急吗？我看你《论语》白学了！"

这时，老师接着小华的话告诉孩子们，在家要做到"出必告，反必面"，不让父母担心；在校也一样，有事需要较长时间离开教室，应该先主动告诉老师。从那件事之后，班里学生外出，再也没让老师担心过。

五年级有一课《心之四端》，文中孟子的一句话引起了大家的兴趣："无恻隐之心，非人也；无羞恶之心，非人也；无是非之心，非人也；无辞让之心，非人也。"读到这句话，学生觉得又好玩又有道理，于是读的兴致更加高涨。甚至到了课后，教室里还会时不时地响起孟子的话来。

班里的小孙是个"小老粗"，时常忘带作业，组长催他上交，他嬉皮笑脸地说忘了。旁边几个同学听见了，就自发地说道："无羞恶之心，非人也。"小孙听了，难为情地笑了。第二天，他把作业交给组长说："以后不许说我非人了。"

小杨生病了，下课时吐得一塌糊涂，难闻的臭味在教室里弥漫，几个同学露出嫌恶的表情。这时，小孙说道："无恻隐之心，非人也。你们都感觉不到人家很难受吗？"那几个刚刚还面露嫌恶的同学，都一个个羞愧地低下了头，然后七手八脚地帮忙清理起呕吐物来。

是的，这就是化读的力量。文言启蒙课程，最终所要达成的，乃是

"养正"。培养学生一身正气,堂堂正正做人,做一个品行端正的人。

当然,上述所言的"四读法"是文言启蒙教学的一种常式,在实际使用中,往往存在大量变式。低段的文言启蒙课,常常只有"悦读"和"熟读"两个步骤,我们称之为"素读法";寓言故事类的文言启蒙课,常常只有"悦读""熟读"和"悟读"这三个步骤,我们称之为"品读法";伦理道德类的文言启蒙课,常常只有"悦读""熟读"和"化读"这三个步骤,我们称之为"习读法";也有些文言启蒙课,需要义理的串讲和点拨,在"悟读"环节重视教师的指导,我们称之为"导读法";还有些文言启蒙课,需要结合时代和儿童特征有所评判、有所选择,在"悟读"环节引入"明辨",我们称之为"鉴读法"。

总之,基于主体生命自觉的文言启蒙课程教学,不是一种机械、僵化的形式主义模式。"四读"为常,因时、因地、因材、因势选择多种变式,方能实现文言启蒙的文化高度和儿童学习的认知逻辑的无痕对接。

用声音复活经典

全国第二届新经典朗诵大赛的帷幕已经降落，但由此带来的感动和思索不但没有冷却，反而在时光的飞逝中不断升温。

记得大赛现场，有老师夸我瘦了，我很高兴。这说明我又上了一层境界，"衣带渐宽终不悔，为伊消得人憔悴"。为语文，为经典，几度憔悴又有何妨？

整整一天的新经典朗诵，62个作品，62度精彩！主持人说，这是一场声音的盛会，经典的大餐。在这场盛会和大餐的背后，我想到的不是声音，也不是经典，我想到的只有一个字——"人"。

《易经》上说："物以类聚，人以群分。"很显然，在这样一个时空点上，我们能够聚在一起，说明什么？说明至少在某个维度上，我们是同一类人。是的，我们都是热爱经典的人。套用《圣经》上的话来说，爱经典的人是有福的。没错，一个热爱经典的人，他的心灵一定是丰厚的。为什么？因为他愿意敞开自己的胸怀，跟数百年、几千年以前，跟古今中外那些最高尚、最精致、最伟大的灵魂进行对话。这种基于敞开的对话，让自己的精神不断走向丰厚，走向敞亮。我始终认为，热爱经典的人，一定是心地特别柔软的人，因为当我们面对经典的时候，我们面对的不是文本，不是文字，不是文学，甚至不是文化，而是一个一个曾经活在某一个时空点上的柔软的灵魂。从现世的角度来说，他们已经随风而去了，但是，我相信在另一个时空点上，在另外一个维度上，我们依然可以跟那些柔软而精致的灵魂进行交流，进行对话。我们是这样一类人，这样一类人相聚一堂，这是多么幸福的时光，这是多么神圣的聚会。

《易经》上又说："同声相应，同气相求。"是的，同声才能相应，同气才能相求。我们不但是同一类人，我们还有同样的呼应和追求。我们在经典上相求，我们在朗诵中相应。我们不仅热爱经典，而且我们痴迷朗诵。热爱经典的不一定痴迷朗诵，但我们却是这两类人的交集，这就更加不容易了。痴迷朗诵的人是性情中人。我完全有理由相信，上场的和不上场的，朗诵着的和倾听着的，所有在场的，都是性情中人，包括我自己。做个性情中人，真好！记得我读师范的时候，也登台朗诵过郭小川的《团泊洼的秋天》，朗诵过鲁迅的《雪》。结果呢，不朗诵不知道，一朗诵不得了，嘿！倾倒了一片漂亮女生。被人暗恋的感觉，那叫一个爽！我相信，一个能把经典、把朗诵作为确证自己高贵生命的人，借用毛主席老人家的话来说，一定是一个高尚的人，一个纯粹的人，一个有道德的人，一个脱离了低级趣味的人，一个有益于人民的人。

所以，当我们面对经典、面对朗诵的时候，最不应该迷失的，是人的存在。我觉得，倾听朗诵，是两个灵魂，不，是四个灵魂之间的对话。朗诵者本人投入自己的灵魂去创作，那种创作是精微的，是极其复杂、极具挑战的，这是第一个灵魂。文本的作者，因为要了悟世间的真理，要抒发自己精神的嘶鸣，所以他写下了文字，也让自己的精神定格为一个一个瞬间的永恒，这是第二个灵魂。当文本一旦完成，作为一个独立的完形展示在读者面前的时候，难道它不是一个生命的呈现吗？而坐在台下倾听的每一位听众，其实也是另一种意义上的读者，我们以情悟情，以心契心，我们敞开的一样是自己的灵魂。当四个灵魂，在那个点上交融的时候，一个新的精神宇宙诞生了，奇迹降临了。

感谢《小学语义教师》编辑部，感谢来自五湖四海、大江南北、长城内外的众多选手，是他们，为我们创造了那么一个舞台，创造了那么一个契机，让那么高尚的四个灵魂，走到一起，能够对话，能够交融，能够提升，能够超越，能够成就自己生命中一段幸福的时光。

前不久，我看了德国作家本哈德·施林克的小说《朗读者》，又译作《生死朗读》。美国人把它拍成了电影，电影我也看了。小说在中国出版的时候，曹文轩专门写了一篇序文，老师们如果有兴趣，不妨拿来读一读，写得真好！曹文轩这样说：最聪明的阅读就是什么都不要去想，随它而去。

什么都不要想，这个"想"，是意识的"想"，是理性的"想"，是试图去分析和肢解的"想"。随它而去，一种单纯的感动就足够了。从某种意义上讲，一种朴素的阅读可能比一种急于思考、急于辨析的阅读，更真实，更有效，也更人性化。阅读如此，倾听又何尝不是如此？

我听选手们的朗诵，我的感受的确如此。坐在下面，我心潮起伏，感慨万千，我真的没有多想，我的心随着选手的声音而去。当深沉而又略带哀婉的《神秘园之歌》款款响起的时候，当《怀念母亲》的文字，一个音符一个音符地从我们选手的口中袅袅地钻进我心底的时候，"我的眼眶湿润了，我的眼泪已经滴在眼镜面上，镜面模糊了。我有一种说不出的感动。"（郑振铎《别了，我爱的中国》一文的语句）郑振铎的这段文字，那么真切、那么熨帖地形容了我倾听新经典朗诵时的心情。感动啊感动，除了感动还是感动。我在想，打动我的是什么？我想来想去，也只有一个字，那就是"美"。

参加这次新经典朗诵的选手，我看，大概可以分为三个层次。第一层次绝对是科班出身，学院派，很明显地接受过正规、严格、高品位的朗诵训练。你看他们，一站到台上，那个范儿，就是主持人的范儿，就是播音员的范儿。他们有着天生的好嗓子，我们听他们的声音，怎么会有那么好的声音？那声音好得真是让人嫉妒。有的声音像水晶一般，干净、明澈，没有一丝杂质。有的声音，浑厚、温润，极富磁性和穿透力的男中音，让你在他面前都不敢开口，不敢讲话。我在想，你嫉妒这样的声音又有什么用？谁叫他们爹妈给的好呢？

第二个层次，是发烧友，朗诵的发烧友，爱朗诵爱到骨子里去了，属于骨灰级。他们尽管没有多少师承，也没有多少严格的训练，但是，正因了他的发烧，他的痴迷，甚至他的癫狂，疯子似的癫狂，就如同有人说自己是一个"经典疯子"，他的朗诵水平也达到了一个相当高的水准。

第三个层次，确实有一部分在成长在努力的新手，我指的是在经典朗诵这一条路上，他们孜孜矻矻，他们不离不弃，他们在一步一步地攀登着朗诵的境界。也许他们刚到山脚下，也许他们已经爬到了山腰上。这些都不重要，重要的是，"我来了！我拼了！我参与了！我进步了！"

　　三个层次的选手，真正打动我们的，既不是他们的嗓音，也不是他们的技巧，而是他们的感情、真情和激情！我想说，只有高扬感情这面大旗的朗诵，才是真朗诵，才是一次生命的历练和洗礼。我始终认为，朗诵的最高境界，就是情的抒发，情的确证。感人心者，莫先乎情。当"情"表现为一种秩序，一种和谐，一种合乎生命节律的存在，那就是"美"。在这场声音的盛宴中，我感受到的是一个巨大而丰富的美的存在。这个美的存在，有几个表现：

　　第一，状态之美。每一位选手，当他们站在舞台上的那一刻，你就能感受到一种状态的降临。这种状态是什么？是投入，是忘我，是浑然不觉，是精神凝聚。一位老师朗诵《革命烈士诗二首》，他的嗓音算不上浑厚，朗诵技巧也还有不少需要打磨的地方。但是，打动所有老师和评委的，不是他的嗓音，也不是他的技巧，而是他的状态——投入。站在舞台上，他就是陈然，就是叶挺。他就是活着的烈士，他就是烈士的复活。正是这种状态，感染了我们，触动了我们，震撼了我们。大赛结束后，有人还在议论，他们在替这位老师担心，听说他从贵州到杭州，不知道他是坐火车还坐飞机，那个"镣铐"（朗诵用的道具）是怎么给他带过来的？难道就没有被人发现？发现了难道就没有人提出质疑？质疑了难道就没有人干涉？莫不是因为经典诵读的保佑，让他平安无事到达杭州？这是需要勇气的，说得崇高一点，这是一种献身，他为自己钟爱的经典朗诵，献出了他那并不高大却非常高尚的男人的形象。状态是一种美，我觉得，只有当一个人全心进入到那一种状态，完全地活在那一个当下的时候，他的朗诵才是具有生命力的。

　　第二，风格之美。在这场声音和视觉的盛典中，我们感受到了百花齐放、百家争鸣的风格之美。我们在《野草》的朗诵中，体会到一种冷峻、隽永、深邃的美；我们在《爱如茉莉》的朗诵中，体会到一种平淡、温婉、恬静的美；我们在《前赤壁赋》的朗诵中，感受到了一种深沉、从容、淡定的美；我们在《丰碑》的朗诵中，感受到了一种悲壮、一种高尚、一种肃穆；我们在《南宋的良心》中，发现一种创造的美，一种创意，一种超越；我们在《海燕》的朗诵中，发现一种娴熟，一种舒畅，一种挥洒的美；

我们在《三门峡——梳妆台》的朗诵中，惊诧于那种激昂、高亢、流变不居的美。他们的朗诵风格，有的是优美的，有的是壮美的；有的是豪放的，有的是婉约的。但是，他们向我们展示的，都是一种成熟的风格之美。风格是什么？风格就是人格。特色是什么？特色就是本色。一个朗诵者，什么时候能够把自我酣畅淋漓地表现出来，也就是他的风格走向成熟的时候。一个朗诵者，当他们以一种风格展示的时候，也是他的自我得到确证的时候。这种美，让人感动，让人憧憬。

第三，人性之美。有些朗诵的作品，也许从艺术的层面上考量还显得比较粗糙，然而，文本本身向我们展示了巨大的力量。譬如叶芝的《当你老了》，譬如流沙河的《就是那一只蟋蟀》。借了文本巨大的人性的力量，朗诵者被文本朗诵着；人性之美在融入朗诵者的声音的同时，也深深地融入我们的生命中。

我突然觉得，朗诵也许存在三种境界。

第一种境界，是我朗诵文本，这当然是一种基础的境界。第二种境界，是文本朗诵我，在一些篇章语句的强有力延展中，似乎不是我在朗诵，而是语言本身在朗诵，那语言固有的节奏和张力领着我、拽着我、推着我往前走。第三种境界，我和文本协奏，我和朗诵合而为一。用中国传统美学的话来说，那叫"天人合一"。这个时候，你忘记了朗诵，也忘记了自己在朗诵，天地万物寂然凝结成一体，似乎只有一个灵魂在跳跃，只有一种声音在高歌。我说朗诵中绽放的人性之美，也许就是这样一种境界。我们听《谈生命》的朗诵，说实在的，从朗诵文本的角度来说，也许有些细节还需要打磨，然而他们感动了我，什么原因？文本内在的美，一种人性的力量和光辉，让我感动。思想的美，爱情的美，人伦的美，智慧的美。当我听到"孩子，来生我们还要一起走"的时候，当我看到选手那湿润了的眼圈的时候，我的心为之一颤。哽咽的声音，哽咽的气息，哽咽了我的生命。泪水在我的脸颊上疯狂漫延，怎么也止不住，我任由自己的泪水在脸颊上肆无忌惮地滑落，一滴一滴流向自己的心坎，我愿意珍藏这份惊天地、泣鬼神的泪水。正是泪水，让我再一次觉知到，我还有一颗悲悯的心，我还是一个人！

当"人"和"美"这两个字相遇的时候，我想到了荷尔德林的一句诗——"人充满劳绩，但诗意地栖居在大地上。"我是诗意语文的倡导者，我相信，语文充满劳绩，朗诵充满劳绩，经典充满劳绩，但人生只有劳绩是不够的。"一个不会抬头仰望星空的民族，是没有希望的民族。"我有理由相信，一个不会抬头仰望星空的语文老师，是没有希望的语文老师。朗诵经典，是对星空的一种仰望。一个不甘于人生劳绩的语文老师，迟早要找到一种属于自己的仰望姿态。也许是经典朗诵，也许是教育叙事，也许是放下功利的课堂行走。那么，在这场声音的盛会上，正是经典的星空，引领着我们诗意地栖居在语文的土地上。

最近，我在读一本书，美国人唐纳·沃尔什写的，叫《与神对话》，这是一本绝对的好书！作者说，唯有感受才是灵魂的语言。我接下来要说的，虽是一些建议，但依然来自心灵的感受。

第一点建议。古人说"巧妇难为无米之炊"，很显然，"米"的存在和选择是非常重要的，朗诵之"米"当然就是经典文本。也许，对于文本的筛选，我们需要再费一些思量，再作一些比较。这次比赛，有不少作品撞车了，像《春》《匆匆》《致橡树》《满江红》《春江花月夜》等，尽管它们确实是经典。但是我们想想，在浩如烟海、灿若星辰的经典世界中，难道就找不出更好的更适合自己朗诵的作品了吗？我们的阅读视野能否再开阔一些？新经典的触角能否再深广一些？

第二点建议。我始终认为诵读的基础在细读，细读文本是第一位的。荒芜了细读的诵读，更多的是一种朗诵腔，甚至是一种无病呻吟。少年不识愁滋味，为赋新词强说愁。它传递的，一定不是真性情，而是矫情、虚情、作秀式的煽情。要杜绝朗诵腔，根本的办法只有一条——细读文本。要沉入到文本的字里行间，要用心倾听文本发出的细微声响。在反复吟咏中，在潜心会文中，和作者的心灵融合无间。于是，你会觉得作者就是自己的前身，自己就是作者的再世，两颗灵魂遥远地隔着世纪与国界携起手来。磨刀不误砍柴工啊！

第三点建议。朗诵是有声的艺术。既然是艺术，就一定有规律可循。对此，我想到了两点。第一，我们要去关注整个作品的基调，要追求作品基调的整体和谐，这一点非常重要。朗诵一个作品，有的时候表现哀婉，有的时候表现高亢，有的时候表现悲悯，有的时候表现沉思，但这并不是说作品就没有一个整体的基调。岳飞的《满江红》，基调是什么？悲怆！毛泽东的《沁园春·雪》，基调是什么？雄视天下！一定要找到那种基调感，然后用基调感去调控文本的语感。我觉得，从某种意义上讲，比语感更重要的是境感。用境感去统摄语感，用语感来表现境感，那才是一种完美的和谐。第二，朗诵是艺术，那么，艺术的灵魂是什么？对！节奏。朱光潜先生说过，一切艺术的灵魂都是节奏。所以，我们一定要清楚，一味的高亢不是高亢，一味的舒缓不是舒缓。我们处理作品的声音，这里有个诀窍，就是要"定点"。一个作品在时间流上展开的时候，你要先试着确定两个点：一个是最低点，一个是最高点。声音的最低点定在哪里，最高点又定在哪里，你要胸有成竹、心中有数。确定了这两个点，其他的声音处理你就有了参照点，你就会发现，朗诵的过程就是一个爬山的过程，它有起落，有张弛，有疏密，而这种起落、张弛、疏密的变化，才是朗诵的灵魂所在。朗诵发烧友们一定有过类似的体验，一上舞台就亢奋得不得了，于是，开口的第一句话，第一个声音，用小沈阳的话来说，就"起高了"。一上来声音就起高，就到了一个最高点，你还怎么往上高？于是，朗诵就成了呐喊、成了尖叫，甚至成了呼天抢地。这不是成心给自己找麻烦吗？

最后一点建议。关于背景音乐。我对音乐有一种天生的敏感，我总觉得，一个语文老师，太需要音乐的修养了。语文和音乐之间，有着天然的联系，这种联系任你怎么割也割不断。朗诵是什么？朗诵就是语言的音乐。语言，尤其是我们的汉语文，有着太强、太浓的音乐性。我们发现，所有的朗诵者，都为自己的作品配了音乐。配的最多的是"班得瑞"的，《童年》《寂静山林》《春野》《迷雾森林》等等。配的比较多的是"神秘园"，我发现，《神秘园》的主打曲——《神秘园之歌》，有四位老师用到了：《雨巷》用了《神秘园之歌》，《啊，母亲》《致橡树》《再别康桥》，用的也是《神秘园之歌》。那么，问题就出来了，究竟怎样的背景音乐才是最适合的呢？音乐是一种抽象的抒情艺术，《神秘园之歌》当然表现一种情绪，一种意境。那么，这种情绪和意境，跟《雨巷》配吗？跟《啊，母亲》配吗？

跟《致橡树》配吗？跟《再别康桥》配吗？我不下结论。因为每个人对音乐的感受和对文本的理解都会有所不同。但是，我相信，在背景音乐和朗诵作品之间，一定会有"更般配"的可能。谁和谁更般配呢？我们需要纯而又纯的体验，一种敞开灵魂、直指心性的完全体验。对于朗诵和音乐，光有认识和理解是远远不够的，要有体验，要有自己的体验。有老师告诉我，找文本只花了4个小时，找背景音乐却花了足足14个小时。我说，值！

毕淑敏在《精神的三间小屋》中写道："我们可以不美丽，但我们健康。我们可以不伟大，但我们庄严。我们可以不完满，但我们努力。我们可以不永恒，但我们真诚。"是的，任何一场比赛都会有输赢。重要的不仅仅是结果（说结果不重要，那是自欺欺人），还有我们各自对结果的解释。在这场朗诵的盛宴中，我们可以不专业，但我们必须敬业。我们可以不成功，但我们迈向成熟。我们可以不完美，但我们各美其美、美人之美！

让我们共同期待，在一个更加诗意、更加阳光、更加纯粹的舞台上，用我们的声音，更用我们的灵魂，来一次更加高尚、更加美好、更加幸福的经典之旅！

第六辑

精 神 结 邻

用心如明月

　　没来由的，提笔写志芳时，心中闪过的第一句话竟是"知君用心如明月"。我只知有这么一句，却不知这一句的出处。便百度了一下，方知那是张籍《节妇吟》中的名句。于是，细细地读全诗，又细细地读全诗的赏析，心中便开始五味杂陈起来。我动过删除的念头，怕读者诸君因固执了原诗的意象而对志芳与我的关系有所误解。但转念又一想，既已知用心如明月了，静影沉璧、风过不动，还有什么好计较和纠结的呢？更何况，在无量无涯的文字的世界中，还有哪一句能比这五个字更能显现出我对志芳的生命之感呢？信，达，雅，全占了！若非天成，岂能遇之？

　　说来也是，在我心中，志芳真是明月一般的人物。

　　她的安静是出了名的。她常常说，自己最爱做的两件事，一件是读书，一件是发呆。这倒让我想起了诸葛先生的那两句俗套的名言，斗胆篡改了，便成了"非淡泊无以读书，非宁静无以发呆"。是的，读书也罢，发呆也罢，都是只有静了心的人才会有这般爱好的。她 2008 年来我工作室研修，和林莘、丽玲、才华他们算是同门同辈的，那三个"活宝"凑在一起，天下必定大乱一气，只有她，总是轻轻地、柔柔地立在一旁为工作室的乱气添一点静气。以至于后来我上《望月》，开课便是一句"轻轻地、柔柔地读"，想来是志芳的气质无形中影响了我对《望月》一课基调的拿捏吧。

　　志芳喜欢我的《望月》，她说："在《望月》一课里，孩子们接触到的早已不是赵丽宏这一篇'景事交融'的散文，通过诵读文本、品味古诗、拓展阅读，他们感受到的正是中国的文化之'月'。课的情景也如月色一般，沉静，安详。语文之外，诗意之外，这堂课带给了孩子们对自然、对生命隐隐的洞悉与了悟。"

　　说这番话的时候，她柔弱的身子正静静地立在"千课万人"那嘈杂而空旷的舞台上。志芳竟然成了"千课万人"的主持，轻轻的、柔柔的声音，波澜不惊、平淡无奇的语调，偶尔掺杂着一两声小心翼翼的咳嗽，竟然让三四千人的会场变得沉静如海。

　　那一刻，她静得如此淡定、又如此辽远，世界在她眼前仿佛早已烟消云散。她的心，从月到人，从文本到人生，从人生到文化，从文化到审美，从审美到生命的虚极和静笃。她独自一人，畅游在清幽旷远的精神世界里。

　　志芳的安静，大概是与生俱来的吧。以我的经验，但凡静气贯通的人，往往有着常人所没有的直觉力。一次，她告诉我，前两天无缘无故梦见林莘，梦见林莘的头被人撞了，肿得厉害。打电话一问，果然，林莘正被几件突如其来的事整得焦头烂额。又有一次，她打电话来，问我最近身体如何。她说梦中见我摔倒在地，伤得不轻，醒来惊出一身冷汗。我笑着回她，最近挺好、安然无恙。其实，那阵子我骨质增生，正隔三岔五地做牵引呢。她告诉我，每每做类似的梦，就会头痛，厉害的时候会头痛欲裂。即便如此，那梦该来的时候还是会来，从不长记性的。她说她打小就是这个样子，头痛的病不知看过多少回，总不见好。听她这么说的时候，语气依然波澜不惊，声音依然轻轻柔柔，仿佛说的不是她自己的事儿。

　　听她这么说着，我挺感动的。我感动，倒不是因为她直觉的应验，不是因为她那近乎神奇的生命之光对人生暗区的某种照亮，甚至也不是因为她静到深处的那份从容和淡定，我是被她背后的在乎和悲悯感动了。她的心里，装着林莘、装着丽玲、装着才华、装着我、装着与她生命有着各种关联的人。我知道，直觉的澄明是因为她太在乎、太挂碍这些人了。

　　有些人的静，是因为寡情和冷漠，志芳不是。相反，她的安静是一种大音希声的静，那大音便是她至诚至爱的生命情怀。

　　而这，说到底还是因为她性情的纯净。接触过志芳的人，都说她极幼稚、极单纯。志芳自己也常说，她的智商和五岁孩童差不多。

　　有一年，她竟然不知天高地厚地揽走了办诗意语文研讨会的事儿。一开始，我是一百个不放心的。要知道，她在工作室的时候连照顾好自己都还勉勉强强的，更何况去照顾这么大、这么复杂的一个会呢？但最终还真是拗不过她的执着。她说，这个会，校领导一定会支持，教研组的同事们一定会帮忙，她的学生们一定会由她调遣，当地的教育局一定会重视，所在地学校的校长和老师们一定会热烈响应……她极认真、极努力地列举着一个个"一定"，语气中满是胜券在握的自信和兴奋。

就这么着，仿佛一个孩子终于被许可去买最喜欢的玩具，她呢，兴高采烈地回济南张罗起那个会来。会议如期举行，反响十分热烈。

然而谁都没有想到，接踵而至的却是志芳大病一场，整整半年。事后聊天，我才知道，在张罗会议的半年多时间里，志芳遭遇了太多的"没有想到"。没有想到，租用一个像样点的会场要花去这么多钱；没有想到，领导们满口答应的事儿说不行就不行了；没有想到，一位德高望重的学界前辈在临会前毫无征兆地反对诗意语文的研讨；没有想到，前来参会的一线教师比预报名时缩减了近三分之二；没有想到，会务真正启动时听她调遣的只有她最要好的几个同事和一帮学生；没有想到，近800人的会议最后还是入不敷出……

我不知她是如何直面这些"没有想到"的，我不知她是如何在煎熬与挣扎中度过那个人生的一春一夏，我只知道，她最后是以"用春天的明媚见证你"来综述那次会议的。

我的档案柜里，至今还保存着那次会议的全部账单。蓝色的公文册页袋里，装满了厚厚的会务票据，分类而编，干干净净，那是志芳一手整理的，而她自己在整个会议中却没有领取一分报酬，相反，亏空的部分由她自己如数填补。

这就是志芳，纯净、执着，柔弱的外表下跳动着一颗圣徒般的心。

没有人知道这个会议的秘密。参会的800多人不知道，答应承办会议的上级领导不知道，她那些热情高涨、服务周到的学生们不知道，连她那几个天天跟着熬过夜、加过班的同事也不知道。我现在把这件事情写出来，一半是因为内心的愧疚积压已久，一半乃是要为诗意语文的同仁们向志芳深深地鞠上一躬！我知道，志芳是以她五岁的真诚和智慧成就了她人生路上的一个梦想，也成就了她霁月一般的人品。兰之猗猗，扬扬其香。不采而佩，于兰何伤？

果然，志芳不但没有因为这次办会一蹶不振，相反，之后的她竟然成了办会高手。有一次，山东教育报刊社的陶继新先生发来邮件："这次会议的另一个收获就是，发现了您的弟子林志芳是一个办会的才女。以后有类似的大会，可以让她独当一面，做主持人，负责舞台事宜等。而且，这次会议，因了她的帮助，才有了这么好的效果。"读罢此言，我大跌眼镜。志芳真是个好了伤疤忘了疼的孩子，她不但对自己的头痛不长记性，连自己的心痛也转身即忘。

话又说回来，志芳虽幼稚，但待人接物却是极和敬的。她的脸上从无怨气，口中从无怨言。有人说她沽名钓誉，有人指责她脱离群众路线，有人攻击她的文章漏洞百出、空洞无物，这些，她都一笑而过。相反，她总是以悲悯心去忖度那些人。她说：一定是我有什么不周到、不妥帖的地方伤害了他们，虽然我无意于伤害任何人的。我要是有个回应，他们会又一次受到伤害的。算了，心若不动，风又奈何呢？

听她这么说的时候，语气依然波澜不惊，声音依然轻轻柔柔，仿佛受到伤害的不是她自己，而是那些伤害了她的人。

她的和敬，也沉淀在自己的学科专业上。《诗意语文课谱》是她一手策划起来的。她来过我工作室之后，就对诗意语文有了一份挥之不去的欢喜和敬重。我常常感慨，有的人教了一辈子语文，对语文依然没有感觉；有的人一辈子没教过语文（特指"小学语文"），对语文的感觉却非常敏锐和精确。志芳就属于后一种人。她接触诗意语文没多久，就有了一种切入生命底层的感悟："海德格尔曾分析德国诗人荷尔德林的诗句——'人充满劳绩，但诗意地栖居在大地上'，指出'诗意地栖居'就是精神家园的塑造与回归，就是'返乡'。如此想下去，那么'诗意'绝不仅仅是浪漫的哲思，它更是一种自由而美好的理想，一种纯净而澄澈的情怀。同样，'诗意语文'也就不能仅理解为一个教学流派或者一种教学风格，它当是对语文教育理想的一种追寻，也是对语文教育本色和本真的深刻回归。"

为此，她用了整整两年的时间，对我的所有公开课进行了搜集、整理、研读、提炼、鉴赏，并以"课谱"这样一种富有生命气息、蕴涵文化情怀的新体例对"诗意语文"进行了宏阔却不失细腻、理性却洋溢温润的解读和诠释。这一工程，几乎耗尽了她的全部心智和才情，光是整个框架的搭建就七易其稿。诗意语文的十年跋涉，全部浓缩在十个课品中。志芳说，每个课品都是一个世界，每个世界都让她的生命在时光的流转中轮回一次。

她专门写下了《望月》一诗来表达自己的这份体认：

曾经那么近地望月
月是月华
月是皎洁
月是千江有水千江月

醉过荷花的诗意
借过草船的睿智
痛过圆明园的沉默
然后枫桥的钟声敲打我无眠的日子
高高
低低
声声化作长相思

月的桂树下有没有两小儿辩日
月的流辉里有没有慈母情深的期许
我静静地看
看鱼游到了纸上的禅意

仰头望月
把语文望成宫殿式的房子
是谁轻轻地一抹
抹出了整个世界的诗意

当语文成了一种信仰
烛照着
一种情怀
一份担当
你就是这样的人
我也开始了我的守望

望月
在语文的世界里
在无数个轮回里
用孤独慈悲干净的心地

月是月华
月是皎洁
月是千江有水千江月

    课谱杀青，志芳又是大病一场。她说，那是她生命的救赎，在那里，有她教育生命的精神故乡。我也终于明白，在尚未遇见我、遇见诗意语文之前，她何以选择《语文教师工作状态审美化》来作为她的硕士论文。原来，她的精神一直行走在返乡的路上。流水今日，明月前身。

    是的，志芳用"五岁"的心写下《望月》，我用《望月》让自己回到精神的"五岁"。安详，沉静，诗意地栖居在语文的家园。

    用心如明月，寂寞有人见。

灿烂林莘

> 人们说不清她的屋顶上有多少轮皎洁的明月，
>
> 也数不清她的墙壁之后那一千个灿烂的太阳。
>
> —— 节选自阿富汗 17 世纪名诗《喀布尔》

见到林莘，必先见到她的笑，灿然，无邪，一如四月的天空。

与林莘聊天，你几无插话的份儿，满耳、满脸、满世界向你扑来的是她的快言快语、甜言蜜语、轻言细语、豪言壮语外加一连串的胡言乱语。有一回，我实在憋不住了，对她说，见过自作多情的，没见过这么自作多情的。她便大笑不止，肆无忌惮。彼时，你可以忘了她说过的所有话语，但你决计忘不了她的笑。

她在我工作室研修的三个月，是笑声最多、最频、最嘹亮、最具冲击力的三个月，足以抵过工作室开张以来整整三年的笑声总量。我是个矜持惯了的人，遇到她的笑，也无可奈何，只好跟着一块儿老不正经起来。

她的笑无处不在。在工作室，在课堂，在去西塘的车上，在挽着她的师父学舜先生走进我办公室的时候，在食堂，在操场，在觥筹交错的宴饮上，在她孩童似的跟孩童们插科打诨的聊课中……

"如果你们花 380、280 到美琪来看周立波你们不笑的话，你们就把周立波送到医院里去。"这是周氏的经典语录，两个多小时的海派清口，他愣是让现场观众笑倒 500 多次。林莘呢，听她的笑谈笑侃笑料笑话，不花钱，频率却远远高于周立波，你和她待一块儿，不笑，她立马把自个儿送到医院去，信不信由你。

听说笑是有基因的。我问她，你像谁？她说不像她爸，不像她妈，像自己。我一愣，像自己？又若有所悟：活出自己，活出本色，成为自己，成为本色，人还能不灿烂吗？笑，就尽情地笑；哭，就使劲地哭；唱，就拼命地唱；聊，就畅快地聊。简单而纯净地活着，生命因此灿烂。有一回，我和妻子去影院看《梅兰芳》出来，正是夜色阑珊之际，忽听得有人高喊"王老师"，我扭头看时，却是林莘这个活宝。一聊，才知道她独自连看了两场电影，看《梅兰芳》，她说止不住泪流满面，边说边笑，我瞅她的眼，果然还是红红的。那一刻，我被她的率真和简单所感动。一直以为，爱笑的人乐观、豁达，但也往往流于浅薄。而眼眶红红又笑侃不止的林莘，灿烂依旧，只是在我的感觉中多了一份生命的沉静。

简单，因此灿烂。诗人老咪对我说过，她用五岁的智慧来解决人生所有的问题。是的，复杂的心灵没有力量，复杂的生命无法灿烂。简单，唯有简单，才能永远活在春天的中央。来我工作室研修前，林莘其实早已有了自己的工作室——"林莘名师工作室"，那是福州市教育局唯一认定的小语名师工作室。而林莘自己呢，省特级教师、省优秀教师、省学科带头人、省党代表、省政协委员，荣誉头衔一串连着一串。没有任何架子，她来了。我至今还保存着她发给我的那份研修计划，她希望来我这儿——

1. 学习最新的教育教学理论，学习名师独特的教学思想，在导师指导下做好《讲究智慧，追求有效——重构小学作文教学有效策略》的课题研究。

2. 接受名师直接指导，跟踪听课，借鉴其独特的教学方法，重点在提升教学实践水平上下功夫。

3. 对现有小学语文各类型具有代表性的课文精雕细琢，在名师指导下上 3-5 节研究课。努力提升总结自身教学风格，体现既扎根本土又兼收并蓄的教学特色。

4. 学习借鉴王崧舟名师工作室及学校教学质量管理方面独特、有效的方法和教研方式，亲身体验其管理艺术，借"他山之石"攻"自身之玉"。

　　她是完完全全地把自己清空了、归零了，在我的工作室听着、看着、学着、悟着，再无一丁点儿特级教师、工作室导师的做派。我不知道她哪来这么大的勇气和修为，这在我，怕是很难做到的。即便意识上会努力谦虚、不端架子，但那长期养成的优越感和师道尊严指不定会在什么时候、什么地方下意识、无意识地流露出来。她不！我真服了她！

　　一次，听她在工作室上研究课《鲸》。课后大家闲聊，她笑着说："我谁都不怕，就怕你王老师。"我问为什么，她说没有为什么，怕了就是怕了，引得全场一片大笑。她有话，不藏不掖，心地简单到五岁孩童，却赢得了真诚。原来，嘻嘻哈哈的笑容背后，是一颗谦卑、敬畏的心。

　　直心吸引直心，这是生命宇宙的秘密，也是铁律。她的课，一如她的人，简单，纯净，一片灿烂。第一次听她的《为人民服务》，我落泪了。记得三年前，在北京的"小学语文菁英论坛"上，我执教《长相思》，在猎猎朔风中执着地高扬着"诗意语文"的大旗，迷茫，但痴心不改。论坛上有教师直言，《为人民服务》能上出诗意来吗？我一时语塞，全场大笑。一晃三年，质疑和哄笑犹在耳边。林莘的《为人民服务》，如一股清泉，洗涤了我对诗意语文仅剩的那点迷茫和尴尬。泪水在我的眼眶打转，她的课，成了通达我灵魂的一面镜子。因了她的映照，我才得以重新发现自己的语文教学面目。原来，语文还是语文，在浸润过浓浓的诗意之后，在黯淡了工具派和人文派的针锋相对、刀光剑影之后。我在听课笔记旁，畅快地写下了东坡的名句——"回首向来萧瑟处，归去，也无风雨也无晴。"

　　工作室组织学员去西塘玩，林莘是闹得最欢的一个。酒风好得让人咋舌，当地领导和学友敬我的酒，全被她挡驾了。满屋子都是她的笑声、劝酒声、挡酒声，脸红得灿若桃花，也不知她是真醉了还是假醉着，总之是让人见识了。谁知回来没多久，她冷不丁告诉我，她又去了一次西塘。我愕然。她忙不迭地笑着解释，这一次是她组织学校的老师去西塘玩，原因是那儿太好了。太好了，大家一起分享。站在我面前的林莘，让人陡生敬意。

　　林莘离开工作室时，我以手书的"高山流水"条幅相赠。她在归途中几次发来短信，我知道那是周国平的几段哲思，不忍删去，就重新在自己的电脑上打了下来——

　　孤独源于爱，无爱的人不会孤独。

　　也许孤独是爱的最意味深长的赠品，受此赠礼的人从此学会了爱自己，也学会了理解别的孤独的灵魂和深藏于他们之中的深邃的爱，从而为自己建立了一个珍贵的精神世界。

　　孤独之不可消除，使爱成了永无止境的寻求。在这条无尽的道路上奔走的人，最终就会看破小爱的限度，而寻求大爱，或者，超越一切爱，而达于无爱。

　　灿烂的孤独，灿烂的生命。这就是我所见到的林莘。

离开工作室半年多，林莘从福州快递了一份礼物给我。驾车去城北的物流站提货，好家伙，一个大纸板箱，不知里面装了啥东东，两个小伙子费了好大的劲儿才抬上车子。拆开一看，原来是一方超级的紫檀茶盘。我心说，天！这么大，往哪儿搁。林莘来电话说，就搁在工作室的茶几上，一定好看！说完，又是大笑不止，肆无忌惮。几个徒弟忙忙地抬上去一放，不大不小，刚好罩住茶几的面。敢情，她知道我爱喝茶，工作室活动每每以茶相伴，居然记下了茶几尺寸，寄来了这方雅致、沉稳的排水茶盘。如今，这方茶盘一直静静地躺在工作室，每遇活动，众人必围着茶盘边喝边聊。在茶汤的滋养下，这茶盘也显得愈加温润明净起来。

林莘的课是愈来愈好了，每每登台亮相，便引来粉丝无数。去年我在家闭关静养，推掉了全部的外出讲课约请，林莘帮我救了很多场次。主办方每次必有回馈给我，大夸林莘了不得、不得了。有人说她的课"大道至简"，有人说她的课"极富灵性"，也有人说她的课"如春天般温暖、如夏天般火热、如秋天般丰厚、如冬天般明净"。可我心里有底，那是自然的。她的课是她灿烂的生命的表现，是她生命的灿烂的表现，无他，就这么简单。

就这么简单，想起了她的同宗同乡才女林徽因的诗句来——

我说你是人间的四月天；
笑声点亮了四面风；轻灵
在春的光艳中交舞着变。

才华如歌

恕我直言，有人学诗意语文，大抵是在赶时髦，以为这一段课程改革流行这个东西，也就满怀艳羡地跟着学了。有人学诗意语文，则是为了镀金，他可以在人前人后说，我是跟王老师学过诗意语文的，其实呢，连皮毛都还没有摸到。此类现象，就是夫子所谓的"今之学者为人"了。

但话又说回来，"为己"的人也还是有的。有人学诗意语文，就是出于自身在实践上的困惑，曾经，试试这一套不管用，试试那一套也不管用，于是想到学诗意语文，希望借此能突破重围、闯出一条希望的路来。还有的人，既不为赶时髦，也不为镀金，也不是困而学之，他们学诗意语文，纯粹是因为喜爱，因为与自己的生命相应相契。

这种相应相契的感觉，像极了张爱玲小说《爱》中所描述的那种意境：于千万人之中遇见你所要遇见的人，于千万年之中，时间的无涯的荒野里，没有早一步，也没有晚一步，刚巧赶上了，那也没有别的话可说，唯有轻轻地问一声："噢，你也在这里吗？"

十年前的那个上午，刚巧赶上了，才华在汕头遇见我的《只有一个地球》。从此，才华和诗意语文结下终身情缘，莫失莫忘，不离不弃。后来，才华进了我的工作室，潜心研习诗意语文。再后来，他也像我一样，不断地推出自己的课品，《古诗两首》《忆江南》《渔歌子》《凡卡》《发现母爱》……不断地应邀在全国各地作课讲学播撒诗意语文的种子。

才华对诗意语文爱入骨髓。当许多一线教师迷恋、迷惑于诗意语文的光怪陆离、繁花似锦的时候，才华早就以他的悟性和笃行直入诗意语文的堂奥——艺术与审美。他将自己对诗意语文的种种思索与践履写入《语文如歌》，高扬的正是其中的意趣，歌者，艺术之旨归、审美之精髓也。

　　犹记 2010 年的那个金秋时节，《福建教育》策划并主办了一场"诗意语文与文本秘妙——王崧舟师徒阅读教学观摩研讨会"，那场研讨会的重头戏是才华二上《刷子李》。这是主办方精心策划的一种现场研习形式：执教者先上《刷子李》，专家对其点评，指出问题和改进建议；执教者根据专家意见修改教案，重上《刷子李》。再也没有比这样研习形式更折磨人的了！其一，修改教案、重整思路的时间只有一个晚上；其二，专家意见各不相同，甚至还有相互冲突的；其三，一上《刷子李》，已经形成强大的教学惯性和思维定式；其四，大家都能看出问题所在，却鲜有可操作的建设性意见；其五，二次修改后的教案根本没有时间试教；其六，听课的老师普遍期待执教者华丽转身，能听到一堂全然不同于前面的《刷子李》……够了！那个晚上，才华一夜无眠。碰撞、交锋、撕裂、迷茫、困顿、崩溃、空白、醒悟、鼓荡、想象、整合、重构……一个全新的教学设想伴随着那个清晨的美丽日出诞生了。

　　那一课，从教学目标到重点难点，从教学内容到策略方法，从教学板块到媒体技术，甚至教学风格、课堂基调等，几乎都变了。然而，唯一不变的，却是才华对语文教学的艺术化追寻。

　　在《三教〈刷子李〉》一文中，才华这样写道：思之思之，神鬼通之！又是几遍细读之后，几个特别的词语跳跃在我的眼前：果然，悠然，居然，竟然……这不就是绵延在文本中的草蛇灰线吗？这不就是冯骥才在暗示其叙事情节之波折吗？将这几个词语串联起来，不就是一条曲折有致的叙事线索吗？这样展开教学，学生应该可以经历"山重水复疑无路，柳暗花明又一村"的阅读体验！

　　其实，才华所写，不仅直指《刷子李》的文本秘妙——节奏，也触及语文课堂艺术化追寻的根本秘妙——节奏。朱光潜先生说："艺术返照自然，节奏是一切艺术的灵魂。"

　　是的，目标可以变，内容可以变，方式方法可以变，甚至风格基调也可以变，但万变不离其宗，才华在经历了凤凰涅槃般的重生后，如此真切又如此深刻地领悟到了自己所宗的正是语文教学的艺术化追寻。诚如他在《如歌课堂的"节奏"追求》中所总结的那样：教学流程上，注意起与伏；

教学思维上，注意张与弛；教学内容上，注意疏与密；教学速度上，注意缓与急；教学活动上，注意动与静。

而这样的艺术化追寻，我们可以在他的大量课品中得到印证。《古诗两首》，那是一喜一悲两种诗情所自然形成的课堂氛围的起与伏，贯穿其中的却是亘古不变的"故人情"，这样的艺术化追寻是顺其自然的；《忆江南》，那是景语与情语的一次促膝谈心，景语外显，情语内隐，一个"好"字促成了这种显隐之间的互文，这样的艺术化追寻是直通灵魂的；《渔歌子》更妙，妙就妙在人生哲理与生命境界的诗性诠释，整堂课的高度全在红尘与山林、出世与入世的进退之间，这已不仅是语文的艺术化追寻了，乃是人生境界的一次艺术化守望；《凡卡》一课，虽然强调了"反复"这一语文本体性知识的落实，但落实的策略依然是艺术化的路子。教师在课堂上刻意回避对"反复"这一修辞格的概念性解释，甚至连"反复"这一术语也是通过"反复听到""反反复复听到"这样一种教学情境神不知、鬼不觉地嵌入学生的理解视野。更为难得的是，"反复"这一语识的教学，被精致地融入某种一唱三叹、回旋复沓的课堂节奏中，这种课堂节奏，有着音乐一般的气质、诗一般的神韵，在同一语言的反复诵读中、在同一情感的反复渲染中、在同一生活的反复体验中，学生不知不觉地掌握了"反复"，语文知识与课堂的艺术化建构取得了一种艰苦但不失优雅的融合；《发现母爱》是一堂作文课，这堂课让所有在场的人，无论学生还是听课老师，都热泪盈眶。这不仅因为母爱本身的力量催人泪下，更重要的是才华在教学内容（作文素材）的呈现上所做的虚与实的处理，尤其是虚化的处理，简直到了炉火纯青、浑然一体的境界。课堂上，沉默是一种虚化，悬念是一种虚化，留白是一种虚化。在沉默中，学生有了觉察母爱的时间；在悬念中，学生有了失去母爱的虚拟体验；在留白中，学生有了回顾和想象母爱的巨大空间。而这样的虚化处理，使母爱以一种前所未有的张力和震撼力直抵每个人的心灵深处，这样的艺术化追寻，无疑跃升到了终极关怀的高度。

才华对诗意语文的爱，源于他对职业、对学生的爱，更源于他对人生、对自己的爱。就在诗意语文的课堂上，就在他所追寻的如歌的语文教学中，他收获着自由和澄明，收获着浩瀚无际的语文的趣味，收获着纯粹，收获着悲悯，收获着丰富的寂静，收获着孤独的深刻与敏锐，收获着全然忘我的人课合一……

他始终坚信：你成全了学生，学生自然也成全了你；你成全了诗意语文，诗意语文自然也成全了你。这就是职业和生命的不二法门。

"雨过青苔润，风归翠竹竦。"人生至此，夫复何求？

绍国的"憨"

绍国长得一脸罗汉。不信？你近前来仔细瞅瞅。

我反正是这么个印象，迄今未改。有一次我跟他开玩笑，你前世是个和尚。他就憨憨地笑，想了一想，又憨憨地说："老师，您的头发也不多。"我俩相视大笑。

初识绍国，是在 2003 年 10 月。浙江省第五届小学语文青年教师阅读教学观摩评比活动，我做评委，他是选手。

绍国代表湖州，《三顾茅庐》一课在他"精诚所至，金石为开"的板书中戛然而止。课没二话，绝对出彩。而我印象更深的，却是他课后说课的那番开场白——

> 我没有土星的浑厚和凝重，也没有水星的飘逸和空灵，我只想做语文教学这颗魔力磁球的一颗忠实卫星，将我的语文生命进行到底！

台下笑声伴着掌声一并响起。他呢，也憨憨地笑了起来。

原来，"一个像土星，浑厚、凝重；一个像水星，飘逸、空灵"是我昨日点评另外两位选手的即兴之词。而绍国，竟然将其信手拈来又嫁接得浑然一体、横生妙趣，好一个青年才俊！

初识的印象仅此而已，有才。然而，以后有机会与他促膝晤谈，方知彼时他的父亲病入膏肓、气若游丝，而他却不能在身旁尽孝，这成了他心中永远的痛。我们只知他的课，他赢得满堂彩的开场白，却压根儿不知道他生命的苦，他泪水流过肝肠之后的那份淡定和投入。

我所诧异的，正是他直面痛苦时的淡定和投入。那一页，真不知他是如何翻过去的。"一个人通过承受苦难而获得的精神价值是一笔特殊的财富，由于它来之不易，就决不会轻易丧失"（周国平语），想来他的憨一定与苦难的磨砺有关。

那堂课，那个"卫星"的妙喻，让我记得，湖州有个"肖绍国"。那份直面痛苦时的淡定和投入，让我与他有了一种同病相怜、惺惺相惜的生命之缘。

一晃就是两年。2005年的五一长假，我们策划举办了一期诗意语文高级研修班，为期十天。在学员报名表上，"肖绍国"的名字赫然在列。仿佛心有灵犀，一种寂静的欢喜漫过我的心头。那天我特意起了个大早赶到学校，伫立在前楼的二楼迎候每一位学员。

那张憨憨的罗汉脸终于出现，我喊了一声："肖绍国，到后面教学楼的四楼报告厅。"随着话音，我又一次瞥见了他那憨憨的笑，只是憨笑中掺杂了一丝孩童般的狡黠。狡黠到什么程度，你绝对想不到。我是在培训结束之后，才愣在他的狡黠面前的。原来，他早已决定，"我将以'意识流'的形式把我与王崧舟老师共处的这十天时间记录下来并贴在我心爱的'南太湖语文网'上"。一点不假，我的文档中至今保存着那次培训他所做的全部记录，77142字。

2005年5月2日，我有幸再次走进杭州市拱宸桥小学，走进诗意语文大师王崧舟老师的菁菁校园……这次，我就是为他、为他的诗意语文而来的。轻轻地，我来了，不带任何杂念和焦躁，就是为王崧舟而来，就是为诗意语文而来，就是为接受心灵的洗礼而来，就是为走一遭真真切切的心路历程而来……

2005年5月3日，我迈进拱宸桥小学大门，正当我驻足于校门口的风景时，但听前楼上传来熟悉的声音："肖绍国，到后面教学楼的四楼报告厅。"我抬头一看，是王崧舟老师，他在召唤我。我心头一热，我和王先生之前只有几次面遇，一次小酌，他竟然还记得我，我这个无名小卒。也许这就是王崧舟，就是诗意的王崧舟。

2005年5月4日，今早，起床晚了些，由于昨晚整理听课笔记太晚了，昨晚到凌晨两点左右，听着窗外的阵阵蛙鸣，我想起王崧舟老师《只有一个地球》的诞生过程，也是在一片蛙鸣中。我在这沉沉的夜晚，是否有所感、有所悟了呢？我想我是有的，于是，我就拿起先生的《诗意语文》一书大声朗读着《诗意语文的理想和信念》，我读得特别投入，感觉出奇的好。

2005 年 5 月 5 日，读着王崧舟《心灵故乡的追忆》中的文字，打开电脑中储存的 5 岁女儿的视频录像，欣赏着她的纯、她的真、她的善、她的美、她的巧……模糊想起周国平先生在《妞妞——一个父亲的札记》中写的一段文字：对于一个男人来说，一切权力、地位都可以靠外力获得，而要成为父亲，必须仰仗神力。

2005 年 5 月 9 日，终于压抑不住内心的情感，中午吃过饭后径直走进王崧舟老师的办公室……先生侃侃而谈，眉宇间散发出无与伦比的睿智。我尽情地感受着先生的"场"，或身飘于柳絮之间，或闲暇于朵云之上，或休憩于茗树之下，或吟赋于紫竹之阴，或吮吸于母乳之甜……诗意王崧舟，我的终极引路人。

……

没有人如此这般，痴，傻，呆，憨。他的勤奋，让我敬畏。这是一种卓越的品质，这种品质"意味着细心、警觉、观察和一种深刻的自由感"。在这里，勤奋就是心无旁骛的高度专注，它会自然产生无限的关怀、关注与清新的友爱。他的勤奋，让我确信，他在修行，真修行。

机遇一定垂青于那些对它有着最充分准备的头脑。2006 年 4 月，北师大举办了一届"全国小学语文菁英论坛"活动。大会主办方给我安排了半天时间，要求由我上一节公开课、我的弟子上一节公开课，最后由两位专家参与互动评课。毫不犹豫的，弟子中我约请了绍国。论坛上，我执教《长相思》，绍国执教《木笛》。互动评课时，出现了一段小插曲，台下有老师递条子问我"肖绍国跟我是什么关系"。我说："肯定不是男女关系。"台下哄堂大笑。我又说："其实，肖绍国老师跟我的关系比较复杂、微妙，似师徒，非师徒。白石老人曾经告诫他的弟子：学我者生，似我者死。肖绍国是学我还是似我，我觉得最有发言权的应该是他本人。他要似我，那是他的权力；他要学我，那是他的智慧。在权力和智慧之间，我希望他选择智慧。"台下一片掌声。

我对自己的应答相当满意，以为绍国一定明白个中用意，谁知，我错了！绍国说："我不怕死。"台下哄堂大笑。他又说："我就是模仿王老师，在我模仿不到位的时候，我会永远模仿下去。先让自己死，但终有一天我会复活。置之死地而后生嘛！"台下一片掌声。

我终于明白，绍国的憨，与生俱来，几乎无药可救。

有趣的是，一位叫张建平的网友，曾经细致入微地剖析过我的《二泉映月》和绍国的《木笛》之间的相似关系。

第一板块：起

两位都是通过提取关键词引导学生整体感知。

王：把你能够发现、能够找到的描写"二泉映月"这一道风景的词语都找出来，行吗？

肖：课文中是用怎样的语句来描写朱丹吹奏的那一曲木笛声的呢？请同学们快速浏览课文，找一找。

两位的交流方式，都采用了词语呈现、反复朗读。

王：（出示词语）茫茫月夜　如银月光　一泓清泉　静影沉璧　流水淙淙　蜿蜒而来　月光照水　水波映月

肖：（出示词语）悲凉凄切　脉管滴血　翩然回旋　如泣如诉

在熟读的基础上，两位都要求学生将词语读出画面感来。

王：什么叫"如诗如画"，这就是了。咱们能不能把这种如诗如画的感觉读出来？

肖：请看大屏幕，听老师读这四个词语，你仿佛听到了怎样的木笛声?

第二板块:承

借助关键词语的画面感,两位都引导学生深入到词语后面的故事情境和人物心境上。

王:在那个八月十五的中秋之夜,阿炳再一次来到了二泉池畔。同学们,读读课文,把目光聚集到阿炳在二泉池边的那个特写镜头上。

肖:让我们一起带着自已提出的问题走近朱丹,走进他的内心世界。

第三板块:转

课至此,学生情绪已经被充分调动,正所谓"万事俱备,只欠东风",而课的"东风",便是那"人曲合一"的音乐。于是,两位都在这个节骨眼上使用了音乐。

王:这样坎坷的经历,怎能不让他深深地叹息?怎能不让他伤心地哭泣?怎能不让他激愤地倾诉?怎能不让他倔强地呐喊?就这样,《二泉映月》诞生了。

(播放二胡曲《二泉映月》,全体静听)

肖:朱丹伫立雪中,从绒套里小心地取出心爱的木笛,抖落了上面的雪花,吹奏起来。

(播放笛子曲《江河水》,全体静听)

带着文字的画面感,学生走进音乐;带着音乐的情味感,学生重新回到文字。两位又一次将学生的心灵触角引向文字。

王:起初,琴声委婉连绵,有如山泉从幽谷中蜿蜒而来,缓缓流淌。这似乎是阿炳在赞叹惠山二泉的优美景色,在怀念对他恩重如山的师父，在思索自己走过的人生道路……

肖：笛声悲凉凄切，犹如脉管滴血。寒冷凝冻着这声音，火焰温暖着这声音。坠落的雪片纷纷扬起，托着笛声在天际间翩然回旋。孩子们在静静地倾听，他们似乎听懂了这如泣如诉的笛声。

第四板块：合

课近尾声，两位都采用诗歌的方式提炼主旨、升华情感，留给我们的是那无尽的言外之意、弦外之音。

王：（板书）一段人生尽坎坷，一片情怀付月光。

（学生在齐读诗句中下课）

肖：（呈现）不能遗忘/中华民族的一段血泪史/每一朵烛光/代表一个在南京大屠杀中遇难的同胞

（学生在齐读诗句中下课）

对此，连绍国自己都承认，这种模仿近乎僵硬、刻板。后来，他自己解释，那是因为在诗意语文上还没有真正入格，模仿了形，却模仿不了神。至于破格，他觉得为时尚早。他甚至这样说："对师父我真的很诚心，就像对菩萨的诚心，因为我坚信：心诚，则灵！"

深入，再深入，他从未质疑过自己的模仿，入形，而后入神。就这样，绍国新课不断：《姥姥的剪纸》《月迹》《冬阳·童年·骆驼队》《威尼斯的小艇》……

拿2008年的《月迹》来说，在绍国对诗意语文的追寻史迹中，那是一笔浓烈的色彩。细思量，我们不难发现，与他的《我的伯父鲁迅先生》相比，《月迹》少了一份步履匆匆的急迫，多了一份闲庭散步的从容；与他的《木笛》相比，《月迹》对语文诗意的追寻显得更为内敛和温婉，课堂不再去刻意地制造某种审美张力，不再呈现那种一波三折、起伏跌宕的情感节律；与他的《姥姥的剪纸》相比，《月迹》不再执着地抠住某些字眼不放，当行则行、当止则止，课的腾挪伸展舒畅了许多、洒脱了许多。

毫无疑问，绍国的模仿正在渐入佳境。虽然，《月迹》一课，"诗意的焦虑"依然挥之不去，《月迹》在反射各自心迹的同时，也反射着绍国"为了诗意"的痕迹。但这已经无伤大雅，因为诗意之神正在他自己的心中悄然安居。在入格和破格之间，绍国执着地修行着、成长着。

有一次，为了开发一堂新课，他把自己关在澡堂里，从中午一直到傍晚，一直到晚上，一直到深夜，巧的是那次他的手机正好没了电。妻子急了，便满世界找他，她知道他爱泡澡。妻子一个澡堂一个澡堂地找，甚至托服务员以"寻人启事"的方式找。当妻子终于找到绍国的时候，他已经在澡堂酣然入睡了。每每说到此事，他便憨憨地笑。

这其中，他经历了怎样的迷惘、蜕变和觉悟，谁都不知道。如同我们只知他的课，他赢得满堂彩的开场白，却压根儿不知道他生命的痛，他泪水流过肝肠之后的那份淡定和投入。说到底，"人只能各自孤独面对，素颜修行"（龙应台语）。

不入格，便无从破格；入格死，破格方能生。生生死死，伴随着绍国一路走来，勇猛精进。2010年，34岁的绍国评上浙江省特级教师。在接受上海《小学语文教师》编辑部的采访时，绍国终于再一次直面这个生命成长中的"生死问题"，他说："这些年来，我终于悟出了王崧舟先生所告诫我的'选择智慧'的真正含意，那就是：年轻的时候，我们会有很长时间的学习和模仿，学习那些各个领域里的'高僧'，但最终，千万不要让榜样和偶像把自己淹没了，因为说到底，你才是那个'高僧'。"

嘿！他还真把自己当作和尚了。憨！

绍国的憨，在他对理想的痴心不改，在他对生命的真诚面对，在他对功名利禄的浑然不觉。其实，他从未模仿过别人，因为他从未丧失过自己的"憨"。他的课是他真性情的自然流露，教学的精彩归根结底来自他生命的精彩。"呆中的迷惘，痴中的深邃，傻中的慈悲，憨中的悟性……哪样不是真性情与真灵魂"（刘再复语）。

做一颗憨星吧，憨厚地爱着，憨直地活着，憨痴地行走着，一定还会憨憨地笑着。

问道语文

才军与我同乡，都是上虞人。

咱俩都是喝着曹娥江的水长大的。

这方水土，往很久很久以前说，养过虞舜，养过王充，养过魏伯阳的高邈，养过谢灵运的冲淡；往近前说，养过经亨颐的春晖，养过夏丏尊的文心，养过陈鹤琴的活的教育，养过竺可桢的求是精神……

吾辈幸甚，生于斯，长于斯。

都说一方水土养一方人，这养的，不仅在肉体，也在精神。

要说精神，咱俩确有相同的一面——嗜道如命。子曰："朝闻道，夕死可矣。"咱俩之所以还没死，就是因为还没闻道，还没将语文之道和生命之道弄明白，咱俩在"道"上都还是糊涂人。当然，哪天要是死了，也说明不了咱俩已经闻道。

因为嗜道如命，这才有问道之行。道有大道，也有小道，悟了道的人会说"道，可道，非常道"；会说"道也者，不可须臾离也；可离，非道也"；会说"道不远人。人之为道而远人，不可以为道"……

我到现在还不知道咱俩在语文上的问道是不是问到道上了，但有一点是毋庸置疑的，那就是问道的精神。这精神，曾经养过虞舜、养过王充、养过魏伯阳、养过谢灵运、养过经亨颐、养过夏丏尊、养过陈鹤琴、养过竺可桢，眼下，仍然孜孜切切地涵养着我们——两个来自上虞的小语人。

问道语文，自然得问问语文的安身立命处。否则，就问得不地道。我说，言语性是语文的根本之道。才军比我说得亲切些，他说，语言表达形式的领悟、学习和运用才是语文的核心内容。他还说，在文本，当尊重文体特征；在教学，当立足语言形式，此是语文安身立命之根本，亦为教学存在意义之根源。这就说得很有些语文哲学的味道了。

这么说是不是真在道上了呢？很难说。道不太像一个凝固不变的东西，这话只能这样说，而不能说"道不太像一个东西"，这一点教语文的尤其心知肚明。那么，道像什么呢？依我看，道更像流变不居、生生不息的水，所谓"洋洋兮若江河"。说"道"像什么而不说"道"是什么，纯粹是因为咱俩尚未闻道，甚至尚未上道，因此，我们只能凭着自己的根器和直觉去猜，像这个，抑或像那个。其实，这像不像的依然还只是盲人摸象、隔靴搔痒。

但这自然无法动摇咱俩问道语文的野心。十年前，我借《荷花》一课问道语文，十年后，才军借《伯牙绝弦》一课问道语文。咱俩都在道上行，咱俩都在这里欢笑、在这里哭泣、在这里活着、在这里死去、在这里祈祷、在这里迷惘、在这里寻找、在这里失去……（声明：此处的八个"在这里如何"借用了汪峰的《北京北京》）

然后呢？然后我们继续前行！这么说吧，咱俩更像是语文道上的行者。我们为语文出家，我们在语文之庙修行。思者先行，行者无疆。我的《诗意语文》，是一路行进中拣拾起来的语文之贝；才军的《问道语文》，自然是他语文之旅留下的一个个或浅或深的脚印。

我见证过他潇洒自如的《少年闰土》，见证过他精致入微的《临死前的严监生》，见证过他声振林木、响遏行云的《伯牙绝弦》，见证过他沉郁满怀、怆然涕下的《古诗两首：闻官军收河南河北、示儿》；我见证过他在语文的激情和形式之间的游移，见证过他对文化价值的质疑和超越，见证过他为赋新课强说愁的焦虑，见证过他放下"严监生"、摔破"俞伯牙"的生命涅槃。

嗜道如命，实在是因为生命本身即是道的显化，是道的怒放，这本该是一件非常自然的事情。一路问道，我们才有独上高楼、望尽天涯路的寂寞让我如此美丽，才有衣带渐宽终不悔的日日夜夜，才有众里寻他千百度、蓦然回首的为了遇见你。才军说过，拥有了这些生命体验，在不在道上已经不再让人纠结。我也说过，语文之道本为生命之道而存在。门外没有道，道只在心里。

道不同，不相为谋。这是前提。道虽同，亦只能各走各的道。这是常识。才军和我，同乡更兼同道，但这并不意味着咱俩会穿同一条裤子行走在语文之道上，因为这既有伤风化，又不利于从容前行。我素来不看好"似我者"，尽管有人也曾经评价才军的课神似于我。所谓"神似"，其实早已超越一板一眼、亦步亦趋的形似而走向回归自我的相应。毕竟，才军姓"罗"，系出"罗生门"。鄙人姓"王"，不幸排在百家姓的第八位。

才军问道语文，多有自家想法，而这，正是确证他在语文王国中姓不姓"罗"的根本标识。他主张，把童话教成童话，把小说教成小说，把散文教成散文，把诗歌教成诗歌；他觉察到，说明性文章也有其独特的美学情味，那就是与含蓄缠绵的文学情味截然相反的练达和洒脱；他坚守，文言文的背后是一个个经典文化的意象，教文言就是教文化；他体悟出，要让学生真正读懂散文，教学中"执其神"是第一位的。类似这些问道语文的"罗氏话语"，我们在他的书中时有邂逅，并悠然心会、会心一笑。

不仅如此，才军更以自己的努力与识见，为我们奉献着一堂堂烙印着"罗氏风格"的语文课。我不知道如何去概括他的教学风格，因为我太清楚了，概括的以偏概全、挂一漏万，往往因此窒息鲜活的风格。我也缺乏司空图那样的百巧才情，能将诸如"典雅"的风格描述得如此富有诗意："玉壶买春，赏雨茅屋。坐中佳士，左右修竹。白云初晴，幽鸟相逐。眠琴绿阴，上有飞瀑。落花无言，人淡如菊。书之岁华，其曰可读。"我只清楚，才军的语文课课课抓心，课课吸引人，课课让人欲罢不能。那种以自己的完整生命、毫无保留地诠释着语文的生命真谛的课堂，是足以让每一位听课者肃然起敬的。

窃以为，这就是问道的精神。

这精神，往很久很久以前说，来自虞舜，来自王充，来自魏伯阳的高邈，来自谢灵运的冲淡；往近前说，来自经亨颐的春晖，来自夏丏尊的文心，来自陈鹤琴的活的教育，来自竺可桢的求是精神……

这精神，往内在说，来自才军心灵深处的爱和孤独。说到这一点，咱俩又变得如此相通。

我到现在还不知道上述废话是否说到了才军问道语文的道上了，实在是因为自己道行太浅。如之奈何？继续修行。

气质·语文

桐军简直是冒了天下的大不韪，将 21 年的心血凝结而成的书稿命名为《气质语文》。要知道，这年头，提什么"某某语文"早已是明日黄花，风光不再了。夫子有言："名不正，则言不顺；言不顺，则事不成。"说实话，我在拿到这部书稿的时候，着实替桐军担了一会儿心。但也只是"一会儿"，因为当我通读了全书之后，我知道自己的担心是完全多余的了。

全书终究还是在说"语文"的事儿。用桐军自己的话来说，"21 年来，我虽然没有太多语文教学的学术成果，但对小学语文教学的学习、思考和实践却始终矢志不渝，痴情难改，尽情沉浸于醇浓和美妙的语文情愫和语文追求之中!"这话就说得很"语文"，思考实践的是"语文"，矢志不渝的是"语文"，痴情难改的是"语文"，21 年的"语文"，早已融入自家的生命，这生命也因此深深地烙上了语文的印记。于是乎，才会有人发明出一个叫作"语文人"的称谓来命名这样一类人。

这类人，桐军在书中就说得比较透彻。要说特征，第一便是"文化的"。"语文人"一定是个文化人，文化情怀、文化底蕴、文化视野、文化担当，一定是"语文人"共同的生命气质。文化由传承而来，传承由学习而来，所以夫子才会如此感慨："学而时习之，不亦说乎?"书稿的第一部分，记述的正是这种文化的自觉传承，这是"语文人"的根。根深方能叶茂，这个道理大家都懂，但真正践履其间而勇猛精进的，却寥若晨星。我们在桐军的记述中，看到了他对文化、文脉的敬畏和亲近，从孔子到陶行知，从本土到国际，从语文大家到一线草根，他默默地学、孜孜地习、矜矜地思、切切地行。他明白个中的甘苦，也知道耕读的收获，他在文化的土壤中汲取了无穷的能量。

"思想的"应该是"语文人"的又一大特征。笛卡尔说"我思故我在",思不在,语文人就成了行尸走肉。一个真正的语文人,一定会在纷纭繁杂的语文江湖中保持自己啸傲的尊严和信仰。他一手持剑、一手操琴,那剑被其思想擦得雪亮,那琴被其精神抚得悠远。书稿中,桐军谈语文课堂教学策略的新走向,论语文课堂学习文化的新追求,议语文课堂结构形态的新构建,这从一个侧面折射出一个"思想者"的勇气和魄力。它们的意义全在一个"新"字上,"新"就不是老生常谈,这要思想;"新"就不是人云亦云,这也要思想;"新"就不是故步自封,这就更要有思想。思想的高度,便是语文的高度;思想的温度,便是语文的温度。

成就"语文人"的最大特征,当是"实践的"。《中庸》讲究"博学之,审问之,慎思之,明辨之,笃行之"。王夫之则再三强调:"凡知者或未能行,而行者则无不知……是故知有不统行,而行必统知也。"所以,学、问、思、辨、行五者之关系,以"笃行"为"第一不容缓"。桐军显然是一个语文的实践家,他提出"从文本走向生本",这是对实践主体的尊重;他提出"从知识走向语用",这是对实践本体的回归;他提出"从教材走向课程",这是对实践路径的拓展。他在语文课堂摸爬滚打 21 年,积累了丰富的语文实践经验。要不然,桐军焉能如此缜密又如此深刻地提出"语文教学的三个层次:知识、策略、智慧"来呢?我们看他执教的《纪昌学射》,既有语文知识的传播,又有阅读策略的传授,更有言语智慧的传承。层次清晰,成效鲜明。实践未必都出真知,但真知一定来自实践,且一定经由实践得以确证。

文化的气质,在其淡定优雅,这便是桐军谓之的"正气";思想的气质,在其冷峻超拔,这便是桐军谓之的"大气";实践的气质,在其浑厚淳朴,这便是桐军谓之的"灵气"。

所谓气质语文,依我的浅见,乃是对"语文人"的一种描摹,这描摹虽近乎理想,却不禁让人神往。而依逻辑推论,一个具有诸般气质的语文人,他的语文焉能不正气、不大气、不灵气?

显然,这气质不是外加在语文身上的,而是由语文背后的人自然生发出来的。没有人的语文,能叫"语文"吗?同理,没有气质的语文,能叫

"语文"吗？

气质语文，正是对人的召唤和回归！

念念不忘是初心

读小平的这部书稿，不禁让我想起了《华严经》上的那句"不忘初心，方得始终"。我揣测，她的文字，始于对生命初心的念念不忘。而最终，这充满着生命回响的文字又回到了那点初心上。那点初心，成就了她干净的文字和深切的情愫，让人欢喜。

2004年，小平来我这里挂职，约莫半年光景。我不记得教了她一些什么，也不记得她跟我学了一些什么。留在印象中的，只有她浅浅的笑。但凡有读书沙龙、课堂研讨，小平极少说话，总是浅浅地笑着听我说、听别人说，温婉的笑容中透着谦恭，又夹着一丝羞涩。落花无言，人淡如菊。

现在读她的文字，我方始明白这样的淡定与谦和，都源于她对生命的初心不忘。

于是，我小心翼翼地在她的文字中寻觅那点生命的初心。

在"第一次转身"中，小平静静地诉说着自己专职教音乐的心路历程，她说："尽管我现在不教语文，但我无时无刻不在用语文，对孩子们来说也是，语文是一辈子的，语文是生活的！"是的，学科改变了，但是对语文的感觉却依然如初。那感觉，也许尚未经过理论的腌制、思想的烹饪，但却是以投入自己的真实生命来起锅的。

沿着生命的脉络，我们在"抓住第二次机会"中看到了这样一幅生命的定格："夕阳西下，我就拿着《课程标准》绕着操场一边走一边读，我不记得自己当时读懂了多少，但那边走边读的感觉真好！"读者诸君想必知道这定格背后的故事，那是在小平本已虚弱的身体变得越发消瘦、脸肿得像个馒头、再也没有力气上课的时候。出乎意料的是，她说自己"心无负累"。我想，这没有负累的心不是初心又会是什么呢？

因为不忘初心，我们终于明白了小平在全省的课堂教学比武中拿到第一名的"那份纯粹"。24个小时的封闭式备课，她从天堂跌入地狱，又从地狱爬出来返回人间。病痛、疲惫、焦虑、麻木、杂乱无章、才思枯竭……最终，这一切化作了"我只想带着孩子们读故事，讲故事，享受这个过程"的生命体悟。初心在这一刻如一道光照亮了她生命中的一切阴暗，放下比赛、放下压力、放下荣誉、放下评委、放下一切与生命和语文无关的东西。只有那一份纯粹，直抵初心。

不忘初心，才成就了今天的小平。我们梳理她在语文世界的跋涉之路，能够清晰地看见她的成长足迹，从外在于生命的语言，到充溢着感觉和情味的语感，再到指向生命表现的语用，乃至融入整个生命的语境。她一路走来，风尘仆仆，孜孜矻矻，不离不弃。说到底，这一路跋涉安顿了她自己的初心。

我欣赏她对多元解读的冷思考，当多元解读泛化为一个无所不包的虚幻黑洞时，理性的边界意识便呼之欲出。小平用自己的冷思考和热处理，提出了对治之道：搁浅独特，规范多元；缩小独特，聚合多元；放大独特，提升多元。一个优秀教师所独有的思想高度和实践深度，在小平身上得到了立体彰显。

我认同她对"整体把握"的真把握，正如小平所言，"整体"是有层次的，也因此"整体把握"不可能一次完成。只有用"整体"的眼光去审视篇章整体、段落整体、句子整体乃至语词整体的时候，我们才能真正抵达文字的精髓和灵魂。

我喜欢她对问题文本的"再语境化"，问题文本的症候当然不只是"价值流失""言语冒失""儿童缺失"，但是，解决问题文本的根本之道正是小平所谓的"再语境化"。不难发现，正是"再语境化"使流失的价值得以重塑、冒失的言语得以淬炼、缺失的儿童得以回归。唯有语境，才能拯救语境，这便是"再语境化"的全部奥秘。

我更赞叹于她在生命和课程语境中对语用实践的再嫁接、再创造。她主张：语用实践的品质在秘妙，语用实践的场域是语境，语用实践的机制是嫁接。她甚至开创性地梳理并整合了三个学段的语用实践目标、路径和策略，要知道，这是需要相当程度的学养积淀、敏锐思考、扎实行动和自觉省思的。

抛却了一切身外之物，放下了一切心理负累，唯有对生命、对语文的那点初心如如不动、生生不息。

用初心作课，用初心作文，更用初心做人，我想，这便是小平在字里行间向我们传递的生命感悟。

不忘初心，方得始终。

后　记

仿佛是一种漫长的因缘，这本书注定要以一种漫不经心的方式诞生。

某日，长江文艺出版社的施柳柳女士微我（发微信给我）出书，我脑门一热，就把几十篇现成的文章打包过去，结果，书成了！

所有的文章都是现成的，所有的文字都是随想随写的，所有的文本都不是刻意要为此书的出版而准备的。

周国平说尼采说过这样的意思：真正的思想不是你使劲想出来的，思想就像你在旷野上漫步时，像风一样迎面吹来，吹到你身上就留下来了，就成了你的文章。

我使劲查找尼采的原话，可尼采的风就是没有向我吹来，我只好作罢。但周国平说尼采这话的意思，我是信的，我也是有过体验的。要不然，周国平说尼采说过这样的意思的话就不太可能像风一样迎面吹来，吹到我身上就留下来了。

道理嘛，其实很简单：人只能看见自己想要看见的世界。或者说：心怎样，看见的世界就是怎样。

这本书的诞生就像风一样迎面吹来，吹到我身上就留下来了。

这本书上所有文章的诞生就像风一样迎面吹来，吹到我身上就留下来了。

突然觉得，自己老是说"吹吹吹"的，难免会给人留下"吹"的嫌疑，好吧，还是少"吹"为好，"吹"到而止。

书分六辑，第一辑谈"境界"，第二辑谈"诗意"，第三辑谈"儿童"，第四辑谈"语用"，第五辑谈"文化"，第六辑谈"知音"。这样分，完全是施柳柳女士的意见。为此，我诧异兼郁闷了好几天。为什么自己写的文章自己不好好梳理？为什么一位跟自己毫不相干的编辑能将这么一堆散乱的文章分门别类安顿得如此妥帖？为什么人家把这些文章整理成这般框架自己居然提不出任何调整的意见？

我只能说，那是人家的本事，不服也得服！

既然人家都这么梳理、整理了，而我自己对此也心安理得了，那么，"理"是什么，总还得由自己理会理会吧。

教语文，首在境界。事实上，并不存在一种纯客观的、放之四海而皆准的语文。语文一定只能是语文老师的语文，这话儿说得有点拗口，直言之，我们只能教自己所理解的语文。撇开任何一位具体的有名有姓有人格的语文老师谈什么客观语文、科学语文、本色语文，全是扯淡！因此，语文的境界，本质上是由教语文的人的境界决定的。教师境界高，语文境界就高。反之亦然。因此，我们不能就语文论语文，更不能囿于语文的圈子去发现所谓语文的规律。我们只能在"人和语文"的关系中谈论语文、发现语文的规律，舍此，别无他途。语文的出发点是人，语文的归宿是人，语文的过程显现一样离不开人。这样理解语文，就是王国维所讲的"不隔"的境界，就是禅宗所讲的"打成一片"的境界，就是儒家所讲的"道也者不可须臾离也"的境界，就是叔本华所讲的"世界万物之意志，皆吾之意志也"的境界。

诗意，自然是我谈论得最多的一个课程范畴。我倡导诗意语文十余年，不离不弃、莫失莫忘，佛家谓之"法执"。可明明知道这是一种偏执，但就是欲罢不能。有人戏言，成也诗意，败也诗意。而我，早已将成败得失置之度外。计较成败、须索得失，距诗意早已十万八千里。诗意在当下，在这里，在泯能所，在心与物游，在明月光含万象空。诗意语文，只是要教人认得当下的那个美。当语文堕落为碎片化的知识、机械的操练、麻木不仁的科学体系、娴熟却阉割了欲望和想象力的技能的时候，唯有美可以拯救我们。美让语文充实，美让语文恢复生命的活力，美以积极的方式令语文不安、也令语文沉醉不知归路。有人手握"真"的话语霸权，弃"美"若敝屣，换来的结果只有一个——无家可归、四处流浪，活该！在科学知识君临天下、工具理性甚嚣尘上、媚俗文化引无数粉丝竞折腰的今天，唯有美可以信赖。

儿童,是我这几年眷注颇深的一个话题。在我看来,二元对立的哲学思维模式在很大程度上遮蔽了我们对儿童的理解和阐释。我们高喊"以生为本",殊不知有本必有末,那么在师生关系上,以谁为末呢?呼号者三缄其口,其实是不敢启齿。我们疾呼"以儿童为中心",殊不知有中心必有边缘,那么在师生关系上,置谁于边缘呢?依此二元逻辑推断,被边缘化者又该何去何从呢?这样的看似前卫的教育理念,身后却隐含着一个极为荒诞的二律背反的悖论,这让所有的教师情何以堪?事实上,儿童从不外在于教师,从不外在于文化,从不外在于历史。在我看来,儿童首先不是一个生理学的概念,儿童是一个文化的概念。农耕文化语境下的儿童与全球化视野下的儿童可能有着质的区别,因此,试图圈出一个静态的、普遍的、永恒的儿童概念来说事,要么是痴人说梦,要么是盲人摸象,非但徒劳,而且有害。最近,我从执教庄子的《天籁》一课,对儿童有了一些更为惊异的了解,我发现:现在的儿童远非我过去经验中体认的儿童,他们的潜能几乎是无限的,儿童不仅可以读庄子,而且懂庄子,儿童对庄子的理解甚至超过成人;儿童潜能的生发、生发到何种层次,在很大程度上取决于教师,取决于教师自身的儿童观、教育智慧和生命境界。其实,在师生关系这个范畴中,区分谁本谁末、谁中心谁边缘,对谁都是一个巨大的伤害,不知这种伤害要伤到何时?天知道!

语用和文化,这几年不断被热炒,以至于变得烫手。一方面,语用被不断地工具化、技术化;另一方面,文化被不断地神秘化、扩大化。一个似乎只要语文的壳,不要语文的魂;另一个似乎正好相反,只要语文的魂,不要语文的壳。说到底,这还是二元思维惹的祸。谈语用,主体怎能缺位?谁在语用?语用为谁?离开了人这个语用主体,语用又有何用?谁在语用,涉及语用动机和语用意图,语用本身当然不可能生发出什么动机和意图来,动机和意图是人的生命现象、文化现象。语用为谁,涉及语用价值和语用目的,同理,价值和目的也是人才拥有的生命现象、文化现象。因此,热炒之后的冷处理,关键在于置语用于文化之中,以语用传承文化。走向技术化的语用,不过是一具行尸走肉;走向神秘化的文化,也不过是一个孤魂野鬼。形神兼备、心物合一，我们的语文才能成为顶天立地的大丈夫。

知音，不谈也罢。

知我者，谓我心忧；不知我者，谓我何所求？

泰戈尔有诗云："一次，我梦见我们竟是陌生人。我醒来后，发现我们是彼此相爱的。"

对语文，我竟不知自己是醒着，还是在梦里。

感谢您见证了我的梦，该是您开始做梦了吧？